Moderne Planungsmethoden im Mittelstand
Praktische Beispiele und konzeptionelle
Überlegungen

Jörg Link

Moderne Planungsmethoden im Mittelstand

Praktische Beispiele und konzeptionelle
Überlegungen

Mit Beiträgen von
Peter Haun und Hans Stamer

Mit 76 Abbildungen

Springer-Verlag Berlin Heidelberg GmbH

Dr. Jörg Link
Egerlandstraße 3
D-6350 Bad Nauheim 3

ISBN 978-3-7908-0399-0

CIP-Kurztitelaufnahme der Deutschen Bibliothek

Link Jörg:
Moderne Planungsmethoden im Mittelstand: prakt. Beispiele u. konzeptionelle Überlegungen / Jörg Link. Mit Beitr. von P. Haun u. H. Stamer.
ISBN 978-3-7908-0399-0   ISBN 978-3-662-22185-3 (eBook)
DOI 10.1007/978-3-662-22185-3

Dieses Werk ist urheberrechtlich geschützt. Die dadurch begründeten Rechte, insbesondere die der Übersetzung, des Nachdruckes, des Vortrags, der Entnahme von Abbildungen und Tabellen, der Funksendungen, der Mikroverfilmung oder der Vervielfältigung auf anderen Wegen und der Speicherung in Datenverarbeitungsanlagen, bleiben, auch bei nur auszugsweiser Verwertung, vorbehalten. Eine Vervielfältigung dieses Werkes oder von Teilen dieses Werkes ist auch im Einzelfall nur in den Grenzen der gesetzlichen Bestimmungen des Urheberrechtsgesetzes der Bundesrepublik Deutschland vom 9. September 1965 in der Fassung vom 24. Juli 1985 zulässig. Sie ist grundsätzlich vergütungspflichtig. Zuwiderhandlungen unterliegen den Strafbestimmungen des Urheberrechtsgesetzes.

© Springer-Verlag Berlin Heidelberg 1988
Ursprünglich erschienen bei Physica-Verlag Heidelberg 1988
Softcover reprint of the hardcover 1st edition 1988

Die Wiedergabe von Gebrauchsnamen, Handelsnamen, Warenbezeichnungen usw. in diesem Werk berechtigt auch ohne besondere Kennzeichnung nicht zu der Annahme, daß solche Namen im Sinne der Warenzeichen- und Markenschutz-Gesetzgebung als frei zu betrachten wären und daher von jedermann benutzt werden dürften.

Einband: Erich Kirchner, Heidelberg

Vorwort

Über die Hälfte aller Beschäftigten in der Bundesrepublik Deutschland findet ihren Arbeitsplatz in mittelständischen Unternehmen, und Politiker wie Wissenschaftler werden nicht müde, die Schlüsselrolle der mittelständischen Unternehmen für die Funktionsfähigkeit und Glaubwürdigkeit eines freiheitlichen Gesellschafts- und Wirtschaftssystems hervorzuheben. Eine Gesamtbetrachtung der derzeitigen betriebswirtschaftlichen Forschung und Lehre an den deutschen Universitäten vermittelt jedoch den Eindruck, daß eine Mittelstandsorientierung angemessener Ausprägung nur ganz punktuell – d. h. bei bestimmten inhaltlichen Themen und an relativ wenigen Fachbereichen – realisiert worden ist. In der Breite gesehen muß vielmehr eine sehr weitgehende Orientierung der Betriebswirtschaftslehre an den typischen Gegebenheiten in Großunternehmen konstatiert werden.

Dies mag – zusammen mit anderen Gründen – dazu beigetragen haben, daß umgekehrt auch seitens der mittelständischen Unternehmen häufig eine gewisse Distanz bzw. Reserve gegenüber wissenschaftlichen Erkenntnissen und Methoden spürbar wird; Erwartungen bzw. Hoffnungen auf wesentliche Lösungsbeiträge von dieser Seite sind bei den Unternehmen entweder nicht bzw. kaum oder aber gelegentlich auch in übersteigertem, irrealem Maße vorhanden. Dabei dürften viele Punkte eine Rolle spielen: Weitverbreitete Unkenntnis hinsichtlich der Verfügbarkeit von Methoden und Systemen zur Lösung bestimmter Probleme; Unsicherheit hinsichtlich der prinzipiellen Möglichkeiten und Grenzen wissenschaftlicher Methoden; objektive Defizite der Betriebswirtschaftslehre bei der Entwicklung mittelstandsorientierter Forschungs- und Lehrprogramme; subjektive Zweifel an der Anwendbarkeit vieler Methoden auf Probleme mittelständischer Unternehmen; mangelndes Selbstvertrauen hinsichtlich der eigenen Fähigkeiten zum richtigen Umgang mit den Methoden, u. a. m..

Diese Veröffentlichung ist daher dem Brückenschlag zwischen Wissenschaft und Praxis gewidmet; sie verfolgt im wesentlichen zwei Ziele:

- Zum einen sollen Anstöße für die Wissenschaft gegeben werden, sich verstärkt mit den Anforderungen auseinanderzusetzen, die aus einer angemessenen Mittelstandsorientierung der Betriebswirtschaftslehre erwachsen. Dabei soll zwischen allgemeinen, fachübergreifenden sowie speziellen, lehrgebietsbezogenen Konsequenzen für Forschung und Lehre differenziert werden.

- Zum anderen sollen Anstöße für die Unternehmen im mittelständischen Bereich gegeben werden, sich verstärkt über die Notwendigkeiten und Möglichkeiten des Einsatzes moderner Planungsmethoden zu informieren, und sich durch die dargestellten Praxisbeispiele zu eigener Anwendung ermutigen zu lassen.

Der Verfolgung des ersten Zieles dienen vor allem die Ausführungen im ersten Abschnitt der Arbeit; hier geht es z. B. um Übersteigerungen sowohl hinsichtlich der Spezialisten-Orientierung als auch hinsichtlich der Methoden-Verfeinerung in einer auch für die Ausbildung mittelständischer Führungskräfte zuständigen Betriebswirtschaftslehre. Weiterhin werden die „Strategie der anwendungsfreundlichen Benutzeroberfläche" sowie ausgewählte Defizite bei Themenkomplexen wie „Existenzgründung und Unternehmensentwicklung", „Management externer Ressourcen" und „Mittelständische Kooperationsfelder und -formen" angesprochen. Zur Verdeutlichung, was unter einem aus mittelständischer Sicht wirtschaftlichen und anwendungsfreundlichen Methodendesign in Umrissen verstanden werden soll, dient dann vor allem das Kapitel über die computergestützte Isoquantentechnik (in Abschnitt 4.1), aber auch die Kapitel zur Deckungsbeitrags-Flußrechnung und zur Positionierungs-Analyse (Abschnitte 4.1 bzw. 2.2).

In Anbetracht der zweiten Zielsetzung erscheint es zweckmäßig, einen möglichst querschnittsmäßigen Einblick in zentrale Bereiche der Unternehmensführung und die dortigen Probleme und Lösungsansätze aus mittelständischer Sicht zu geben: Der strategisch-analytische Bereich (Strategische Planung, Marketing – Abschnitt 2); der gestalterisch-kreative Bereich (Forschung & Entwicklung, Marketing, Produktionsdesign – Abschnitt 3); der informationswirtschaftlich-rechnerische Bereich (Internes Rechnungswesen, Operations Research, Datenverarbeitung – Abschnitt 4). Dabei konnte nicht nur auf die eigenen Erfahrungen und Erkenntnisse aus langjähriger Unternehmungs- und Beratungspraxis, sondern auch auf Erfahrungen und Erkenntnisse zurückgegriffen werden, die die Herren Dr. Peter Haun und Dr. Hans Stamer in ausgewählten Bereichen von Wissenschaft und Praxis gesammelt haben; für ihre Beteiligung an dieser Publikation darf ich mich sehr bedanken. Ebenso gilt mein Dank der Zeitschrift „Das Musikinstrument", die einige Beiträge vorzeitig für eine Veröffentlichung in überarbeiteter Form freigegeben hat, sowie dem Physica-Verlag, der das Projekt vom ersten Tage an durch eine unkomplizierte und reibungslose Zusammenarbeit unterstützt hat.

Bad Nauheim, im Januar 1988   Jörg Link

Inhaltsverzeichnis

1	**Grundlagen einer mittelstandsorientierten Betriebswirtschaftslehre**	1
	Zur Bedeutung mittelständischer Unternehmen für Wirtschaft und Gesellschaft	3
	Die unterschiedlichen Erfolgsbarrieren bei der Führung größerer und kleinerer Unternehmen	7
	Anforderungen an eine mittelstandsorientierte Betriebswirtschaftslehre	15
2	**Methoden der Strategischen Analyse**	31
2.1	Einführung in das strategische Marketing in mittelständischen Branchen – Beispiel Musikinstrumentenbranche	33
	Strategische Planung als Notwendigkeit für die deutsche Musikinstrumentenindustrie	33
	Marktanalyse – Schwachpunkt im mittelständischen Unternehmen	44
	Die Bestimmung der optimalen Wettbewerbsposition	56
2.2	Praxisbeispiele strategischer Analyse im Mittelstand	63
	Praxisbeispiel I: Portfolio-Analyse für ein Unternehmen der Nahrungsmittelindustrie	63
	Praxisbeispiel II: Positionierungs-Analyse für ein Unternehmen der Musikinstrumentenindustrie	74
3	**Methoden des Innovationsmanagements**	93
3.1	Bedeutung und Ablauf von Innovationen im Mittelstand	95
	Der „USP" als Innovationsziel im mittelständischen Unternehmen	95
	Merkmale des mittelständischen Innovationsprozesses	99

Erfolgreiche Innovations-Umsetzung in
Unternehmung und Markt 105

3.2 Praxisbeispiele des Innovationsmanagements
im Mittelstand 113

Praxisbeispiel III: Produktinnovation in einem
Unternehmen der Nahrungsmittelindustrie
Von H. Stamer 113

Praxisbeispiel IV: Verfahrensinnovation in einem
Unternehmen der Nahrungsmittelindustrie
Von H. Stamer 123

4 Methoden des computergestützten Controlling 131

4.1 Ausgewählte Grundlagen des computergestützten
Controlling im Mittelstand 133

Die neuen Möglichkeiten des EDV-Einsatzes im
mittelständischen Unternehmen 133

Einsatzmöglichkeiten von Tabellenkalkulations-
systemen im Rechnungswesen mittelständischer
Betriebe
Von P. Haun 143

Die Deckungsbeitrags-Flußrechnung als
Controllinginstrument im Mittelstand 160

Computergestützte Isoquantentechik als heuristisches
Hilfsmittel der Marketing-Planung 170

4.2 Praxisbeispiele/-Konzepte des computergestützten
Controlling im Mittelstand 183

Praxisbeispiel V: Ergebnis- und Finanzplanung
mit MULTIPLAN in einem Unternehmen der
Nahrungsmittelindustrie
Von H. Stamer 183

Praxiskonzept VI: Realisierung der Deckungsbeitrags-
Flußrechnung mit OPEN ACCESS II
Von P. Haun 191

Praxiskonzept VII: Entwurf eines Tabellenkalulations-
Modells zur Isoquantentechnik mit OPEN ACCESS II
Von P. Haun 200

Literaturverzeichnis 207

Sachverzeichnis 213

Abkürzungsverzeichnis

a) Quellen-Abkürzungen

BFuP	– Betriebswirtschaftliche Forschung und Praxis
DBW	– Die Betriebswirtschaft
HWB	– Handwörterbuch der Betriebswirtschaft
HWR	– Handwörterbuch des Rechnungswesens
WiSt	– Wirtschaftswissenschaftliches Studium
WISU	– Das Wirtschaftsstudium
ZfB	– Zeitschrift für Betriebswirtschaft
ZfbF	– Zeitschrift für betriebswirtschaftliche Forschung
zfo	– Zeitschrift Führung + Organisation

b) Sonstige Abkürzungen

AGPLAN	– Gesellschaft für Planung – AGPLAN – e. V.
BAB	– Betriebsabrechnungsbogen
Bd.	– Band
CAD	– computer aided design
DB	– Deckungsbeitrag
Erg.Lfg.	– Ergänzungs-Lieferung
Jg.	– Jahrgang
KB	– Kilobyte
L	– Lücke
Mafo	– Marktforschung
MB	– Megabyte
MDM	– Millionen Deutsche Mark
MDS	– Multidimensionale Skalierung
MIPS	– Millionen Instruktionen pro Sekunde
o. Jg.	– ohne Jahrgang
o. V.	– ohne Verfasser
p. a.	– per annum
PC	– Personal Computer
Sp.	– Spalte
TDM	– Tausend Deutsche Mark
TKP	– Tabellenkalkulationsprogramm
U-Musik	– Unterhaltungs-Musik
USP	– unique selling proposition

1 Grundlagen einer mittelstandsorientierten Betriebswirtschaftslehre

Zur Bedeutung mittelständischer Unternehmen für Wirtschaft und Gesellschaft

1 Die Abgrenzung mittelständischer Unternehmen

Der Begriff der mittelständischen Unternehmung kennzeichnet hier und im folgenden den Gegentyp zur Großunternehmung; er wird daher als Synonym für die kleine und mittlere Unternehmung verwendet.[1] Wo man nun genau die Grenze zu den Großunternehmen zieht, ist eine schwierige Frage; sie läßt sich nur getrennt nach Wirtschaftsbereichen (Industrie, Handel, Handwerk usw.) beantworten, wobei jeweils zahlreiche quantitative und qualitative Merkmale herangezogen werden können. Neben Meßziffern wie Mitarbeiterzahl, Umsatzvolumen usw. können für mittelständische Unternehmen im Industriesektor typische Ausprägungen der Organisations- und Rechtsform, des Führungsstils, der Produktionsstruktur sowie der Strukturen und Abläufe in allen anderen Funktionalbereichen festgestellt werden[2]; je mehr davon im Einzelfall gegeben sind, um so eher handelt es sich dann um ein typisch mittelständisches Unternehmen.

Nun ist es allerdings ein häufiger und in vielen Fällen auch sinnvoller Brauch, aus Praktikabilitätsgründen zunächst allein auf ein bestimmtes quantitatives Kriterium Bezug zu nehmen, das die Vorzüge einfacher Meßbarkeit und hoher Anschaulichkeit miteinander verbindet, nämlich die Mitarbeiterzahl. Hier wird als Obergrenze der mittelständischen (bzw. mittleren) Unternehmen im Industriebereich häufig die Zahl von 500 Mitarbeitern genannt.[3] Auch in dieser Arbeit soll eine geringere Mitarbeiterzahl von Industrieunternehmen grundsätzlich eine „Mittelstandsvermutung" begründen, die dann im jeweiligen Falle durch detailliertere Recherchen zu untermauern wäre. Umgekehrt schließt eine Mitarbeiterzahl über 500 keineswegs aus, daß ein Industrieunternehmen, gemessen an seinen sonstigen Merkmalen, einen deutlich mittelständischen Charakter hat.

---

[1] Vgl. sinngemäß Strebel (1979) S. 543; Kamp/May (1981) S. 349; Albach/Held (1984) S. V; Kahle (1986) S. 546.

[2] Siehe z. B. Pfohl/Kellerwessel (1982) S. 29 ff.

[3] Vgl. Kamp/May (1981) S. 349; Kahle (1986) S. 546; siehe auch die Hinweise auf die gleichartige Praxis der „small business"-Abgrenzung in den USA bei Kreikebaum (1984) S. 646 sowie des Bundeswirtschaftsministeriums bei Hamer (1987) S. 70.

In anderen Wirtschaftsbereichen wie Handwerk, Handel, Gastgewerbe usw. ergeben sich andere Abgrenzungswerte gegenüber den dortigen Großunternehmen. Geht man wieder von den Mitarbeiterzahlen aus, so liegen sie beispielsweise zwischen 50 (für Handwerk und freie Berufe) und 200 (für den Großhandel).[4] Berücksichtigt man diese niedrigeren Grenzwerte anderer Wirtschaftsbereiche sowie weitere Unsicherheiten einer derartigen Grenzziehung, so dürften aber jedenfalls 99 % aller Unternehmen mit weit über 50 % aller Beschäftigten zu den mittelständischen Betrieben gehören.[5]

2 Die wirtschaftliche Bedeutung der mittelständischen Unternehmen

Bereits die letzten Ausführungen des vorhergehenden Abschnittes haben erkennen lassen, welche außerordentliche Bedeutung mittelständische Unternehmen für die Wirtschaft der Bundesrepublik Deutschland haben. Über die Hälfte aller Beschäftigten findet ihren Arbeitsplatz in einem mittelständischen Unternehmen.

Es ist lohnend, sich mit der eindrucksvollen Leistungsfähigkeit der mittelständischen Unternehmen kurz noch etwas näher und konkreter zu beschäftigen, wobei als Beispiel der Bereich des verarbeitenden Gewerbes gewählt wird. Hier lassen sich vor allem zwei große Tätigkeitsfelder mittelständischer Betriebe unterscheiden:

- Zum einen erfüllen sie eine wichtige volkswirtschaftliche Funktion als Zulieferer von Produktions- und Investitionsgütern aller Art für andere Unternehmen; diese Zuliefererfunktion hat insbesondere Bedeutung für den Fahrzeugbau, die Elektrotechnik, den Maschinenbau, die Chemie und die Kunstfaserverarbeitung.[6] Die Leistungsfähigkeit gerade auch vieler Großunternehmen hängt nicht unwesentlich von Art und Ausmaß der Kooperation mit ihren Zuliefererbetrieben ab, worauf z. B. bei der Analyse japanischer Managementmethoden und -erfolge häufig hingewiesen wird.[7] Besonders hervorzuheben ist die große Zahl mittelständischer Unternehmen in der Maschinenbauindustrie, die sich bekanntlich im internationalen Wettbewerb eine führende Stellung erarbeiten konnte.
- Zum anderen treten mittelständische Unternehmen aber auch in erstaunlichem Umfang als namhafte Anbieter auf den nationalen und z. T. auch internationalen Märkten für Konsumgüter auf. Beispiele finden sich u. a. bei Nahrungs- und Genußmitteln (Milchprodukte, Süßwaren, Spirituosen, Biere, Weine usw.), Freizeitartikeln (Spielwaren, Sportartikel, Musikinstrumente), Pharmaprodukten sowie bei Möbeln. Nicht selten stehen sie dabei in Konkurrenz zu internationalen Großkonzernen, was ihre Leistung umso bemerkenswerter erscheinen läßt.

In all diesen Fällen liegt eine besondere Stärke der mittelständischen Unternehmen natürlich in ihrer Fähigkeit und Bereitschaft, sich auch auf kleinere Kundensegmente und spezielle Kundenwünsche einzustellen sowie auf Bedürfnisänderungen rasch und flexibel zu reagieren.

---

[4] Vgl. Pfohl/Kellerwessel (1982) S. 20.
[5] Vgl. Statistisches Bundesamt (1972) S. 163, zitiert nach Wöhe (1986) S. 18.
[6] Vgl. Zeitel (1982) S. 42.
[7] Siehe u. a. Höhn (1982) S. 56 f.; Hahn (1982) S. 434; Frerk (1983) S. 240; Goldberg (1983) S. 118.

Bei den in den weiteren Abschnitten dieses Buches dargestellten Praxisbeispielen haben mit Bedacht zwei Branchen besondere Berücksichtigung gefunden: Die Musikinstrumentenindustrie für den Bereich der Gebrauchsgüter, und die Nahrungsmittelindustrie für den Bereich der Verbrauchsgüter. In beiden Branchen stehen die mittelständischen Unternehmen in Konkurrenz zu internationalen Großkonzernen; darüber hinaus weist die Musikinstrumentenindustrie zwei Besonderheiten auf, die sie zu einem besonders interessanten Objekt der Mittelstandsforschung machen. Es handelt sich nämlich einerseits bei den deutschen Anbietern ausnahmslos um mittelständische Unternehmen; andererseits ist es diesen zum großen Teil gelungen, sich vor allem in qualitativer Hinsicht eine führende Stellung am Weltmarkt zu erarbeiten (Exportanteil knapp 70 %).

3 Die gesellschaftspolitische Bedeutung der mittelständischen Unternehmen

Von besonderer Bedeutung sind die mittelständischen Unternehmen auch für die Funktionsfähigkeit und Glaubwürdigkeit eines freiheitlichen Gesellschafts- und Wirtschaftssystems[8]:

● Sie leisten einen entscheidenden Beitrag zur Aufrechterhaltung eines funktionierenden Leistungswettbewerbes, der seinerseits wiederum Vorbedingung für das Primat der Bedürfnisorientierung einer Volkswirtschaft (Konsumentensouveränität) ist. Eine Reduktion der Angebotsseite auf einige wenige Großunternehmen induziert auf der Nachfrageseite häufig Befürchtungen hinsichtlich gefährlicher Machtkonzentration sowie möglicher abgestimmter Verhaltensweisen.

● Sie garantieren, daß auch Bedürfnisse von Minderheiten und sogar Bedürfnisse des einzelnen Individuums (siehe z. B. Wohnungsbau sowie viele Bereiche im Handwerk und Dienstleistungsbereich) zur Geltung kommen, und so eine ungeschmälerte „ökonomische Entfaltungsfreiheit" des Individuums auf der Nachfrageseite gegeben ist.

● Ihre Existenz signalisiert aber ebenso die volle ökonomische Entfaltungsfreiheit des Individuums auf der Angebotsseite. Es wird deutlich, daß es der einzelne in der Hand hat, eine selbständige wirtschaftliche Existenz zu begründen und auf diese Weise autonom zu bestimmen, welche Chancen und Risiken seinen weiteren Weg prägen.

● Sie bieten besonders günstige Bedingungen dafür, daß sich die in ihnen Beschäftigten mit ihrer Arbeit identifizieren können. Die Unternehmen stellen gut überschaubare Wirkungskreise dar, die sozialen Beziehungen sind enger, und im Verhältnis zur eigenen Arbeit und ihren Produkten treten geringere Entfremdungsphänomene ein.

● Die Glaubwürdigkeit eines freiheitlichen Gesellschafts- und Wirtschaftssystems steht und fällt nicht zuletzt mit der Frage, ob freiwillig übernommene Risiken auch in ihren möglichen negativen Konsequenzen getragen werden müssen. Die Abwendung selbst zu verantwortender Firmenzusammenbrüche durch staatliche Eingriffe provoziert den Vorwurf, daß der Privatisierung der Gewinne dann also die Sozialisierung der Verluste gegenüberstehe. Derartige Regelverletzungen marktwirtschaftli-

---

[8] Vgl. z. T. Zeitel (1982) S. 40 ff.

cher Prinzipien drohen nach aller Erfahrung besonders bei Großunternehmen, für deren Rettung im Krisenfall erhebliche staatliche Hilfen −von Krediten bis hin zu Dauersubventionen −mobilisiert werden. Mittelständische Unternehmen stehen auch in diesem Punkt, d. h. im wahrsten Sinne des Wortes „bis zur letzten Konsequenz", für die reine Lehre der Marktwirtschaft.

Insgesamt gesehen sind mittelständische Unternehmen also ein Indikator wie auch ein Garant für eine freiheitliche Gesellschafts- und Wirtschaftsordnung. Mit ihrer Entfaltungsmöglichkeit ist − wie dargelegt −die Entfaltungs- und Selbstbestimmungsmöglichkeit des einzelnen eng verbunden. Diese Erkenntnis aber muß auch im Bereich der Forschung und Lehre als Verpflichtung verstanden werden, über Möglichkeiten einer gezielten Verbesserung der Leistungsfähigkeit mittelständischer Unternehmen nachzudenken. Die bisherigen Maßnahmen und Überlegungen können hier keinesfalls als ausreichend angesehen werden.

Literatur

Albach, H.; Held, T.: Vorwort, in: Albach, H.; Held, T. (Hrsg.) Betriebswirtschaftslehre mittelständischer Unternehmen, Stuttgart 1984, S. Vf. .

Frerk, P.: Können wir von den Japanern lernen? Anmerkungen zur Gestaltung der Unternehmensführung, in: ZfbF 35 (1983), S. 239 - 249.

Goldberg, W. H.: Auf der Japan-Welle, in: DBW 43 (1983), S. 113 - 122.

Hahn, D.: Unternehmungsführung in Japan, in: zfo 51 (1982), S. 430 - 435.

Hamer, E.: Das Mittelständische Unternehmen, Stuttgart 1987.

Höhn, S.: Materialwirtschaft als Teil der Unternehmensstrategie − dargestellt am Beispiel der Automobilindustrie, in: ZfbF 34 (1982), S. 52 - 66.

Kahle, E.: Inhaltliche Anforderungen an ein mittelständisch orientiertes Studium der Betriebswirtschaftslehre, in: DBW 46 (1986), S. 545 - 556.

Kamp, M. E.; May, E.: Kleine und mittlere Unternehmen im Forschungs- und Entwicklungsprozeß, in: ZfB 51 (1981), S. 347 - 368.

Kreikebaum, H.: Small Business Management in den USA. Mögliche Konsequenzen für die Theorie und Praxis der Unternehmensführung mittelständischer Unternehmen, in: Albach, H.; Held, T. (Hrsg.), Betriebswirtschaftslehre mittelständischer Unternehmen, Stuttgart 1984, S. 645 - 659.

Pfohl, H.-C.; Kellerwessel, P.: Abgrenzung der Klein- und Mittelbetriebe von Großbetrieben, in: Pfohl, H.-C. (Hrsg.), Betriebswirtschaftslehre der Mittel- und Kleinbetriebe, Berlin 1982, S. 9 - 34.

Statistisches Bundesamt, Fachserie C: Unternehmen und Arbeittsstätten, Heft 6: Arbeitsstättenzählung vom 27. Mai 1970, Stuttgart-Mainz 1972, zitiert nach: Wöhe, G.: Einführung in die Allgemeine Betriebswirtschaftslehre, 16. Aufl., München 1986, S. 18.

Strebel, H.: Innovation und ihre Organisation in der mittelständischen Industrie, in: ZfbF 31 (1979), S. 543 - 551.

Zeitel, G.: Volkswirtschaftliche Bedeutung von Klein- und Mittelbetrieben, in: Pfohl, H.-C. (Hrsg.), Betriebswirtschaftslehre der Mittel- und Kleinbetriebe, Berlin 1982, S. 35 - 53.

Die unterschiedlichen Erfolgsbarrieren bei der Führung größerer und kleinerer Unternehmen

1 Die Untersuchungen von Peters/Waterman

Im Jahr 1982 erschien in den USA ein Buch mit dem Titel „In Search of Excellence", das seit 1984 auch als deutsche Ausgabe („Auf der Suche nach Spitzenleistungen") verfügbar ist und für großes Aufsehen inner- und außerhalb der Fachwelt gesorgt hat. Die beiden Verfasser, Peters und Waterman, untersuchten 62 amerikanische Großunternehmen unter dem Aspekt, ob es Faktoren gibt, auf die sich der Erfolg der absoluten Spitzenunternehmen zurückführen läßt. Unter den 62, bereits eine positive Auswahl darstellenden Unternehmen interessierten sie sich besonders für jene 43, deren Wachstum und Rendite während der letzten zwei Jahrzehnte über dem jeweiligen Branchendurchschnitt gelegen hatten, und die als innovationsfreudig angesehen wurden.[1] Diese „exzellenten" Unternehmen wiesen nun nach den Untersuchungsergebnissen folgende acht Merkmale auf:[2]

1. Primat des Handelns: Sich nicht zu lange „bei der Vorrede aufhalten", sondern ohne Beengung durch komplizierte Zuständigkeitsregelungen und aufwendige Verfahrensvorschriften an die Problemlösung gehen; weitgehender Verzicht auf vorgegebene Strukturen, sondern Bildung temporärer Strukturen nach den jeweiligen Erfordernissen;[3] häufige Nutzung von Tests statt endloser Analysen.
2. Nähe zum Kunden: Qualitäts- und Servicebesessenheit im Dienst am Kunden; Suche nach speziellen Kundenbedürfnissen (Marktnischen) und intensiven Kundenkontakten.
3. Freiraum für Unternehmertum: Findung, Ermutigung und Förderung von Mitarbeitern, die entschlossen sind, die Entwicklung und/oder Durchsetzung einer Innovation zu ihrer eigenen Sache zu machen.
4. Produktivität durch Menschen: Den Mitarbeitern die Gewißheit geben, daß sie einen außerordentlich wichtigen Beitrag für den gemeinsamen Erfolg leisten bzw. leisten können; hierzu den Kontakt zu ihnen suchen, sie informieren, sie anhören und sie als Mitstreiter gewinnen.

---

[1] Vgl. Peters/Waterman (1986) S. 35 f., 42 ff.
[2] Vgl. Peters/Waterman (1986) S. 36 f., 149 ff.
[3] Siehe Link (1985) S. 152 ff.

5. Sichtbar gelebtes Wertsystem: Diejenigen, die an der Spitze stehen, müssen die gemeinsamen Ziele und Werte durch ein besonderes eigenes, persönliches Engagement „vorleben".
6. Bindung an das angestammte Geschäft: Bei Ausweitungen des eigenen Tätigkeitsbereiches sich nicht zu weit von den zentralen Stärken des Unternehmens entfernen; die Risiken auch durch ein stufenweises Vorgehen in Grenzen halten.
7. Einfacher, flexibler Aufbau: Vermeidung komplizierter Unternehmungsgliederungen, tiefgestaffelter Hierarchien sowie aufgeblähter Stäbe und Zentralverwaltungen.
8. Straff-lockere Führung: Den Mitarbeitern die Chance eines selbständigen Handelns innerhalb des gemeinsamen Wertesystems einräumen, und gleichzeitig die Nichttolerierung ernsthafter Verstöße gegen dieses Wertesystem demonstrieren.

Peters/Waterman weisen selbst darauf hin, daß diese Merkmale auf den ersten Blick z. T. wenig spektakulär erscheinen, und daß es im Falle der exzellenten Unternehmen viel mehr auf die ungewöhnliche Konsequenz ankommt, mit der die einzelnen Prinzipen umgesetzt werden.[4] Darüber hinaus legen die Untersuchungsergebnisse aber gewisse Schwachpunkte der bisherigen betriebswirtschaftlichen Forschung und Lehre offen, die gerade für eine zukünftig u. U. zu verstärkende Differenzierung der Aussagen über unterschiedlich große Unternehmen von Bedeutung sind; dies wird aber erst Gegenstand des nächsten Kapitels sein.

2 Die Untersuchungen von Albach

Albach hat 1984 zwei Untersuchungen vorgelegt, die zur Ergänzung obigen Bildes geeignet sind, da sie zum einen deutsche und zum anderen auch mittelständische Unternehmen als Objekte heranziehen.[5]

Die erste Untersuchung ist der Frage gewidmet, welche der 295 deutschen Industrie-Aktiengesellschaften als besonders erfolgreich eingestuft werden können, und worauf dies zurückgeführt werden kann; dabei stand besonders die Rolle einer hohen Rate der Produktinnovation im Blickpunkt. Die Kriterien dafür, welche Unternehmen als besonders erfolgreich einzustufen sind, unterscheiden sich nur geringfügig von jenen, die Peters/Waterman herangezogen haben. Danach kristallisierte sich eine Spitzengruppe von 30 Industrie-Aktiengesellschaften heraus, die in einer ersten Analyse folgende Merkmale erkennen ließen:

- Perfektion in der Produktion,
- Besessenheit bei der Sicherung der Produktqualität,
- große Kundennähe sowie
- äußerst solide Finanzierung.

Während insoweit eine gewisse Übereinstimmung mit den Ergebnissen von Peters/Waterman besteht, wird der von letzteren gesehene Zusammenhang zwischen Unternehmenserfolg und Innovationsrate durch die Ergebnisse von Albach nicht verifiziert.

---
[4] Vgl. Peters/Waterman (1986) S. 7, 39 f.
[5] Vgl. im folgenden Albach (1984).

Die zweite Untersuchung beschäftigt sich mit den Spitzenunternehmen speziell im mittelständischen Bereich.[6] Diese sind durch eine überdurchschnittliche Umsatzrentabilität (mehrjährig über 2 % nach Steuern) und Wachstumsrate (mehrjährig über 8 % Umsatzwachstum p. a.) gekennzeichnet. Folgende Merkmale zeichnen diese Unternehmen u. a. aus:

- Überlegenheit der Marktsegmentierung,
- höherer Marketingetat,
- große Kundennähe,
- hohes Niveau von Qualität, Service und Lieferbereitschaft sowie
- Durchsetzung überdurchschnittlicher Preise.

Dabei zeigt sich auch hier eine Relativierung der Bedeutung von Produktinnovationen. Ihre Bedeutung liegt allein in der Befriedigung erkannter Kundenbedürfnisse, und sie stehen hierbei durchaus in Konkurrenz zur Lizenznahme und Orientierung an Wettbewerberentwicklungen. Allerdings weisen alle Spitzenunternehmen eigene und stark wachsende Forschungsaktivitäten auf.

Andere Untersuchungen von Albach haben sich mehr mit den „Erfolgsbarrieren" beschäftigt, die mittelständische Unternehmen im Verlauf eines Wachstumsprozesses überwinden müssen.[7] Die nach unserer Eingangsdefinition an der Obergrenze des Bereiches mittelständischer Betriebsgrößen liegenden Unternehmen stoßen danach bei weiterem Wachstum an mehrere derartige Barrieren oder „Wachstumsschwellen", wie sie von Albach genannt werden:

- Engpässe im Bereich der Selbstfinanzierung mit der Folge einer Verschlechterung der Kapitalstruktur, bei etwa gleichzeitigen
- Engpässen im Bereich von Organisation und Führung; der notwendige Übergang von einer personalen zu einer mehr formalen Führung bedingt die Einführung neuer Führungsmethoden, Organisationsstrukturen sowie Planungs- und Kontrollsysteme.
- Vor allem im späteren Verlauf des Unternehmenswachstums können dann auch Engpässe bei der Entwicklung und Vermarktung eines arten- und mengenmäßig ausgeweiteten Absatzprogrammes auftreten.

Alle diese Erkenntnisse sind ebenfalls als eine wichtige Ausgangsbasis für die nachfolgenden Überlegungen zu den unterschiedlichen Erfolgsbarrieren bei der Führung größerer und kleinerer Unternehmen anzusehen.

---

6 Albach zieht den Kreis dieser Unternehmen zunächst weiter, als dies im vorhergehenden Kapitel dieser Arbeit erfolgt ist. Die besten Unternehmen sind aber überproportional in der Größenklasse 250 - 500 Mitarbeiter vertreten − vgl. Albach (1984) S. 40, 47.

7 Vgl. Albach (1976); Albach/Bock/Warnke (1984).

3 Die kritischen Potentiale größerer und kleinerer Unternehmen

Analysiert man zunächst einmal die Ergebnisse von Peters/Waterman etwas näher, so fallen folgende Punkte besonders auf:

a) Die Merkmale der Spitzenunternehmen haben nicht das Geringste zu tun mit jenen zahlreichen formalen Instrumenten (Methoden und Systemen), deretwegen Großunternehmen üblicherweise bewundert und seitens der mittelständischen Unternehmen auch z. T. beneidet werden.
b) Sie haben im Gegenteil sehr viel mit der Überwindung formaler Barrieren zu tun, die in Großorganisationen bzw. Groß-Bürokratien üblicherweise Eigenschaften wie Eigeninitiative, Tatkraft, Selbständigkeit, Flexibilität und Risikobereitschaft entweder gar nicht erst entstehen lassen oder aber alsbald ersticken (Punkte 1, 3, 7 und 8).
c) Vor allem aber haben sie etwas mit der zentralen Rolle des Menschen – und seines Selbstverständnisses von eben dieser Rolle – in Organisationen zu tun (Punkte 3, 4, 5 und 8); dieser ganze, den in der Betriebswirtschaft herrschenden rationalen Denkweisen so wenig zugänglich und attraktiv erscheinende Bereich wird voll in den Blickpunkt bei „der Suche nach Spitzenleistungen" gerückt.

Nun läßt sich sicherlich aus streng wissenschaftlicher Sicht auch Kritisches zur Untersuchung von Peters/Waterman anmerken.[8] Unstrittig scheint jedoch, daß sie einen wesentlichen Beitrag dazu geleistet hat, die einseitige Betonung formaler Elemente/Instrumente der Unternehmungsführung zu überwinden, und bislang vernachlässigte informale Strukturen/Prozesse stärker in das Bewußtsein zu rücken. Vorläufer hierzu finden sich insbesondere in der umfangreichen Literatur zu den Ursachen des Erfolges japanischer Unternehmen, aber natürlich auch bereits in bestimmten älteren wissenschaftlichen Arbeiten wie den von Peters/Waterman angesprochenen Hawthorne-Experimenten.[9] Daß die Wissenschaft bereit ist, sich diesen informalen Strukturen/Prozessen wieder stärker zuzuwenden, zeigen die zahlreichen neueren Beiträge zu dem Begriff bzw. Phänomen der „Unternehmungskultur".[10]

Die oben als Resümee der Untersuchungen von Peters/Waterman herausgestellten drei Punkte lassen einen wichtigen Schluß hinsichtlich der Bedingungen für den Erfolg für Großunternehmen zu: Ausschlaggebend für den Erfolg ist vor allem die Frage, wie in Großunternehmen

1. die *Dynamik* aller Beteiligten erhalten und gefördert werden kann („Dynamik" als Inbegriff der unter Punkt b oben genannten Eigenschaften), und wie
2. eine größtmögliche *Identifikation* aller Beteiligten mit dem Ziel- und Wertsystem und der ihnen zugedachten Rolle erreicht werden kann.

Die beiden bislang nicht gesondert angesprochenen Punkte „Nähe zum Kunden" und „Bindung an das angestammte Geschäft" werden aus zwei Gründen in ihrer Bedeutung etwas differenziert zu den übrigen Punkten gesehen. Zum einen ent-

---

[8] Vgl. z. B. Frese (1985) sowie dazu wiederum Sparberg (1985), Wächter (1985).
[9] Vgl. Peters/Waterman (1986) S. 27 f.
[10] Stellvertretend siehe hierzu Heinen/Dill (1986).

sprechen sie sehr weitgehend der bisherigen bzw. ,,herrschenden" Lehrmeinung; insbesondere die Kundennähe bildet bekanntlich den Grundgedanken der gesamten Marketing-Lehre und sticht bei den untersuchten Spitzenunternehmen nur durch die besondere Konsequenz in der konkreten Umsetzung hervor. Zum anderen aber – und hier nähern wir uns nun dem eigentlichen Anliegen dieses Buchkapitels – bilden diese Punkte keine Besonderheit von Großunternehmen. Gerade auch die Kundennähe – und damit die Marketing-Konzeption – hat die gleiche Bedeutung für kleinere wie für größere Unternehmen; die Untersuchungen von Albach bestätigen dies noch einmal nachdrücklich.

Allerdings deuten die in Zusammenhang mit den ,,Wachstumsschwellen" von Albach aufgeführten Ergebnisse auch bereits an, wo umgekehrt Erfolgsbarrieren speziell für mittelständische Unternehmen gesehen werden müssen. Hierbei interessiert – vor dem Hintergrund des Gesamtthemas der Arbeit – speziell der von Albach aufgezeigte Engpaß im Bereich der Organisation und Führung. Er umfaßt nämlich alle jene formalen Instrumente (Methoden und Systeme), die unter Punkt a zu Beginn des Abschnittes 3 als nicht ausschlaggebend, unter Punkt b sogar als teilweise hinderlich für den Erfolg von Großunternehmen angesprochen worden sind. Damit wird eine tendenziell gegensätzliche Bedeutung formaler Instrumente für den Erfolg größerer und kleinerer Unternehmen deutlich: Für Großunternehmen – insbesondere auch die ,,exzellenten" unter ihnen[11] – stellt der professionelle Einsatz der zahlreichen formalen Methoden und Systeme quasi eine Selbstverständlichkeit dar, die eben deshalb für ,,Spitzenleistungen" noch nicht ausschlaggebend sein kann. Für mittelständische Unternehmen hingegen stellt die Aneignung und professionelle Beherrschung des formalen Instrumentariums ein grundlegendes Problem dar; in den weiteren Abschnitten und Kapiteln dieser Arbeit wird deutlich werden, daß hier das mittelständische Unternehmen z. T. ganz eigene Wege gehen muß, um diese Erfolgsbarriere zu überwinden.

3.1 Formale und informale Potentiale der Unternehmung

Die vorangegangenen Ausführungen haben deutlich gemacht, daß es bestimmte Bereiche – quasi i. S. v. Dimensionen – der Unternehmensführung gibt, aus denen die Unternehmung entscheidende Beiträge zur Erreichung von ,,Spitzenleistungen" beziehen kann. Im formalen Bereich der Methoden und Systeme bestehen diese Beiträge insbesondere in einer quantitativen oder qualitativen Optimierung, d. h. der Bereich der formalen Instrumente eröffnet jedem Unternehmen zunächst einmal ein bestimmtes *Optimierungspotential*. Es wurde bereits verdeutlicht, daß dieses Potential von Großunternehmen gewissermaßen ,,wie selbstverständlich" genutzt und voll ausgeschöpft wird, während es in mittelständischen Unternehmen besonderer Anstrengungen bedarf, um es dem Unternehmen zu erschließen und nutzbar zu machen. Es stellt damit für Großunternehmen ein unkritisches, für mittelständische Unternehmen ein kritisches Potential dar.

Es wurden auf der anderen Seite auch ausführlich jene Beiträge zur Erreichung von ,,Spitzenleistungen" angesprochen, die aus dem informalen Bereich entsprin-

---
[11] Vgl. Peters/Waterman (1986) S. 54.

12 Grundlagen einer mittelstandsorientierten Betriebswirtschaftslehre

gen können. Jede Unternehmung lebt in einem bestimmten Umfang von der Eigeninitiative, Tatkraft, Selbständigkeit, Flexibilität und Risikobereitschaft der in ihr Beschäftigten, greift also auf das darin verkörperte *dynamische Potential* zurück. Ebenso kann jedes Unternehmen in unterschiedlichem Umfang besondere Beiträge zur Zielerreichung erwarten, wenn ein hoher Grad der Identifikation aller Beteiligten mit dem Ziel- und Wertsystem und der ihnen zugedachten Rolle gegeben ist; die hierfür aus Sicht der Beteiligten vorliegenden Voraussetzungen bestimmen das *Identifikationspotential* einer Unternehmung.

Diese drei Grundpotentiale, aus denen eine Unternehmung besondere Beiträge zur Zielerreichung erwarten kann, werden noch einmal in Abb. 1 veranschaulicht. Ihre herausgehobene Bedeutung leitet sich aus zwei Umständen ab:

● Zum einen haben die eingangs ausgewerteten Untersuchungen ihre Schlüsselfunktion unter allen theoretisch sonst noch vorstellbaren Erfolgsfaktoren/Erfolgsbarrieren verdeutlicht.

● Zum anderen eignen sie sich in besonderer Weise dafür, die unterschiedlichen kritischen Potentiale von größeren und kleineren Unternehmen zu verdeutlichen; dies ist Gegenstand des nachfolgenden Abschnittes.

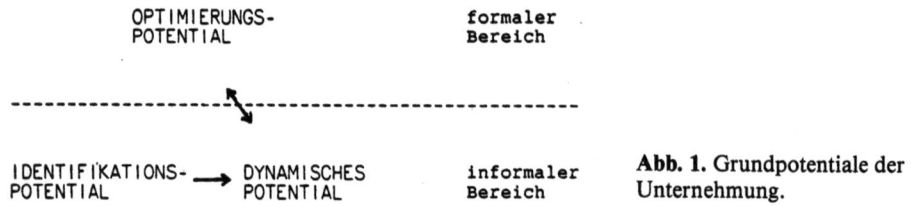

Abb. 1. Grundpotentiale der Unternehmung.

Dabei deuten die in Abb. 1 eingetragenen Pfeile an, daß vom Identifikationspotential einer Unternehmung tendenziell ein stimulierender Einfluß auf das dynamische Potential zu erwarten ist, während die formalen Instrumente, insbesondere die formalen Strukturen, nach den Ergebnissen von Peters/Waterman oft als Hemmschuh für dynamisches Verhalten in Erscheinung treten[12]

3.2 Unternehmungsgröße und kritische Potentiale

Es ist bereits verdeutlicht worden, daß ein hohes Optimierungspotential quasi zum Wesen der Großunternehmung hinzugehört, d. h. daß die professionelle Handhabung des formalen Instrumentariums ein unkritisches Potential für die Großunternehmung darstellt. Ebenso haben z. B. die Untersuchungen von Peters/Waterman, aber auch zahlreiche Beiträge zur Bürokratiekritik[13] hinreichend verdeutlicht, daß es bei den weitaus meisten Großunternehmen ständiger und außerordentlicher Anstrengungen bedarf, *trotz* ihrer Größe ein gewisses Maß an Identifikationsmöglichkeit und Dynamik zu schaffen und zu erhalten, daß es sich im informalen Bereich

---

[12] Vgl. z. B. Peters/Waterman (1986) S. 40 f., 67 ff., 149 ff., 235 ff.

[13] Zur Kritik an Bürokratien und Groß-Organisationen siehe im einzelnen Link (1985) S. 129 und die dort aufgeführte Literatur.

also um eher kritische Potentiale handelt. Auch der Verfasser hat diese Anstrengungen der Großunternehmen unlängst auf einem speziellen Gebiet, nämlich dem der Aufbauorganisation, dargestellt; sie zielen vor allem auf die Abgrenzung kleiner, überschaubarer Geschäftsbereiche mit strategischer Autonomie („Strategische Geschäftseinheiten") sowie die Schaffung innovativer und unternehmerischer Freiräume (Innovationsgruppen, Projektteams, Venture Management usw.) ab.[14] Kleinere, überschaubare und weitgehend dezentral geführte Einheiten bieten naturgemäß wesentlich bessere Ansatzpunkte für Identifikation und Dynamik des einzelnen Mitarbeiters. Vor diesem Hintergrund würdigen Peters/Waterman die besondere Leistung der exzellenten Unternehmen: „Der wichtigste Faktor ihrer bewundernswerten Leistungsbilanz ist vielleicht ihre Fähigkeit, groß zu sein und gleichzeitig so zu handeln, als wären sie klein. . . . Sie setzen auf geradezu radikale Dezentralisierung und Autonomie . . ."[15]

In Abb. 2 werden die drei Grundpotentiale unter dem Aspekt, wie weit sie für die Großunternehmung kritisch oder unkritisch sind, gekennzeichnet. Dabei wird, wie ersichtlich, noch einmal eine gewisse Differenzierung vorgenommen, indem auch bestimmte positive Voraussetzungen, die das Großunternehmen für eine Identifikation bietet, berücksichtigt werden: Die Größe und Bekanntheit eines Unternehmens bzw. der Stolz und das Bewußtsein, zu einer großen, leistungsfähigen und anerkannten Gemeinschaft zu gehören, können zum Ansatzpunkt für Identifikationsprozesse werden. Das Identifikationspotential einer Großunternehmung wird daher etwas weniger kritisch gesehen als das dynamische Potential.

```
    OPTIMIERUNGS-              formaler
    POTENTIAL                  Bereich

        u n k r i t i s c h
--------------------------------------------------
w e n i g e r
k r i t i s c h        k r i t i s c h              Abb.  2. Kritische/unkri-
                                                    tische Potentiale der Groß-
IDENTIFIKATIONS-       DYNAMISCHES     informaler   unternehmung.
POTENTIAL              POTENTIAL       Bereich
```

Aus den vorhergehenden Ausführungen ergibt sich nun auch recht klar, worin die kritischen und unkritischen Potentiale der mittelständischen Unternehmung zu sehen sind. Aufgrund ihrer geringen Größe, ihres überschaubaren Wirkungskreises, der Enge der sozialen Beziehungen, des konkreten Bezuges zu Produkten und Geschäftspartnern, der geringen Regelungsdichte, Spezialisierung und Formalisierung sowie der flachen Hierarchie sind grundsätzlich wesentlich günstigere Voraussetzungen im informalen Bereich gegeben als bei der Großunternehmung. Identifikation und Dynamik werden im mittelständischen „Klima" sowohl leichter ermöglicht als auch selbstverständlicher gefordert; auf der anderen Seite müssen auch hier wieder hinsichtlich des Identifikationspotentials gewisse Differenzierungen eingebracht werden: Es fehlt bei den weitaus meisten mittelständischen Unternehmen die im Zusammenhang mit den Großunternehmen erwähnte Möglichkeit, daß Identifika-

---

14 Vgl. Link (1985).
15 Peters/Waterman (1986) S. 236.

tionsprozesse durch die Bedeutung und Bekanntheit des Unternehmens „gestützt" werden; außerdem weisen mittelständische Unternehmen i. d. R. eine deutlich geringere Bereitschaft und Fähigkeit auf, ein klares Ziel- und Wertsystem zu erarbeiten und nach innen wie außen zu propagieren. Dies hängt in nicht geringem Maße auch mit ihrer geringeren Marketing- und Planungsorientierung zusammen. Das Identifikationspotential kann daher nicht einfach – wie das dynamische Potential – als unkritisch bezeichnet werden, sondern lediglich als weniger kritisch.

```
            OPTIMIERUNGS-              formaler
            POTENTIAL                  Bereich

            k r i t i s c h
---------------------------------------------------
weniger
kritisch      u n k r i t i s c h

IDENTIFIKATIONS-   DYNAMISCHES         informaler
POTENTIAL          POTENTIAL           Bereich
```

Abb. 3. Kritische/unkritische Potentiale der mittelständischen Unternehmung.

Zusammenfassend sei zunächst noch einmal hervorgehoben, daß die Qualifizierung der Potentiale als „kritisch", „weniger kritisch" oder „unkritisch" lediglich zum Ausdruck bringt, welche Grundvoraussetzungen diesbezüglich in einem Unternehmen vorhanden und welche Schwierigkeiten demzufolge zu überwinden sind. Viele „exzellente" Unternehmen im großindustriellen wie im mittelständischen Bereich sind der Beweis, daß selbst die „kritischen" Potentiale mit geeigneten Denk- und Verhaltensstrategien voll erschlossen werden können; die vielen „nicht exzellenten" Unternehmen belegen auf der anderen Seite aber auch, wie schwierig das ist: Großunternehmen, die im Innern wie nach außen hin wirkliche Dynamik vermissen lassen, sind daher häufiger anzutreffen als der Typus des „exzellenten" Unternehmens nach Peters/Waterman; ebenso finden sich häufiger mittelständische Unternehmen, die keine Methoden der Marktforschung und -segmentierung, Positionierung, Ideenfindung und -bewertung, Wertanalyse usw. anwenden als Beispiele der Art, wie sie in den Kapiteln dieser Arbeit dargestellt werden.

Literatur

Albach, H.: Kritische Wachstumsschwellen in der Unternehmensentwicklung, in: ZfB 46 (1976), S. 683 - 696.
Albach, H.: Die Innovationsdynamik der mittelständischen Industrie, in: Albach, H.; Held, T. (Hrsg.), Betriebswirtschaftslehre mittelständischer Unternehmen, Stuttgart 1984, S. 35 - 50.
Albach, H.; Bock, K.; Warnke, T.: Wachstumskrisen von Unternehmen, in: ZfbF 36 (1984), S. 779 - 793.
Frese, E.: Exzellente Unternehmungen – Konfuse Theorien. Kritisches zur Studie von Peters und Waterman, in: DBW 45 (1985), S. 604 - 606.
Heinen, E.; Dill, P.: Unternehmenskultur, in: ZfB 56 (1986), S. 202 - 218.
Link, J.: Organisation der Strategischen Planung, Heidelberg-Wien 1985.
Peters, T. J.; Waterman, R. H.: Auf der Suche nach Spitzenleistungen, Landsberg am Lech 1986.
Sparberg, L. F. W.: Exzellente Unternehmen – Praxiserfahrungen, in: DBW 45 (1985), S. 606 - 608.
Wächter, H.: Zur Kritik an Peters und Waterman, in: DBW 45 (1985), S. 608 f.

Anforderungen an eine mittelstandsorientierte Betriebswirtschaftslehre

1 Problemstellung

In den beiden vorangegangenen Kapiteln ist bereits Verschiedenes angesprochen worden, was als Ausgangspunkt für einige kritische Überlegungen zur derzeitigen Betriebswirtschaftslehre geeignet ist:

- Es wurde festgestellt, daß über die Hälfte aller Beschäftigten ihren Arbeitsplatz in mittelständischen Unternehmen findet, und daß letzteren eine Schlüsselrolle für die Funktionsfähigkeit und Glaubwürdigkeit eines freiheitlichen Gesellschafts- und Wirtschaftssystems zukommt.
- Weiterhin konnte verdeutlicht werden, daß bei der Führung größerer und kleinerer Unternehmen unterschiedliche Erfolgsbarrieren und Erfolgspotentiale im Vordergrund stehen; die Führung eines mittelständischen Unternehmens unterscheidet sich sowohl im Bereich der formalen Instrumente (Methoden, Systeme) als auch im Bereich der informalen Strukturen (Beziehungen, Prozesse) nachhaltig von der eines Großunternehmens.

Eine Gesamtbetrachtung der derzeitigen betriebswirtschaftlichen Forschung und Lehre an den deutschen Universitäten[1] vermittelt jedoch den Eindruck, daß eine Mittelstandsorientierung angemessener Ausprägung nur ganz punktuell – d. h. bei bestimmten inhaltlichen Themen und an relativ wenigen Fachbereichen – realisiert worden ist. In der Breite gesehen muß vielmehr eine sehr weitgehende Orientierung der Betriebswirtschaftslehre an den typischen Gegebenheiten in Großunternehmen konstatiert werden;[2] dies wird auch durch die nachfolgenden Ausführungen noch weiter verdeutlicht werden. Eine wohl noch etwas weitergehende Kritik sieht sogar eine zu starke Orientierung am Tätigkeitsbild des Hochschullehrers selbst und beklagt die starke Theorielastigkeit und geringe Anwendungsrelevanz des Universitätsstudiums.[3]

---

[1] Die Fachhochschulen bleiben aufgrund vieler besonderer Gegebenheiten weitgehend aus den nachfolgenden Überlegungen ausgeklammert.
[2] Vgl. z. B. Chmielewicz (1984) S. 151 f.; Leihner (1984) S. 83. Siehe auch die weiteren Ausführungen dieses Kapitels zur Funktionengliederung der BWL.
[3] Vgl. Wossidlo (1982) S. 204 f.

Es kann nur ein schwacher Trost sein, wenn viele der nachfolgend angesprochenen Punkte auch im amerikanischen Hochschulsystem nicht besser beurteilt werden können. Insbesondere die einseitige Fixierung auf das formale Instrumentarium und die weitgehende Vernachlässigung der Möglichkeiten und Notwendigkeiten, mehr unternehmerische Dynamik, Initiative, Kreativität, Selbständigkeit und Risikobereitschaft in die Unternehmen bzw. in die Köpfe der Mitarbeiter und Führungskräfte hineinzutragen, werden z. B. auch bei Peters/Waterman kritisiert.[4] Auch kommt die von Kreikebaum durchgeführte Untersuchung der Forschung und Lehre auf dem Gebiet des Small Business Management in den USA zu dem Ergebnis, daß der großen Zahl von Veröffentlichungen und Projekten noch kein entsprechend hoher Stand der Theorie auf diesem Gebiet gegenübersteht.[5] Kreikebaums Fazit: „Zusammenfassend läßt sich feststellen, daß beim derzeitigen Stand unseres Wissens sowohl in den USA wie auch in der Bundesrepublik Deutschland mehr Fragen als Antworten vorhanden sind. Die betriebswirtschaftliche Theorie wäre jedoch gut beraten, wenn sie an die Lösung der offenen Probleme ähnlich empirisch fundiert, ideenreich und engagiert herangehen würde wie die Small Business Management-Kollegen in den USA."[6]

Im folgenden sollen die nach Meinung des Verfassers wichtigsten Anforderungen angesprochen werden, die sich für die Betriebswirtschaftslehre aus einer stärkeren bzw. angemessenen Mittelstandsorientierung ergeben. Dabei soll zwischen allgemeinen, fachübergreifenden und speziellen, lehrgebietsbezogenen Konsequenzen für Forschung und Lehre differenziert werden.

2 Allgemeine, fachübergreifende Anforderungen an Forschung und Lehre

Die beiden nachfolgend besprochenen Anforderungen richten sich an grundsätzlich alle Teilgebiete und Veranstaltungen im Rahmen der Betriebswirtschaftslehre, die der wissenschaftlichen Ausbildung zukünftiger Führungskräfte im Bereich mittelständischer Unternehmen dienen. Sie machen – wie deutlich werden wird – in jedem Falle gesonderte Forschungsanstrengungen erforderlich; ob jedoch auch im Bereich der Lehre immer gesonderte Veranstaltungen für obige Zielgruppe notwendig sind, oder ob die im folgenden dargestellten Prinzipien auch in Gemeinschaft mit den übrigen Studenten realisiert (und dadurch auch für diese „nutzbar" gemacht) werden können, muß an dieser Stelle offenbleiben; es ist wahrscheinlich, daß hier eine differenzierte Antwort nach Fachgebiet und Fachbereichssituation die sinnvollste Lösung darstellt.

2.1 Die Ganzheitlichkeit des Erklärungsansatzes

Es ist ein oftmals beklagtes, aber bis zum heutigen Tage eigentlich immer weiter verfestigtes Merkmal der modernen Betriebswirtschaftslehre, daß mit dem hohen Grad

---

[4] Vgl. Peters/Waterman (1986) S. 53 ff.
[5] Vgl. Kreikebaum (1984) S. 646 f.
[6] Kreikebaum (1984) S. 657.

der Spezialisierung nach betrieblichen Funktionsbereichen die vielfältigen übergreifenden Zusammenhänge und Aspekte weitgehend vernachlässigt werden.[7] Es wird quasi so getan, als ob Problemlösungen vollständig und isoliert innerhalb der Grenzen eines bestimmten Funktionsbereiches erarbeitet werden könnten; auch etwaige Einflüsse rechtlicher, politischer, technologischer, ökologischer oder sozio-kultureller Natur werden häufig ausgeblendet. Diese „isolierte" Art der Betrachtung widerspricht – wie noch zu zeigen sein wird – in besonderem Maße der typischen Entscheidungssituation von Führungskräften in mittelständischen Unternehmen. Daher beinhaltet die erste Anforderung die Notwendigkeit einer größeren Ganzheitlichkeit des Erklärungsansatzes; darunter ist die stärkere Einbeziehung vor allem der folgenden drei „Beziehungszusammenhänge" zu verstehen:

- Sachliche Interdependenzen zwischen dem jeweiligen Betrachtungsgegenstand (z. B. „Produktdifferenzierung") und anderen Problembereichen (z. B. „Losgrößenplanung", „Kapazitätsterminierung", „Anlagenplanung", „Beschaffungsplanung" usw.).
- Die grundsätzliche Abhängigkeit einer jeden Problemlösungsempfehlung (z. B. „Verfahrensinnovation" im Fertigungsbereich) von bestimmten Kontextvariablen (z. B. Situation im Bereich „Technologische Dynamik", „Schutzrechte", „Mitbestimmungsrechte", „Ökologische Restriktionen", „Qualitätserwartungen" usw.).[8]
- Informale Einflüsse vielfältiger Art (z. B. „Unternehmenskultur", „Gruppendynamik", „Persönlichkeitsprofil" usw.) auf Verlauf und Ergebnis von Problemlösungsprozessen.

Führungskräfte in mittelständischen Unternehmen sehen sich grundsätzlich vor die Notwendigkeit gestellt, derartige Zusammenhänge bei ihren Entscheidungen selbst so weit als möglich zu berücksichtigen. Dies hängt mit ihrem Status bzw. den mit ihrer Person verbundenen Rollenerwartungen im mittelständischen Unternehmen zusammen. Während sich Führungskräfte in Großunternehmen in erheblichem Umfang auf bestimmte Funktionsbereiche spezialisieren können bzw. müssen, hat die Führungskraft im mittelständischen Unternehmen zwangsläufig mehr den Status eines Generalisten.[9] In einem Großunternehmen herrscht bei allen Beteiligten die beruhigende Gewißheit, daß für jeden Aspekt gesonderte Spezialisten vorhanden sind, die ein Problem unter diesen Aspekten prüfen werden, und daß auch die Integration/Koordination aller Aspekte und Interdependenzen wiederum von gesonderten Organen wahrgenommen wird. In einem mittelständischen Unternehmen hingegen bedeutet das Ausblenden bzw. Abstrahieren von bestimmten Aspekten und Interdependenzen, daß diese damit i. d. R. „unter den Tisch fallen" mit allen daraus resultierenden Konsequenzen für die Qualität und Umsetzbarkeit der Entscheidungen.

Es wäre damit also notwendig, die oben angesprochenen „Beziehungszusammenhänge" auch bereits im Rahmen der Hochschulausbildung viel stärker einzubringen als dies bislang geschieht. Die Dominanz der Funktionengliederung im Bereich der Lehre bzw. der weitgehende Verzicht auf funktionsübergreifende Betrach-

---

7 Vgl. Müller-Merbach (1983) S. 818 f.; Chmielewicz (1984) S. 152.
8 Siehe hierzu Link (1985) S. 30 f.
9 Vgl. u. a. Kahle (1986) S. 547; Mugler (1984) S. 775.

tungen spiegelt eine einseitige Orientierung an den Verhältnissen im Großunternehmen wider; diese Tendenz schlägt selbst in der Allgemeinen Betriebswirtschaftslehre, die an sich die besten Voraussetzungen für ganzheitliche Erklärungsansätze bieten würde, voll durch.[10] Statt nur an Funktionen sollten und könnten sich die Lehrinhalte stärker an realen Problemstellungen – mit ihren vielfältigen, oben dargestellten „Beziehungszusammenhängen" – orientieren: „Die Lehre benötigt . . . eine andere Anordnung ihrer Aussagen als die Theorie; sie hat das zu vermittelnde Wissen nach Problemzusammenhängen des praktisch handelnden Menschen, nicht nach Erkenntniszusammenhängen der Theorie zu gruppieren."[11] Was unter einer derartigen partiellen – nicht totalen – Umstrukturierung und Neuorientierung der Lehre konkret zu verstehen ist, wird noch anhand besonders wichtiger Themenkomplexe in Abschnitt 3.1 deutlich werden.

Aber nicht nur in der Lehre, sondern auch in der Forschung wäre eine derartige partielle Neuorientierung fruchtbar: „Die hochgradige Spezialisierung nach Funktionen führt zur Verödung der Grenzgebiete zwischen den Funktionenlehren. Auf dem Gebiet des Rechnungswesens z. B. betrifft das die sachlichen Zusammenhänge und Interdependenzen mit Gebieten wie Marketing, Produktion, Organisation, EDV, für die sich fast niemand zuständig oder kompetent fühlt."[12]

Abschließend sollen noch einige gesonderte Ausführungen zur stärkeren Berücksichtigung des Kontext und informaler Einflüsse gemacht werden; mit ersterem verbindet sich nicht zuletzt der Gedanke eines häufigeren Anknüpfens an die speziellen Branchenbedingungen, wie sie z. B. in bezug auf Investitionsgüterbetriebe, Handelsbetriebe, Bauunternehmen, Hotelbetriebe usw. gegeben sind. Auch in diesem Punkt wird den Erfordernissen erfolgreicher mittelständischer Unternehmensführung nicht genügend Rechnung getragen, wenn entweder ständig auf den typischen Kontext industrieller Großunternehmen Bezug genommen wird, oder aber durch einen entsprechend hohen Abstraktionsgrad einfach von jedem Unternehmungskontext abstrahiert wird.

Hinsichtlich der informalen Einflüsse schließlich kommt es vor allem darauf an, die zentrale Bedeutung personaler Faktoren wie unternehmerische Dynamik, Risikobereitschaft und Kreativität des Unternehmensgründers und -leiters, aber auch aller anderen Führungskräfte eines mittelständischen Unternehmens in den Blickpunkt zu rücken.[13] Es gibt in Gegenwart und Vergangenheit genügend positive, faszinierende und negative, warnende Beispiele dafür, in welchem hohen Maße die Entwicklung von Unternehmungen im allgemeinen und Gründungsunternehmungen, Familienunternehmen usw. im speziellen durch die Persönlichkeitsmerkmale einzelner gestaltet wird. Auch hier zeichnet sich die derzeitige Betriebswirtschaftslehre – in der Breite gesehen – eher durch Ausklammerung als durch Betonung derartiger, für mittelständische Unternehmen wahrhaft existentieller Aspekte aus. Es wird dadurch nicht zuletzt die Chance versäumt, Hochschulabsolventen für die Gründung eigener, selbständiger Existenzen zu begeistern, wie überhaupt die Atmosphäre des betriebswirtschaftlichen Universitätsstudiums häufig wenig dazu ange-

---

[10] Vgl. Müller-Merbach (1983) S. 818 f.
[11] Ulrich (1970) S. 25.
[12] Chmielewicz (1984) S. 152; siehe in diesem Zusammenhang auch Link (1982).
[13] Vgl. Kreikebaum (1984) S. 648.

tan ist, die Dynamik, Risikobereitschaft oder Kreativität von Studenten anzusprechen, Engagement zu erzeugen oder gar Begeisterung zu wecken. Es ist gewissermaßen eher die unterkühlte, einseitig formal und rational orientierte Atmosphäre der Großunternehmen, die die Hörsäle erfüllt, als das geschäftsnahe Fluidum mittelständischer Betriebe.

2.2 Die Wirtschaftlichkeit des Methodendesigns

Im vorangegangenen Kapitel dieser Arbeit („Die unterschiedlichen Erfolgsbarrieren bei der Führung größerer und kleinerer Unternehmen") ist bereits dargestellt worden, daß hinsichtlich der Aneignungsmöglichkeit und professionellen Beherrschung der formalen Instrumente (Methoden, Systeme) eine wesentliche Differenzierung nach der Unternehmensgröße erforderlich ist: Für Großunternehmen wirft dieser Bereich keine besonderen Probleme auf; die volle Optimierungsfähigkeit in diesem formalen Bereich stellt quasi eine Selbstverständlichkeit dar und wurde daher als „unkritisches Optimierungspotential" charakterisiert. Demgegenüber stellt die Aneignung und professionelle Beherrschung der formalen Instrumente für mittelständische Unternehmen ein grundlegendes Problem dar, weshalb bei diesen von einem „kritischen Optimierungspotential" gesprochen werden soll. Die nachfolgenden Ausführungen sind der Frage gewidmet, mit welchen Strategien mittelständischen Unternehmen trotz aller Schwierigkeiten eine volle Erschließung ihres Optimierungspotentials möglich ist.

2.2.1 Die Strategie der Komplexitätsreduktion

„Das große Problem wissenschaftlicher Management-Modelle besteht darin, daß die Manager sie praktisch nie anwenden."[14] Diese Feststellung von Little kann für die überwältigende Mehrheit der mittelständischen Unternehmen auf weite Teile des hochentwickelten formalen Instrumentariums ausgedehnt werden, auf das die moderne Betriebswirtschaftslehre heute so stolz ist. Die weiteren Kapitel dieser Arbeit, z. B. zu den Themenkomplexen „Strategische Planung", „Marktanalyse" und „Innovationsprozeß", verdeutlichen dies für Methoden von der Marktforschung und -segmentierung über Kreativitätstechniken bis hin zu Investitionsrechenverfahren. Dabei ist schlichte Unkenntnis nur der eine — und leichter zu behebende — Teil der Erklärung. Gravierender ist die weitverbreitete subjektive Empfindung vieler Praktiker, daß ein beträchtlicher Teil der heute seitens der Betriebswirtschaftslehre propagierten Methoden für mittelständische Unternehmen von vornherein aufgrund zu großer Komplexität ausfalle; als Beispiele werden oft genannt Positionierungsanalysen, Clusteranalysen, Szenariotechnik, Delphi-Methode, strategische Segmentierung, strategische Früherkennung, quantitative Abweichungsaufspaltung, modellgestützte Marketingplanung usw. Daß diese subjektive Empfindung der Praktiker in manchen Fällen sogar Bestätigung von der Wissenschaftsseite erfährt, wird gerade auf einem Gebiet deutlich, das von elementarer Bedeutung für Unternehmen jeder

---
[14] Little (1977) S. 201.

Größenordnung ist: Auf der Jahrestagung der Kommission Rechnungswesen im Verband der Hochschullehrer für Betriebswirtschaft wurde Ende der 70er Jahre beklagt, daß eigentlich alle derzeit propagierten Teilkostensysteme eine bemerkenswert geringe Verbreitung in der Praxis aufweisen: „... man könnte sicherlich die Systeme, die die Kollegen hier vorgetragen haben, durch empirische Erhebungen auf null bringen. Besonders Betriebsmodelle dürften sich nicht einer allzugroßen Verbreitung erfreuen, auch die Grenzplankostenrechnung, wie ich sie vertrete, könnten vielleicht drei-, vier-, fünfhundert Firmen auf die Beine bringen. Wieviele Firmen Herr Riebel uns nennen kann für sein System, werde ich ihn gleich noch fragen, aber auch das ist natürlich gemessen an der großen Anzahl von Betrieben nicht überzeugend."[15] Als Erklärung für die damit angesprochenen Akzeptanz- und Verbreitungsprobleme wurde von verschiedener Seite insbesondere die Komplexität der Systeme genannt,[16] wobei noch zu berücksichtigen ist, daß es keinesfalls nur oder speziell um mittelständische Unternehmen ging. Für diese muß sich also erst recht die Frage stellen, welche Relevanz die propagierten Teilkostensysteme wirklich für die Praxis haben. Ähnlich kritische Fragen sind im übrigen in der Vergangenheit auch oft an die beiden anderen Haupt-Teilgebiete des Controlling, nämlich Operations Research und Elektronische Datenverarbeitung, gerichtet worden, weil auch dort das an anderer Stelle beschriebene Phänomen der „Verselbständigung der Technologien" zu Defiziten in der Anwendungsorientierung geführt hat.[17] Nicht die formallogische Eleganz, nicht die hohe wissenschaftlich-theoretische Unangreifbarkeit, nicht der Grad der instrumentalen Verfeinerung dürfen zur bestimmenden Richtschnur der Methodenentwicklung werden, sondern stärker als in der Vergangenheit muß auf ungelöste Probleme und dringende Bedürfnisse der Unternehmen, insbesondere solchen des mittelständischen Bereiches, eingegangen werden.

Es erscheint nützlich, an dieser Stelle auf zwei weitere Meinungsäußerungen aus unterschiedlichen Bereichen der Wissenschaft Bezug zu nehmen. Auf der bereits angesprochenen Tagung der Kommission Rechnungswesen führte Riebel, einer der herausragenden Vertreter dieses Gebietes, aus, es gelte „die Produktion überflüssiger Zahlen zu vermeiden, solcher nämlich, die keine zusätzlichen Erkenntnisse bringen, und gerade solche sind im traditionellen Rechnungswesen in großer Zahl enthalten. Umgekehrt müssen wir fragen, welche für die Unternehmensführung, insbesondere die Vorbereitung und Kontrolle von Entscheidungen, wichtige Informationen kann unser Rechnungswesen bisher nicht liefern?"[18] Und für das Gebiet des Marketing hat Simon unlängst resümiert: „Trotz erheblicher Anstrengungen in den letzten zwanzig Jahren ist der Einfluß der entscheidungsorientierten Marketingwissenschaft auf die Praxis vergleichsweise beschränkt geblieben. Viele der in der Praxis drückenden und relevanten Probleme werden in der wissenschaftlichen Literatur kaum behandelt. Umgekehrt stammen zahlreiche Techniken, die sich im praktischen Einsatz als nützlich erwiesen haben, nicht aus der wissenschaftlichen Marketingforschung. ... Offenbar haben die Marketingforscher die Problem- und Bedürfnislage ihrer potentiellen ‚Kunden' nur unzureichend verstanden".[19]

---

[15] Kilger (1983) S. 163; zu den angesprochenen Systemen siehe im einzelnen Link (1984).
[16] Siehe Chmielewicz (1983) S. 69, 170, 183.
[17] Siehe Link (1982) S. 268.
[18] Riebel (1983) S. 178.   [19] Simon (1986) S. 212.

Dies alles läuft also darauf hinaus, daß eine stärkere Orientierung der Methoden-, Modell- und Systementwicklung an den Bedürfnissen der Unternehmungspraxis vonnöten ist. Es wurde oben bereits darauf hingewiesen, daß durch das Komplexitätsproblem hier eine besondere Dringlichkeit im Bereich der mittelständischen Unternehmen besteht. Aufgrund der typischen personellen, mentalitätsmäßigen und finanziellen Gegebenheiten liegt die Akzeptanz- und Anwendungsschwelle vieler Methoden bei den mittelständischen Unternehmen deutlich höher als bei den Großunternehmen. Gerade für sie gilt, was Little zur Wirkung einer subjektiv als zu hoch empfundenen Komplexität ausgeführt hat: „Wir neigen dazu, das abzulehnen, was wir nicht verstehen. Der Manager ist für die Ergebnisse verantwortlich. Wir sollten daher nicht überrascht sein, wenn er eine einfache, leicht verständliche Analyse trotz qualitativer Struktur, verallgemeinernder Annahmen und wenig relevanter Daten vorzieht, dagegen aber ein komplexes Modell mit teilweise verschleierten oder in Fachtermini formulierten Annahmen und mit Parametern, die vielleicht das Resultat obskurer statistischer Manipulationen sind, ablehnt."[20] Im Kern existiert hinter dieser zunächst nur psychologisch angelegten Erklärung allerdings auch ein grundlegendes ökonomisches Problem speziell für mittelständische Unternehmen:

In einem Großunternehmen geht es größenordnungsmäßig oft um Umsätze und Kosten in Milliardenhöhe. Wenn es dort gelingt, durch weitere Methodenverfeinerung auch nur positive Veränderungen um wenige Prozente zu erreichen, so kann sich dies im wirtschaftlichen Ergebnis bereits in Millionenhöhe niederschlagen; von daher rechtfertigt sich dann auch die Auseinandersetzung mit hoher Methodenkomplexität bzw. der dafür zu treibende Aufwand (qualifiziertere Mitarbeiter, EDV-Einsatz, längerer Zeitbedarf, höhere Abstimmungsaktivitäten, mehr Informationsbedarf usw.). Im mittelständischen Unternehmen liegen die Größenordnungen meist um den Faktor 100 - 1000 niedriger; dies limitiert dann natürlich auch von vornherein den für Methodenanwendung und Methodenniveau zu treibenden Aufwand.

Für die Wissenschaft ergibt sich daraus die Aufgabe, allein schon unter Wirtschaftlichkeitsgesichtspunkten beim Methodendesign eine Differenzierung nach dem unterschiedlich möglichen Kontext einer Methodenanwendung vorzunehmen. Die Methodenverfeinerung und -komplexität kann i. d. R. für Großunternehmen eine höhere Ausprägung erfahren als in mittelständischen Unternehmen; bezüglich letzterer stellt sich der Wissenschaft wie den Führungskräften also in vielen Fällen die Aufgabe, geeignete Strategien zur Komplexitätsreduktion zu entwickeln. Unsere Überlegungen führen also nicht etwa zu dem Ergebnis, daß komplexe Methoden (siehe die eingangs genannten Beispiele) in diesen Unternehmen nicht eingesetzt werden können, sondern daß sie in modifizierter Form sehr wohl eingesetzt werden können und sollten.[21] Die in späteren Kapiteln dieser Arbeit vorgestellten Beispiele der Positionierungsanalyse, der Deckungsbeitrags-Flußrechnung und der modellgestützten Preisplanung sollen dies z. T. bereits verdeutlichen, wobei das letztgenannte Beispiel insofern etwas hervorzuheben ist, als es auch für die im folgenden darzustellende Strategie der anwendungsfreundlichen Benutzeroberfläche steht.

---

[20] Little (1977) S. 202; vgl. hierzu auch Simon (1986) S. 208 sowie Peters/Waterman (1986) S. 90 ff.
[21] Vgl. ähnlich Schramm (1982) S. 479.

2.2.2 Die Strategie der anwendungsfreundlichen Benutzeroberfläche

Entsprechend den Ausführungen des letzten Abschnittes läge die Aufgabe einer stärker mittelständisch orientierten Betriebswirtschaftslehre also u. a. darin, sich weitaus mehr als bisher mit den durch Komplexität verursachten Akzeptanz- und Anwendungsschwellen von Methoden zu befassen. Die Komplexität einer Methode bzw. Methodenanwendung hat aber nicht allein mit der bislang in den Blickpunkt gerückten Methodenverfeinerung zu tun, wie sie sich durch die Zahl der Variablen und Restriktionen sowie Qualität der Verknüpfungen und Lösungsverfahren ergibt. Aus der subjektiven Sicht des Anwenders hat sie auch sehr viel mit der Leichtigkeit des Einstieges in eine Methode sowie der Leichtigkeit, Verständlichkeit und Robustheit des Handlings einer Methode zu tun. Der Idealfall ist darin zu sehen, daß die Methode den Anwender in jeder Phase des Anwendungsprozesses durch geeignete Fragen, Erläuterungen, Lösungshinweise, Aufzeigen von Handlungsalternativen usw. quasi „durch die Methodenanwendung führt". Dieses war bekanntlich auch bereits ein Kerngedanke des Decision Calculus-Konzeptes von Little; zu dessen wichtigsten Merkmalen gehörten u. a.[22]

- Einfachheit; dieser Aspekt ist ja bereits hinlänglich erörtert worden und soll eine black box-Sicht eines Modells durch den Benutzer verhindern.
- Robustheit; die Anwendung soll relativ unempfindlich gegenüber „falschen" Verhaltensweisen (falsche Eingabeinformationen, falsche Lösungsschritte usw.) sein.
- Kommunikationsfreudigkeit; der Anwender sollte die Auswirkungen seiner Dateneingaben möglichst rasch und klar ablesen können, um auf diese Weise sozusagen „im Dialog" mit dem Modell zu lernen und dem Kern des Problems näherzukommen.

Welche bislang kaum genutzten, ungeahnten Möglichkeiten auf diesem Gebiet der Erhöhung der Benutzerfreundlichkeit noch bestehen, haben – stärker, mit weitaus größerer Breitenwirkung und mit anderer Zielsetzung als das Decision Calculus-Konzept – die sogenannten „anwendungsoffenen" Programme für Personal Computer verdeutlicht. Da ihr Aufbau, ihre Einsatzmöglichkeiten und ihre Einsatztechnik im einzelnen in weiteren Kapiteln dieser Arbeit dargestellt werden, soll hier nur auf einen Begriff eingegangen werden, der geeignet ist, als Synonym für alle angesprochenen Aspekte der Benutzerfreundlichkeit zu dienen: Der Begriff der anwendungsfreundlichen „Benutzeroberfläche". Darunter soll – in Anlehnung an den PC-Bereich – ganz allgemein eine „Verpackung" einer Methode verstanden werden, die zur Beschäftigung mit dieser Methode „einlädt" bzw. anregt, und die die oben angesprochene Leichtigkeit des Einstieges in eine Methode und Leichtigkeit, Verständlichkeit und Robustheit des Handlings einer Methode sicherstellt. Es wurde bereits erwähnt, daß dies vor allem durch geeignete Fragen, Erläuterungen, Lösungshinweise, Aufzeigen von Handlungsalternativen usw. geschehen kann, wie dies ja z. T. – bei allen sonstigen Unterschieden zwischen dem Decision Calculus-Konzept und der Konzeption der anwendungsoffenen Programme – auch bereits bei Little angelegt ist.

---

[22] Vgl. Little (1977) S. 207 ff.; zu einigen kritischen Überlegungen siehe Kellner/Link (1979) S. 44.

Eine Methode, bei deren Konzeption derartige Überlegungen bereits eine wichtige Rolle spielten, wird im letzten Teil dieser Arbeit näher vorgestellt. Es handelt sich um die computergestützte Isoquantentechnik, die in ihrer engeren Version (Stufen I und II) der Preispolitik, in ihrer erweiterten Version (Stufen III und IV) der interdependenten Planung des Marketing-Mix dient. Natürlich kann auch diese Methode den Anwender nicht der Notwendigkeit entheben, gewisse Annahmen über die Mengenauswirkungen seiner Preis- bzw. Marketing-Mix-Entscheidungen zu machen. Es zwingt ihn jedoch nicht, dies a priori, für den gesamten Gültigkeitsbereich und unter ceteris paribus-Bedingungen – d. h. unter Abstraktion von Konkurrenzreaktionen und sonstigen Änderungen der Wettbewerbssituation – zu tun, sondern für konkrete Konstellationen sowie für abgegrenzte Suchbereiche, die ihm die Methode darbietet. Diese Feststellung leitet bereits über zu dem wichtigsten Merkmal der Methode, nämlich einer Art „Benutzerführung", die auch ohne explizite Fragen, Erläuterungen, Lösungshinweise usw. auskommt. Ohne hier die Einzelheiten bereits darstellen zu können, sei darauf hingewiesen, daß der Anwender in Gestalt von Deckungsbeitrags-Isoquanten ein Netz von Orientierungslinien erhält, das ihm Auskunft über die ökonomische Vorteilhaftigkeit von Preis-Mengen-Kombinationen gibt und so seinen Suchprozeß ergebniskonvergent steuert. Besonders ausgeprägt erscheinen bei dieser Methode jene Aspekte berücksichtigt zu sein, die oben im Zusammenhang mit dem Decision Calculus-Konzept unter dem Stichwort „Kommunikationsfreudigkeit" angesprochen worden sind.

Wer die ernüchternde Praxis der Preis- und Marketingplanung – auch in vielen Großunternehmen – kennt, der weiß um die Schwierigkeiten, aber auch Notwendigkeiten, hier (wie auf vielen anderen Gebieten) neue Wege zu suchen und zu erproben. Simon beispielsweise hat dies in seinen Reflexionen über „Herausforderungen an die Marketingwissenschaft"[23] beeindruckend dargestellt. Der Verfasser dieser Arbeit kann allerdings seine Skepsis nicht verhehlen hinsichtlich der Frage, wieweit die Bereitschaft verbreitet ist, sich diesen Herausforderungen und kritischen Hinweisen zu stellen, sich also z. B. auch mit den hier dargestellten Akzeptanz- und Anwendungsschwellen von Methoden, mit Fragen des benutzerfreundlichen Methodendesigns und mit der Entwicklung neuer diesbezüglicher Lösungsansätze zu beschäftigen. Die Argumentation bei der Auseinandersetzung mit Lösungsansätzen wirkt oft erstaunlich unberührt von Gedanken zur praktischen Umsetzung oder Relevanz des jeweiligen Ansatzes. Derartige Gedanken sollten jedoch das zukünftige Wissenschaftprogramm der Betriebswirtschaftslehre verstärkt prägen – nicht nur mit Blick auf die Interessen einer stärker mittelstandsorientierten Forschung und Lehre, oder z. B. auch mit Blick auf die Wertschätzung der Wissenschaft in Wirtschaft und Gesellschaft. Sie gehören aufgrund der bereits dargestellten ökonomischen Aspekte des Methodendesigns zum Erkenntnisobjekt der Betriebswirtschaftslehre; nur wenn die unter den Stichworten „Methodenkomplexität" und „Benutzeroberfläche" angesprochenen Aspekte berücksichtigt werden, kann die Methodenanwendung *selbst* dem ökonomischen Prinzip genügen. Daß hierbei sogar evolutionäre Sprünge bei der Verbesserung der Wirtschaftlichkeit in bestimmten Anwendungsbereichen von Unternehmen aller Größenordnungen möglich sind, zeigt am besten das bereits wiederholt angesprochene Beispiel der neuen Gattung von PC-Programmen.

---

[23] Siehe Simon (1986).

3 Spezielle, lehrgebietsbezogene Anforderungen an Forschung und Lehre

Die drei nachfolgend besprochenen Anforderungen zielen auf die Implementierung spezieller Lehrveranstaltungen im Rahmen betriebswirtschaftlicher Studiengänge, die der wissenschaftlichen Ausbildung zukünftiger Führungskräfte im Bereich mittelständischer Unternehmen dienen. Auch sie machen darüber hinaus weitere bzw. verstärkte Forschungsanstrengungen auf den angesprochenen Gebieten erforderlich.

3.1 Themenkomplex „Existenzgründung und Unternehmensentwicklung"

Bereits in Zusammenhang mit der geforderten stärkeren Ganzheitlichkeit des Erklärungsansatzes war darauf hingewiesen worden, daß es Problemzusammenhänge gibt, die im Rahmen der dominierenden Funktionsgliederung der Betriebswirtschaftslehre nicht oder nur unvollkommen Berücksichtigung finden. Funktionsübergreifende Aspekte spielen z. B. eine entscheidende Rolle bei so wichtigen Komplexen wie der Sortimentspolitik (Sortimentsbreite, -tiefe), Produktentwicklung, Qualitätspolitik, Unternehmensflexibilität oder Wertanalyse. Besondere Bedeutung aber kommt in Zusammenhang mit den mittelständischen Unternehmen dem Themenkomplex „Existenzgründung und Unternehmensentwicklung" zu; hierbei stehen also die Lebensphasen einer Unternehmung — Gründung, Wachstum, Stabilisierung, Krise, Schrumpfung, Stillegung — im Blickpunkt.[24] Für eine herausgehobene Bedeutung können im wesentlichen drei Gründe angeführt werden:

- Mittelständische Unternehmen — insbesondere im Dienstleistungsbereich — sind durch einen relativ raschen und häufigen Wechsel der einzelnen Phasen gekennzeichnet; allein schon die große Zahl und geringe Größe dieser Unternehmen bringen es mit sich, daß gerade auch die an sich „spektakulären" Phasen der Gründung und Stillegung hier fast als zur Normalität gehörig angesehen werden können.
- Das Durchlaufen der verschiedenen Phasen — vor allem der Wachstumsphase(n) — bedingt eine Reihe interdependenter Umstrukturierungen bzw. Anpassungen des Unternehmens.[25] Durch die bereits im vorhergehenden Kapitel dargestellten Untersuchungen von Albach ist aufgezeigt worden, daß dabei bestimmte kritische Wachstumsschwellen überwunden werden müssen.[26]
- Die Gründungsphase verdient besondere Beachtung; dies hängt sowohl mit Größe und Vielfalt der hier zu bewältigenden objektiven Schwierigkeiten und Risiken als auch mit der Bedeutung von Gründungsaktivitäten für ein freiheitliches Wirtschafts- und Gesellschaftssystem zusammen. Bereits 1976 beklagte Albach daher das Fehlen von Lehrveranstaltungen zur Unternehmensgründung und resümierte: „Der kritische Punkt in der Unternehmensentwicklung scheint also die Gründung des Unternehmens selbst zu sein. Die Aufrechterhaltung unserer Wirtschaftsord-

---

[24] Siehe hierzu auch die aus unterschiedlichem Blickwinkel gemachten Ausführungen bei Chmielewicz (1984) S. 153 und Kahle (1986) S. 550.
[25] Siehe z. B. die anschauliche Darstellung bei Hahn (1985) S. 249.
[26] Vgl. Albach (1976); Albach/Bock/Warnke (1984); Albach (1984).

nung setzt voraus, daß der Wille, sich selbständig zu machen, aufrechterhalten und in die Wirklichkeit umsetzbar bleibt."[27]

Im Rahmen von Lehrveranstaltungen und Forschungsprojekten zum Themenkomplex „Existenzgründung und Unternehmensentwicklung" wären also alle jene spezifischen Problemstellungen zu behandeln, die für die einzelnen Lebensphasen der Unternehmung charakteristisch sind. Dabei sollten die personalen – bzw. informalen – Aspekte der Unternehmensführung jeweils angemessene Berücksichtigung finden: Von der Schlüsselrolle, die die durch Dynamik, Risikobereitschaft und Kreativität gekennzeichnete „Gründermentalität" im Anfangsstadium der Unternehmensentwicklung spielt, über mögliche Veränderungen der Rolle des Gründers in den weiteren Lebensphasen bis hin zur Frage der Unternehmungskultur und Führungskontinuität in Familienunternehmungen.[28]

3.2 Themenkomplex „Management externer Ressourcen"

Ausgangspunkt hierfür ist die im vorangegangenen Kapitel dieser Arbeit abgeleitete Erkenntnis, daß für mittelständische Unternehmen – im Unterschied zu Großunternehmen – die Aneignung und professionelle Beherrschung des formalen Instrumentariums (Methoden, Systeme) eine kritische Erfolgsbarriere darstellt. Es ist darüber hinaus mittlerweile auch verdeutlicht worden, daß es unter dem Gesichtspunkt der Wirtschaftlichkeit des Methodendesigns häufig auch nicht möglich bzw. vertretbar ist, das Niveau bzw. den Verfeinerungsgrad der formalen Instrumente bis auf das für Großunternehmen übliche und angemessene Maß zu treiben. Dies betrifft im Grundsatz ebenso die Methoden und Systeme im Bereich der Informationsverarbeitung und Dienstleistungserstellung wie die Methoden und Systeme im Bereich der Sachleistungserstellung. Es ist daher eine sinnvolle Strategie für mittelständische Unternehmen, auf Schaffung und Nutzung eigener Ressourcen in vielen Fällen zu verzichten, und statt dessen punktuell auf die höherentwickelten – weil spezialisierten – externen Ressourcen im Informations-, Dienstleistungs- und Sachleistungsbereich zurückzugreifen; auch die begrenzte Teilbarkeit vieler Ressourcen, d. h. „Dosierbarkeit" gemäß den genauen jeweiligen Nutzungsbedürfnissen, bewegt viele mittelständische Unternehmen zum Verzicht auf die Schaffung eigener Ressourcen.[29] Mit derartigen Ausgliederungstendenzen ist – volkswirtschaftlich gesehen – aber nicht unbedingt eine entsprechende Ausdünnung des Arbeitsplatzpotentials des mittelständischen Bereiches insgesamt gegeben; viele der in Abb. 1 überblicksartig zusammengestellten ausgliederungsfähigen Aufgaben werden typischerweise wiederum von mittelständischen Unternehmen erbracht. Es handelt sich daher eher um die *externe* Realisierung der im mittelständischen Bereich unternehmens *intern* oft nicht möglichen Spezialisierung bzw. Funktionalisierung; derartige Tendenzen

---

[27] Albach (1976) S. 686; siehe hierzu auch die Ausführungen bei Albach/Bock/Warnke (1984) S. 779, und Albach (1984) S. 37.
[28] Siehe hierzu Mugler (1984) S. 774; Kreikebaum (1984) S. 656, und Hahn (1986).
[29] Zu unterschiedlichen Begründungen für die Ausgliederung von Aufgaben in mittelständischen Unternehmen siehe Kreikebaum (1984) S. 653; Kahle (1986) S. 550; Schmidt (1984) S. 184f.; speziell zur Ausgliederungsmöglichkeit von F & E-Aufgaben sei verwiesen auf Nuhn (1987).

könnten auf Dauer einen entscheidenden Beitrag dazu leisten, bisherige, in der hohen internen Arbeitsteilung begründete Wettbewerbsvorteile von Großunternehmen mehr und mehr auszugleichen.[30]

Sowohl aus betriebswirtschaftlicher wie aus volkswirtschaftlicher Sicht kann eine geschickte Nutzung externer Ressourcen durch mittelständische Unternehmen daher nur begrüßt werden; die Praxis offenbart jedoch eine Fülle von Defiziten hinsichtlich des „Managements externer Ressourcen" im mittelständischen Bereich. Großunternehmen befinden sich diesbezüglich insofern in einer anderen Position und vermeiden viele der nachfolgend aufgeführten Fehler, als sie Entscheidungen generell betriebswirtschaftlich besser fundieren, z. B. durch wesentlich stärkeren Einsatz von Investitionsrechenverfahren und anderen Wirtschaftlichkeitsberechnungen bei der Frage „Eigenfertigung oder Fremdbezug", sowie durch bessere Informationsbeschaffung und -verwertung hinsichtlich der im Bereich externer Ressourcen verfügbaren Alternativen. Außerdem nutzen sie beim Zugriff auf externe Ressourcen sowohl ihre bedeutende Marktposition als auch das spezielle Know how großer und leistungsfähiger Einkaufsabteilungen.[31]

Im folgenden werden einige wichtige Defizite aus der Praxis mittelständischer Unternehmen angesprochen, die damit auch als Orientierungspunkte für mögliche Inhalte von Lehrveranstaltungen und Forschungsprojekten dienen können:

- Viele Unternehmen im mittelständischen Bereich fühlen sich bereits der Aufgabe nicht oder kaum gewachsen, sich einen Überblick über die jeweiligen Anbieter und deren Leistungspotential in den in Abb. 1 angesprochenen Ressourcenfeldern zu verschaffen; dies wäre also Aufgabe einer „Ressourcen-Marktforschung" als Basis des externen Ressourcen-Management. Besonders offensichtlich geworden ist dieses Problem z. B. im Ressourcenfeld „staatliche Förderungsmittel".[32]

- Erforderlich wäre sodann eine grundsätzliche strategische Analyse der Stärken und Schwächen sowie Möglichkeiten und Grenzen des eigenen Unternehmens in den einzelnen Ressourcenfeldern, wobei jeweils ein Vergleich mit dem entsprechenden Fähigkeitsprofil der Konkurrenten einerseits und der Anbieter externer Ressourcen andererseits – letzteres natürlich unter Einbeziehung der Kostenaspekte – notwendig ist. Der strategische Charakter der Frage „Eigenfertigung oder Fremdbezug" läßt eine rein rechnerische Behandlung als nicht ausreichend erscheinen; umgekehrt ist die Beherrschung der situationsgerechten Rechenverfahren eine absolute Notwendigkeit.

- Eines der häufigsten und ökonomisch schwerwiegendsten Versäumnisse in der betrieblichen Praxis mittelständischer Unternehmen liegt in der Unterlassung systematischer Ausschreibungsverfahren bei Projekten von einer gewissen Größenordnung an. Wie ein solches Verfahren abläuft, wird innerhalb des Kapitels über die neuen Möglichkeiten des EDV-Einsatzes in mittelständischen Unternehmen am Beispiel der Mini- und Mikrorechner kurz angesprochen. Die Beträge, die mittelständische Unternehmen durch Verzicht auf eine systematische Angebotseinholung und -bewertung verschenken, können – wenn überhaupt – in anderen Unternehmensberei-

---

[30] Vgl. ähnlich Hamer (1987) S. 353 f.
[31] Zu den vorgenannten Vorteilen von Großunternehmen vgl. weitgehend Krass (1982) S. 132.
[32] Vgl. z. B. Strebel (1979) S. 549; siehe auch die Bemühungen, mehr Transparenz in das Förderungs- „Dickicht" durch Expertensysteme zu bringen.

Bereich	Externe Ressourcen
MARKETING	o Marktforschungsinstitute o Werbeagenturen . Marketingberater (o Druckereien) o Spediteure

FORSCHUNG /
ENTWICKLUNG
	. Lizenzgeber
	. Staatliche Forschungs-
	  institutionen
	. Private Forschungs-
	  institutionen

FERTIGUNG	o Lieferanten Handelsware o Lieferanten Halbfertig- teile (o Lieferanten Rohstoffe) (o Lieferanten Maschinen) o Lohnfertigungsbetriebe
BESCHAFFUNG	. Überbetriebliche Ein- kaufszentralen . Berater (z.B. EDV) o Makler
PERSONAL	. Personalberater (. Rechtsanwälte) o Fremddienste (Reini- gungsdienste, Kantine)

BUCHHALTUNG /
FINANZEN
	(. Steuerberater, Wirt-
	  schaftsprüfer)
	o Factoring-Institute
	. Staatliche Förderungs-
	  mittel

PLANUNG / EDV	. Unternehmensberater . Kammern/Verbände o Wirtschaftsinstitute (o Rechenzentren o Lieferanten EDV-Systeme)

( ) = Inanspruchnahme unabweisbar
o = hohes Submissionspotential (Erläut. siehe Text)

Abb. 1. Nutzungsmöglichkeiten externer Ressourcen.

chen (Absatz, Fertigung) nur durch vergleichsweise hundertfache Anstrengungen ausgeglichen werden; in Abb. 1 wurden daher die einzelnen Ressourcenfelder hinsichtlich ihres grundsätzlichen Submissionspotentials (Vorhandensein von genügend vielen Anbietern auf der Basis eines bestimmten Anforderungsprofils; Möglichkeit eines ex ante-Kosten- und vor allem auch Leistungsvergleiches, wie er selbst im Bereich der Werbung in Gestalt der Wettbewerbspräsentationen weitgehend realisierbar ist) charakterisiert.

3.3 Themenkomplex „Mittelständische Kooperationsfelder und -formen"

Gegenstand des vorangegangenen Kapitels dieser Arbeit waren bekanntlich die unterschiedlichen Erfolgsbarrieren bei der Führung größerer und kleinerer Unternehmen. Es ist deutlich geworden, daß die komparativen Stärken und Schwächen von Großunternehmen und mittelständischen Unternehmen weitgehend spiegelbildlich zu sehen sind; die im wahrsten Sinne des Wortes „Kunst" der Unternehmensführung liegt darin, die komparativen Stärken beider Unternehmenstypen miteinander zu verbinden, was in Bezug auf die „exzellenten" Großunternehmen seinen Niederschlag in der Äußerung von Peters/Waterman fand, vielleicht sei „der wichtigste Faktor ihrer bewundernswerten Leistungsbilanz ... ihre Fähigkeit, groß zu sein und gleichzeitig so zu handeln, als wären sie klein."[33] Dies bedeutet, wie auch der Verfasser im einzelnen aufgezeigt hat,[34] daß Großunternehmen ihr überragendes Optimierungspotential im Bereich der formalen Instrumente verbinden mit der Dynamik, Flexibilität und Innovationskraft, die das besondere Potential der mittelständischen Unternehmen im informalen Bereich darstellt.

Umgekehrt bedeutet dies nun aber auch, daß mittelständische Unternehmen verstärkt nach Wegen suchen sollten, ihr hohes dynamisches Potential zu ergänzen durch erweiterte Optimierungsfähigkeit in ausgesuchten Bereichen; dies würde sie – in Abwandlung des Zitates von Peters/Waterman – befähigen, „klein zu sein und gleichzeitig so zu handeln, als wären sie groß". In Ansätzen kann dies auch bereits erreicht werden durch eine konsequente Nutzung aller dargestellten Möglichkeiten des „Managements externer Ressourcen"; in erheblich größerem Umfang gelingt dies allerdings nur bei Realisierung zwischenbetrieblicher Kooperationsformen auf den verschiedenen Feldern operativer und strategischer Unternehmensführung. Dies kann also jeden der betrieblichen Funktionsbereiche – Marketing, Forschung/Entwicklung, Fertigung, Beschaffung und Verwaltung – und sowohl die koordinierte Nutzung bestehender Potentiale als auch die gemeinsame Planung neuer Potentiale betreffen.[35] Gerade in Branchen, die durch einen Wettbewerb mittelständischer Unternehmen mit Großunternehmen, durch komplexe und raschen Wandlungen unterworfene Produkt- und/oder Verfahrenstechnologien, durch starken Importdruck, durch Tendenzen hin zu einer „Globalisierung der Märkte"[36] oder durch große Belastungen in finanz- bzw. risikopolitischer Sicht gekennzeichnet sind, kann der rechtzeitige Entschluß zur Kooperation wahrhaft überlebenskritische Bedeutung erlangen; auch diese Handlungsmöglichkeit mittelständischer Unternehmen sollte daher aus betriebswirtschaftlicher wie volkswirtschaftlicher Sicht stärker propagiert und unterstützt werden. Der Beitrag der betriebswirtschaftlichen Forschung und Lehre hierzu könnte in der vertieften Auseinandersetzung mit Punkten liegen, die bisher offensichtlich noch in erheblichem Umfang als Hinderungsgründe für eine stärkere Kooperation mittelständischer Unternehmen wirksam waren: Informationsdefizite hinsichtlich der vielfältigen Möglichkeiten der Koopera-

---

[33] Peters/Waterman (1986) S. 236.
[34] Siehe Link (1985).
[35] Zu der darin enthaltenen Charakterisierung operativer und strategischer Planung siehe Link (1985) S. 13 ff.
[36] Siehe hierzu Link (1985) S. 82 ff. und die dort angeführte Literatur.

tionsfelder und -formen; Informationsdefizite hinsichtlich der Arten und des Umfanges betriebsgrößen-spezifischer Nachteile (Bedeutung Größendegression der Stückkosten, Lern- und sonstige Erfahrungskurveneffekte; überproportionale Ausprägung Fixkosten, Marketingkosten, Bezugskosten; Marktmacht- und Imageeffekte usw.); Befürchtungen hinsichtlich des Verlustes bzw. möglicher Einschränkungen der unternehmerischen Autonomie usw. .

Auf didaktisch-methodische Fragen einer mittelstandsorientierten Betriebswirtschaftslehre wird hier nicht näher eingegangen, sondern auf bereits vorliegende Überlegungen verwiesen.[37] Abschließend sei noch einmal hervorgehoben, daß in Anbetracht der derzeitigen, mehrfach angesprochenen Situation in der Betriebswirtschaftslehre erhebliche Anstrengungen und längere Zeiträume veranschlagt werden müssen, bis die mittelständischen Unternehmen in Forschung und Lehre jenen Platz einnehmen, der ihnen in Anbetracht ihrer wirtschafts- und gesellschaftspolitischen Bedeutung zukommt.

Literatur

Albach, H.: Kritische Wachstumsschwellen in der Unternehmensentwicklung, in: ZfB 46 (1976), S. 683 - 696.
Albach, H.: Die Innovationsdynamik der mittelständischen Industrie, in: Albach, H.; Held, T. (Hrsg.), Betriebswirtschaftslehre mittelständischer Unternehmen, Stuttgart 1984, S. 35 - 50.
Albach, H.; Bock, K.; Warnke, T.: Wachstumskrisen von Unternehmen, in: ZfbF 36 (1984), S. 779 - 793.
Chmielewicz, K. (Hrsg.): Entwicklungslinien der Kosten- und Erlösrechnung, Stuttgart 1983.
Chmielewicz, K.: Forschungsschwerpunkte und Forschungsdefizite in der deutschen Betriebswirtschaftslehre, in: ZfbF 36 (1984), S. 148 - 157.
Hahn, D.: Planungs- und Kontrollrechnung – PuK, 3. Aufl., Wiesbaden 1985.
Hahn, D.: Unternehmungsphilosophie und Führungsorganisation in Familienunternehmen, in: Hahn, D.; Taylor, B. (Hrsg.), Strategische Unternehmungsplanung, 4. Aufl., Heidelberg-Wien 1986, S. 439 ff. .
Hamer, E.: Das Mittelständische Unternehmen, Stuttgart 1987.
Kahle, E.: Inhaltliche Anforderungen an ein mittelständisch orientiertes Studium der Betriebswirtschaftslehre, in: DBW 46 (1986), S. 545 - 556.
Kellner, J.; Link, J.: Perspektiven für die Informationswirtschaft der Unternehmung, in: Harvard manager 1 (1979), S. 39 - 45.
Kilger, W., Diskussionsbeitrag, in: Chmielewicz, K. (Hrsg.), Entwicklungslinien der Kosten- und Erlösrechnung, Stuttgart 1983, S. 163.
Krass, R.: Logistik und Beschaffung, in: Pfohl, H.-C. (Hrsg.), Betriebswirtschaftslehre der Mittel- und Kleinbetriebe, Berlin 1982, S. 123 - 135.
Kreikebaum, H.: Small Business Management in den USA. Mögliche Konsequenzen für die Theorie und Praxis der Unternehmensführung mittelständischer Unternehmen, in: Albach, H.; Held, T. (Hrsg.), Betriebswirtschaftslehre mittelständischer Unternehmen, Stuttgart 1984, S. 645 - 659.
Leihner, E.: Über Sinn, Inhalt und Gestaltungsmöglichkeiten einer Managementlehre für Mittel- und Kleinbetriebe, in: Pleitner, H.J.; Sertl, W. (Hrsg.), Führung kleiner und mittlerer Unternehmen, Festschrift für K. Laub, München 1984, S. 79 - 91.
Link, J.: Die methodologischen, informationswirtschaftlichen und führungspolitischen Aspekte des Controlling, in: ZfB 52 (1982), S. 261 - 280.
Link, J.: Buchbesprechung von Chmielewicz, K. (Hrsg.): Entwicklungslinien der Kosten- und Erlösrechnung, Stuttgart 1983, in: ZfB 54 (1984), S. 414 - 416.

---

[37] Siehe z. B. Kahle (1986) S. 554 f.; Wossidlo (1982).

Link, J.: Organisation der Strategischen Planung, Heidelberg-Wien 1985.
Little, J. D. C.: Modelle und Manager: Das Konzept eines Decision Calculus, in: Haedrich, G. (Hrsg.), Operationale Entscheidungshilfen für die Marketingplanung, Berlin-New York 1977, S. 201 - 230.
Müller-Merbach, H.: Schönheitsfehler der Betriebswirtschaftslehre, in: ZfB 53 (1983), S. 811 - 830.
Mugler, J.: Betriebswirtschaftslehre der Klein- und Mittelbetriebe — Begründung-Anforderung-Konzeption, in: Albach, H.; Held, T. (Hrsg.), Betriebswirtschaftslehre mittelständischer Unternehmen, Stuttgart 1984, S. 768 - 781.
Nuhn, B.: Eigen- und/oder Fremdforschung und -entwicklung als strategisches Entscheidungsproblem, Gießen 1987.
Peters, T. J.; Waterman, R. H.: Auf der Suche nach Spitzenleistungen, Landsberg am Lech 1986.
Riebel, P.: Diskussionsbeitrag, in: Chmielewicz, K. (Hrsg.), Entwicklungslinien der Kosten- und Erlösrechnung, Stuttgart 1983, S. 178.
Schmidt, R.: Die Bedeutung von Unteilbarkeiten für mittelständische Unternehmen, in: Albach, H.; Held, T. (Hrsg.), Betriebswirtschaftslehre mittelständischer Unternehmen, Stuttgart 1984, S. 182 - 196.
Schramm, B., in: Meinungsspiegel, in: BFuP 34 (1982), S. 479.
Simon, H.: Herausforderungen an die Marketingwissenschaft, in: Marketing-ZFP 8 (1986), S. 205 - 213.
Strebel, H.: Innovation und ihre Organisation in der mittelständischen Industrie, in: ZfbF 31 (1979), S. 543 - 551.
Ulrich, H.: Die Unternehmung als produktives soziales System, 2. Aufl., Bern-Stuttgart 1970.
Wossidlo, P.R.: Das betriebswirtschaftliche Studium an der Universität Bayreuth — ein gemeinsames Konzept von Wirtschaftspraxis und Wissenschaft, in: ZfB-Ergänzungsheft 1/82, Betriebswirtschaftliche Hochschulausbildung, Wiesbaden 1982, S. 203 - 213.

2 Methoden der Strategischen Analyse

2.1 Einführung in das strategische Marketing in mittelständischen Branchen — Beispiel Musikinstrumentenbranche*

Strategische Planung als Notwendigkeit für die deutsche Musikinstrumentenindustrie

1 Von der operativen zur strategischen Planung

Eine wissenschaftliche Untersuchung vor einigen Jahren[1] offenbarte, daß mehr als 90 % aller mittelständischen Unternehmen über keine strategische Planung verfügen. Der eine oder andere Praktiker wird sich fragen, ob das denn unbedingt als problematisch anzusehen ist. Dies muß leider entschieden bejaht werden für alle Unternehmen, die sich heute oder möglicherweise morgen in einer ähnlichen Situation befinden wie die ZOOM AG:

Die ZOOM AG hat drei Geschäftsbereiche (siehe Abb. 1); einer davon sind die Filmkameras. Der Geschäftsführer dieses Bereiches analysiert im Jahre 1985 die bisherige Umsatzentwicklung und überlegt, wie wohl die weitere Geschäftsentwicklung in den nächsten Jahren aussehen wird. Letzteres sei in Abb. 1 durch die gepunktete Linie des oberen Achsenkreuzes verdeutlicht; offensichtlich wird im vorliegenden Falle davon ausgegangen, daß der Bereich Filmkameras die besten Zeiten bereits hinter sich hat. Bei dieser pessimistischen Prognose spielt z. B. das erwartete weitere Aufkommen der elektronischen Videokameras eine wichtige Rolle.

Das, was hier seitens des Geschäftsführers durchgeführt wird, läßt sich vom Planungsinhalt her als *operative* Planung kennzeichnen[2]: Man überlegt, welche Umsätze und Gewinne man mit den vorhandenen Produkten, Kunden, Maschinen, Mitarbeitern usw. erzielen kann. Und solange dieser vorhandene „Apparat" auch für die Zukunft ein zufriedenstellendes wirtschaftliches Ergebnis erwarten läßt, mag eine derartige operative Planung als ausreichend für die Zukunftssicherung des Unternehmens angesehen werden.

Nun liegt im Fall der ZOOM AG erkennbar eine andere Situation vor, die als „Umsatz- und Ergebnislücke" charakterisiert werden kann.[3] Zwischen der an sich für notwendig oder wünschbar erachteten Geschäftsentwicklung und dem tatsächlich erwarteten Geschäftsverlauf tut sich eine in der angelsächsischen Literatur als

---

* Dieser Abschnitt enthält überarbeitete, z. T. erweiterte Versionen von Beiträgen des Verfassers in der Zeitschrift „Das Musikinstrument" (Nr. 11/1986 sowie Nr. 1 und 4/1987).
[1] Vgl. Kirsch/Esser/Höfner (1983).
[2] Siehe im einzelnen Link (1985 a) S. 11 ff.; Link (1985 b) S. 248.
[3] Siehe hierzu Kreikebaum (1971) S. 259, 268 ff.; die nachfolgenden Überlegungen weiten die Gap-Analyse z. T. auf die Branchenebene aus.

34 Methoden der Strategischen Analyse

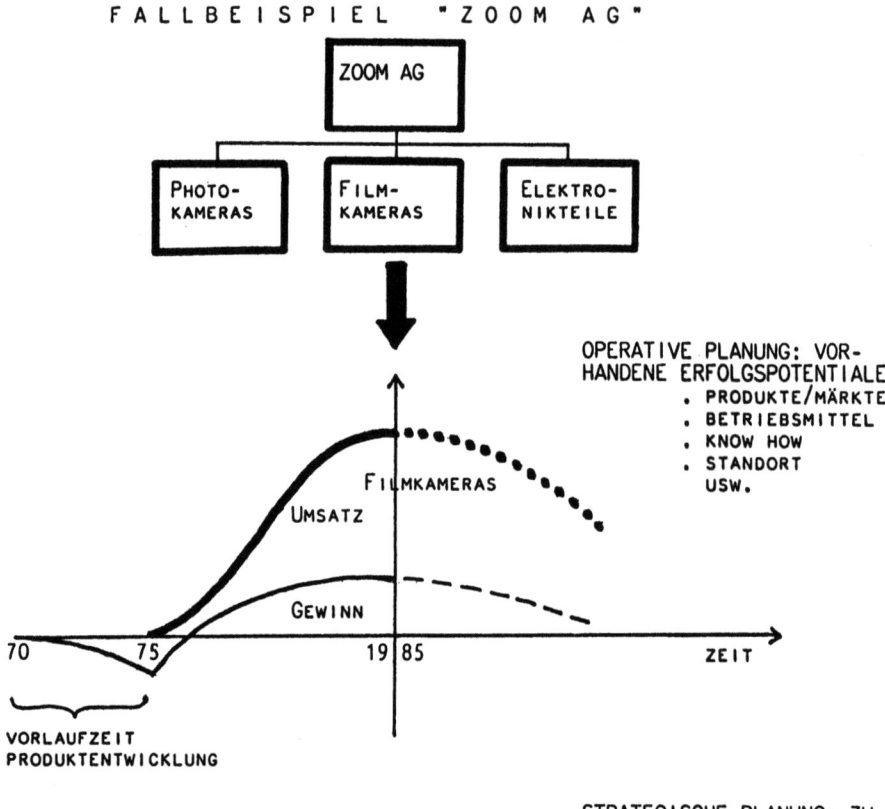

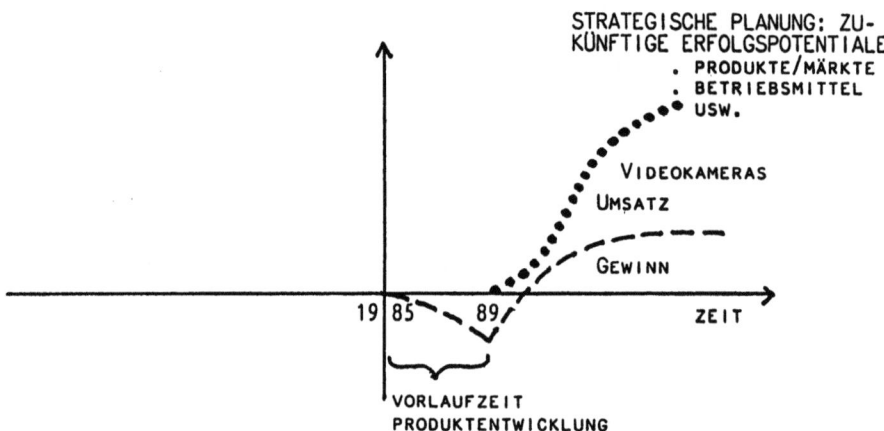

Abb. 1. Fallbeispiel „ZOOM AG".

„gap" bezeichnete und typischerweise immer größer werdende Lücke auf (in Abb.
1 mit L bezeichnet). Dies führt dann zwangsläufig zu der entscheidenden Frage „Und
wovon soll das Unternehmen morgen und übermorgen leben?"

Dies ist genau die Frage, die dann nur durch eine *strategische* Planung noch beantwortet werden kann. Die strategische Planung sucht also nach *neuen* Produkten, Kunden, Fertigungsverfahren usw., um den erkannten „Gap" zu schließen.[4] Bei der ZOOM AG könnten es in Anbetracht ihrer bisherigen drei Geschäftsbereiche natürlich insbesondere Videokameras sein, deren Produktion und Vertrieb dem Unternehmen auch morgen ein erfolgreiches Überleben im Markt der Filmkameras sichern würden.[5]

2 Strategische Planung — nur eine Modeströmung?

Ist nun die seit Jahren andauernde Diskussion über Instrumnte und Denkweisen der strategischen Planung nur eine Modeströmung, oder gibt es harte Fakten, die die Notwendigkeit strategischer Planung heute dringlicher erscheinen lassen als in früheren Zeiten?

Hier ist nun ein Phänomen anzusprechen, das in der Wissenschaft als „Verkürzung der Lebenszyklen" bezeichnet wird. Unter dem Lebenszyklus eines Produktes versteht man die Zeitspanne zwischen der erstmaligen Präsentation des Produktes auf dem Markt (Markteinführung) und der endgültigen Einstellung von Produktion und Vertrieb dieses Produktes. Verkürzung der Lebenszyklen bedeutet also, daß sich diese Zeitspanne der ökonomischen Verwertbarkeit der Produkte in den letzten Jahrzehnten immer weiter verkürzt hat.[6] Dabei liegt die Ursache vergleichsweise selten in einer Änderung der Verbraucherbedürfnisse; vielmehr treten Produkte am Markt auf, die für das gleiche Verbraucherbedürfnis ein günstigeres Preis-/Leistungsverhältnis bieten und daher die angestammten Produkte verdrängen.

Derartige Verbesserungen des Preis-/Leistungsverhältnisses ergeben sich vor allem beim Auftreten neuer technologischer Entwicklungen bzw. Innovationen, wie sie in Abb. 2[7] beispielhaft aufgeführt sind. In einer zunehmenden Zahl von Branchen sorgt also der technologische Wandel (siehe Unterhaltungselektronik, Kameras, Uhren, Schreibmaschinen usw.) oder der psychologisch-geschmackliche Wandel (siehe z. B. Mode, Unterhaltungsmusik, Nahrungs- und Genußmittel) oder beides (z. B. Automobile, Spielwaren, elektronische Musikinstrumente) für eine gegenüber früher beschleunigte Verdrängung etablierter Produkte. Immer mehr Unternehmen müssen sich daher in unseren Tagen die Ausgangsfrage der strategischen Planung stellen: „Und wovon soll das Unternehmen morgen oder übermorgen leben?"

Strategische Planung ist also keineswegs eine betriebswirtschaftliche Modeströmung wie manches andere, sondern unter den heutigen Marktbedingungen eine ab-

---

[4] Siehe im einzelnen Link (1985 a) S. 11 ff.
[5] Siehe gerade für dieses Beispiel die Segmentierungs- und Portfolio-Betrachtungen bei Link (1985 a) S. 56 f. in Verbindung mit Abb. 18.
[6] Vgl. Pfeiffer et al. (1982) S. 15, 44 ff.
[7] Entnommen aus Pfeiffer et al. (1982) S. 34.

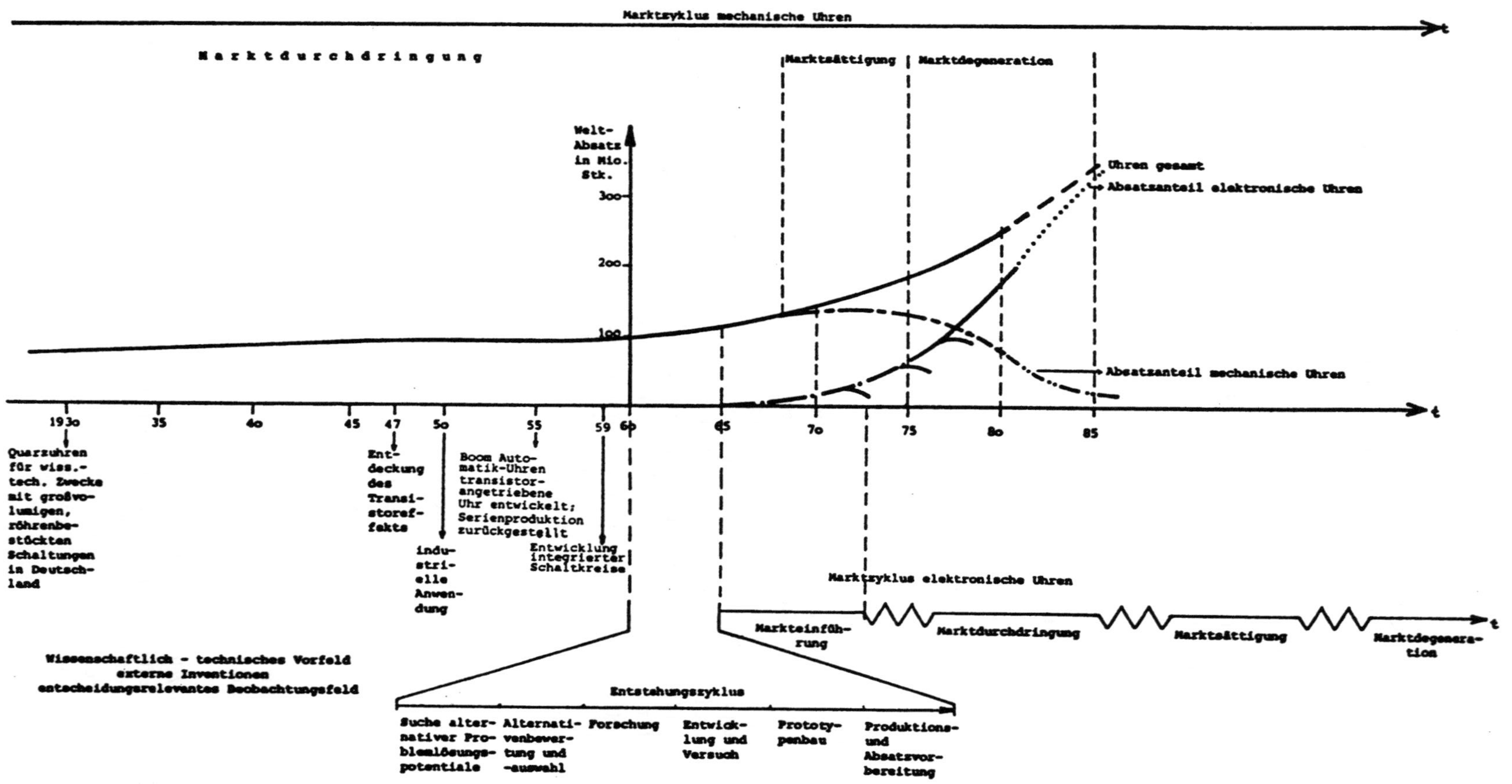

Abb. 2. Integriertes Lebenszyklus-Konzept am Beispiel der Uhr.

solute Überlebensnotwendigkeit für die weitaus meisten Unternehmen aller Größenordnungen.

3 Die Umsatz- und Ergebnislücke in der Musikinstrumentenindustrie

Gibt es nun auch für die Anbieter von Musikinstrumenten auf dem westdeutschen Inlandsmarkt mehr Gründe als früher, sich mit der längerfristigen Markt- und Geschäftsentwicklung zu befassen? Abb. 3 zeigt die Entwicklung des Inlandsabsatzes von 1976 bis 1986.[8] Für den Markt als Ganzes ist ab 1980 eine ausgeprägte Umsatzlücke – in Abb. 3 mit „L" gekennzeichnet – erkennbar. Eine verstärkte Notwendigkeit zu strategischer Planung ist also gewissermaßen „auf den ersten Blick" erkennbar. Dieser Eindruck verstärkt sich noch, wenn man einigen ausgewählten Einflußfaktoren nachgeht, die von Bedeutung für den „Gap" sowohl der Vergangenheit als vor allem auch der Zukunft sein dürften:

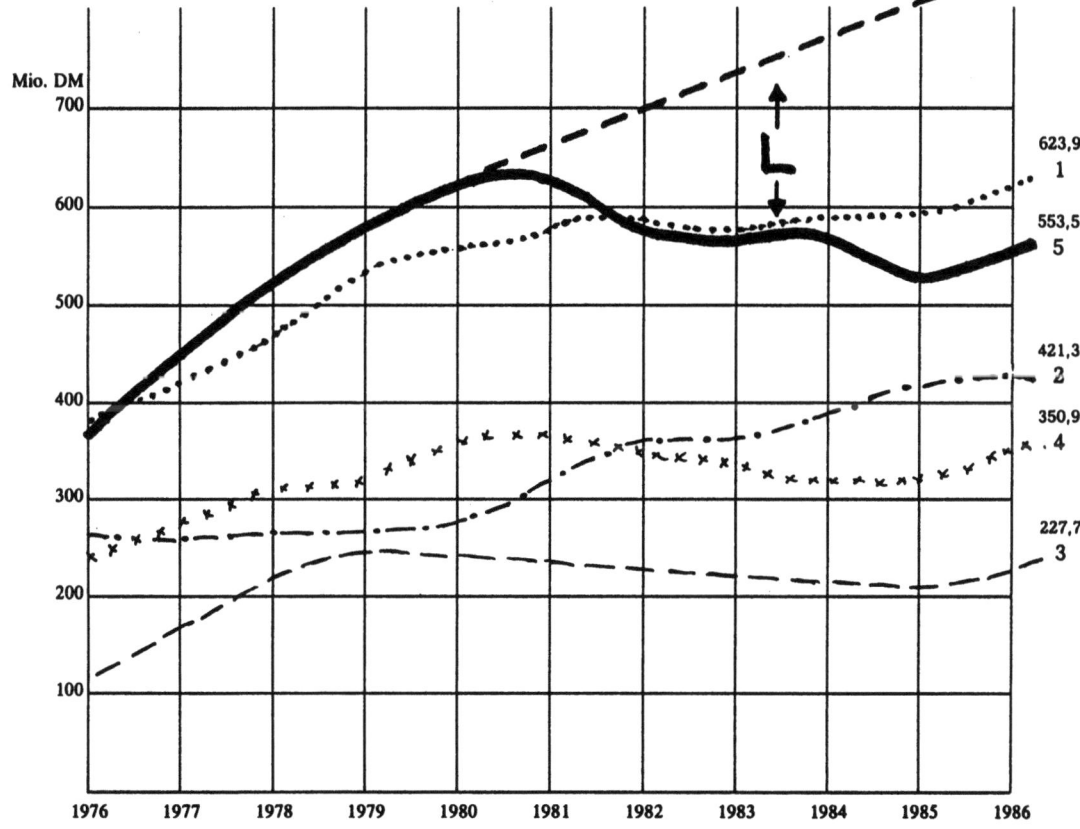

Abb. 3. Entwicklung der westdeutschen Musikinstrumentenindustrie seit 1976.

---

[8] Geringfügige Modifikation von Bundesverband Musikinstrumentenhersteller (1987) S. 80.

38 Methoden der Strategischen Analyse

Auf der Ebene des Gesamtmarktes sollen als Einflußfaktoren die Einkommen der Beschäftigten, die Zahl der potentiellen jugendlichen Käufer und das alternative Freizeitangebot herausgegriffen werden. Das Einkommen der Beschäftigten stieg, wie Abb. 4 ausweist[9], im Jahr 1972 nominal noch um 9,5 %; die Steigerungsrate nimmt aber beinahe kontinuierlich ab bis auf 1,7 % im Jahre 1985. Entscheidend ist, daß diese Einkommenssteigerungen bis 1979 größer sind als die Inflationsrate, so daß bis 1979 unter dem Strich immer noch ein Kaufkraftgewinn für die Beschäftigten bleibt. Seit 1980 sind dann die Inflationsraten höher als die Einkommenssteigerungen; das Ergebnis ist ein jährlicher Kaufkraftverlust bei den Beschäftigten. Dies deckt sich in zeitlicher Hinsicht auf frappierende Weise mit dem Auftreten der Umsatzlücke im inländischen Musikinstrumentenmarkt gemäß Abb. 3. Auch wenn dies kein schlüssiger Beweis für eine Einkommensabhängigkeit der Musikinstrumentennachfrage sein kann, so wird eine derartige Abhängigkeitsvermutung aber jedenfalls durch das Zahlenmaterial gestützt, zumal gleichzeitig mit der erstmalig wieder positiven Wachstumsrate in 1986 auch der Inlandsabsatz wieder nach oben zeigt. Welcher Einfluß von dieser Seite in der Zukunft ausgehen könnte, hängt dann von den Prognosen hinsichtlich der zukünftigen volkswirtschaftlichen Entwicklung ab.

Während bei diesen volkswirtschaftlichen Prognosen eine relativ große Unsicherheit verbleibt – was aber schon aus Vorsichtsgründen eher für als gegen eine strategische Planung spricht –, weisen die Anzeichen beim Einflußfaktor „Bevölkerungsentwicklung" eindeutig in Richtung auf eine Ausweitung des „Gap".[10] Entscheidend ist dabei nicht so sehr, daß die Gesamtbevölkerung bis zum Jahr 2010 um ca. 5 Mill. Personen zurückgehen wird; als relativ gravierend muß es vielmehr angesehen werden, daß in einzelnen Altersschichten, wie z. B. bei den 20-jährigen, schon

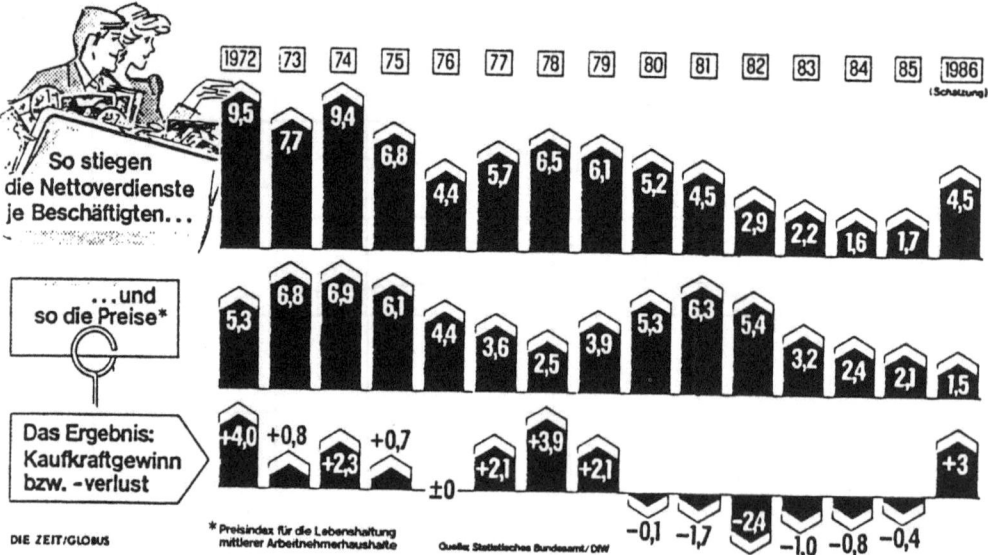

Abb. 4. Einkommensentwicklung 1972-1986 in % in der Bundesrepublik Deutschland.

---

[9] Entnommen aus o. V. (1986).
[10] Im folgenden vgl. Statistisches Bundesamt (1986) S. 68; Müller-Lenz (1986) S. 19.

für die nächsten 10 Jahre eine Halbierung der Personenzahl erwartet wird. Sofern solche Altersschichten im Musikinstrumentenmarkt oder zumindest vielen seiner Teilmärkte als überdurchschnittlich nachfragerelevant angesehen werden müssen, ergeben sich daraus natürlich erhebliche strategische Konsequenzen.

Da das aktive Musizieren in Konkurrenz steht zu anderen Freizeitangeboten, muß deren Entwicklung ebenfalls analysiert und prognostiziert werden. Es gibt starke Indizien, daß die Ausgaben für den Freizeitbereich insgesamt wesentlich stärker gestiegen sind als die für das aktive Musizieren. Ebenso wie für den Bereich des Sportes muß also auch im Bereich der Musik die Freude und der Wert einer eigenen aktiven Betätigung propagiert werden, von der Firmen- und Verbandswerbung bis hin zur Schul- und Lehrerausbildung.

Auf der Ebene des einzelnen Unternehmens kann sich in vielen Fällen ein noch größerer „Gap" ergeben als im Gesamtmarkt. Dies kann durch Einflußfaktoren bedingt sein, die bestimmte Produkt- bzw. Instrumentengruppen besonders betreffen (siehe z. B. Vordringen elektronischer Instrumente); dies kann aber auch auf ein verstärktes Auftreten ausländischer Konkurrenten zurückgehen. Strategisch besonders gefährlich erscheint für manche Produktgruppen die Kombination technologischer und wettbewerbsmäßiger Herausforderungen, die sich u. a. darin zeigt, daß der Anteil des stark wachsenden Segmentes „Musikelektronik" am Import über 40 % beträgt.[11]

Daß aber selbst in diesen Fällen kein Grund bestehen muß, der Zukunft pessimistisch oder gar resignierend entgegenzusehen, soll nachfolgend verdeutlicht werden.

4 Aktive Zukunftssicherung durch strategisches Denken und Handeln

Wenn man nun tatsächlich erkennen muß, daß Gegenwart und Zukunft des eigenen Geschäftes zunehmend durch eine gravierende Umsatz und/oder Ergebnislücke geprägt sind, so kann nur eine gründliche Situationsanalyse und -prognose weiterhelfen. Alle Sektoren der wirtschaftlichen und politischen Umwelt sowie der Unternehmung selbst sind einer Analyse zu unterziehen, wieweit bestimmte strategische Einflußfaktoren (s. o.) für den „Gap" verantwortlich gemacht werden können. Offenbart es sich, daß der Umsatz- und Ergebniseinbruch nicht nur operativer, d. h. vorübergehender Natur sein wird, so muß der Unternehmer die Weichen neu stellen. Den durchschlagendsten Erfolg wird er erwarten können, wenn er sich das Ziel einer wirklichen Produkt- und/oder Verfahrensinnovation steckt, die ihm einen nachhaltigen Wettbewerbsvorteil sichert. Unbestritten handelt es sich hierbei um die größte unternehmerische Herausforderung, die in der Entwicklung eines Betriebes auftreten kann – sowohl in den Risiken als auch in den Chancen.

Um zu verdeutlichen, daß derartige Herausforderungen auch von traditionsreichen europäischen Branchen gemeistert werden, die sich größten technologischen Umbrüchen und heftigsten Angriffen japanischer Konkurrenten gegenübersehen, wird in Abb. 5 ein Kurzüberblick über die Erfolgsstrategie eines schweizerischen Uhrenherstellers gegeben.[12]

---

11 Siehe Bundesverband Musikinstrumentenhersteller (1987) S. 82.
12 Abb. 5 stützt sich auf verschiedene Informationen aus Tages- und Wochenzeitungen.

40 Methoden der Strategischen Analyse

AUSGANGSSITUATION:	• Schweizer Uhrenindustrie zunehmend bedrängt durch fernöstliche Konkurrenz
	• Anfang 70er Jahre 90.000 Mitarbeiter, Mitte 80er Jahre noch 30.000 Mitarbeiter
PRODUKTIDEE ETA:	• Preisgünstige Quarzuhr als modisches Accessoire
	• Name "Swatch" = "Swiss watch"
	• 25 Modelle und Farbkombinationen
	• 2xjährlich Modellwechsel mit Frühjahrs- und Herbstmode
	• mindestens 6 Jahre Störungsfreiheit, stoßfest, bis 30 Meter Tiefe wasserdicht
	• Preis um 60 DM
REALISIERUNG:	• Nahezu Halbierung Zahl Bauteile
	• Kunststoffschale als Gehäuse
	• Mikroroboter legen Bauteile einfach von oben nach unten in die Schale ein
	• statt Verschraubung Vernietung mit Ultraschall auf $^1/_{100}$ Millimeter
	• Herstellkosten um 20 DM
ERFOLG:	• 1.Jahr: 1 Million Stück
	• 2.Jahr: 3,5 Millionen Stück
	• 3.Jahr: Ziel 7,5 Millionen Stück
	• Ausbau "Swatch" zu Markendach für weiteres modisches Accessoire
	• Ziel einer Marktoffensive auch in Japan

Abb. 5. Erfolgsbeispiel Swatch.

Unabdingbare Voraussetzungen für derartige strategische Erfolge ist allerdings immer, daß neben dem festen unternehmerischen *Willen* auch entsprechende strategische *Fähigkeiten* vorhanden sind. Der Unternehmer muß daher rechtzeitig für die Entwicklung solcher strategischer Fähigkeiten in seinem Betrieb Sorge tragen. Das eingangs zitierte Untersuchungsergebnis, wonach mehr als 90 % der mittelständischen Unternehmen keine strategische Planung betreiben, gibt in diesem Zusammenhang zu großer Besorgnis Anlaß. Ohne die richtigen „Waffen", d. h. neuzeitlichen strategischen Instrumente und Denkweisen, steht ein mittelständischer Betrieb von vornherein auf beinahe verlorenem Posten im Konkurrenzkampf gegen starke japanische Anbieter, denen von vielen Seiten ein intensiver Einsatz moderner Planungsmethoden nachgesagt wird. Das fängt bereits mit den „klassischen" Marketinginstrumenten der Marktforschung und Marktsegmentierung an und reicht bis zu jenen strategischen Fähigkeiten, von denen hier die Rede ist.

Unter „strategischen" Fähigkeiten soll zweierlei verstanden werden: Zum einen handelt es sich um die Kenntnis und Beherrschung der wichtigsten strategischen *In-*

strumente (i. S. v. Methoden) als quasi *technischer* Voraussetzung strategischer Planung. Zum anderen geht es um das Einüben der speziellen strategischen *Denkweisen* als quasi *psychologischer* Voraussetzung strategischen Planens. Beide Bereiche sind mit wichtigen Beispielen in Abb. 6 überblicksartig dargestellt; im folgenden seien nur einige Punkte exemplarisch herausgegriffen:[13]

„Strategische Frühwarnsysteme" sollen beispielsweise frühzeitig auf bestimmte Entwicklungen in Markt oder Unternehmung aufmerksam machen; sie können unternehmungsspezifisch, aber auch für ganze Produktgruppen oder Branchen aufgebaut werden. Die „Szenario-Technik" versucht, über ein sehr systematisches und gründliches Vorgehen die Zukunft so genau wie möglich zu erforschen und liefert auf diese Weise eine bessere Grundlage für strategische Entscheidungen. Die „Portfolio-Analyse" kann Aussagen darüber liefern, ob die Bearbeitung bestimmter Märkte oder Marktsegmente für die eigene Unternehmung attraktiv ist oder nicht. „Kreati-

---

STRATEGISCHE INSTRUMENTE

- STRATEGISCHE SEGMENTIERUNG
- STRATEGISCHE FRÜHWARNSYSTEME
- ISSUE-ANALYSIS
- SZENARIO-TECHNIK
- DELPHI-METHODE
- GAP-ANALYSE
- GEMEINKOSTEN-WERTANALYSE
- ERZEUGNIS-WERTANALYSE
- PORTFOLIO-ANALYSE
- KREATIVITÄTSTECHNIKEN
- POSITIONIERUNGSMODELLE
- ERFAHRUNGSKURVEN-ANALYSE
- VENTURE-MANAGEMENT

STRATEGISCHE MENTALITÄT

- SCHWACHE SIGNALE (STATT HARTE FAKTEN)
- VERÄNDERUNGEN ALS CHANCE (STATT NUR ALS STÖRUNG)
- LANGFRISTERFOLGE (STATT KURZFRISTERFOLGE)
- DENKEN IN STRATEGISCHEN ERFOLGSPOSITIONEN (STATT REINES AUFWANDS- UND ERTRAGSDENKEN)
- REFLEXION (STATT UMTRIEBIGKEIT)
- GENERALISTENTUM (STATT SPEZIALISTENTUM)
- NEUE WEGE SUCHEN (STATT IN BEWÄHRTEN GLEISEN FAHREN)
- KALKULIERTE RISIKOBEREITSCHAFT (STATT RISIKOSCHEU)
- ZUKUNFTSVORSORGE BELOHNEN (STATT GEGENWARTSERFOLGE)
- MITARBEITER IDEENFINDUNGSORGANE (STATT AUSFÜHRUNGSORGANE)
- ANDAUERNDER LERNEIFER (STATT BEWUSSTSEIN DES AUSGELERNT-HABENS)

Abb. 6. Der Weg zur Entwicklung strategischer Fähigkeiten.

---

[13] Zu verschiedenen der angesprochenen Methoden siehe im einzelnen Hahn/Taylor (1986).

vitätstechniken" zeigen auf, wie man am besten zu innovativen Konzepten hinsichtlich neuer Produkte oder Verfahren kommt; bezeichnenderweise hat auch hier eine Untersuchung offenbart, daß knapp 80 % der mittelständischen Betriebe derartige Methoden überhaupt noch nicht einsetzen.[14] „Positionierungsmodelle" schließlich liefern wichtige Anhaltspunkte dafür, wo man von den Marketingparametern her (Produkteigenschaften, Preis usw.) mit seinem Angebot im Markt liegen sollte.[15]

Was im einzelnen unter einer wirklich strategischen Mentalität verstanden werden sollte, hat der Verfasser bereits ausführlich an anderer Stelle dargelegt.[16] Auch hier also nur einige Stichworte: Wenn sich Manager mit einem gewissen Stolz nachsagen lassen, sie seien immer nur durch „harte Fakten" zu überzeugen, so spiegelt dies eine typisch operative Mentalität wieder. Im strategischen Bereich ist es nämlich i. d. R. zu spät, wenn man „harte Fakten" abgewartet hat. Vielmehr hat in diesem Bereich der Begriff der „schwachen Signale" große Bedeutung erlangt; es wird dazu aufgefordert, selbst recht vage Anzeichen über mögliche Veränderungen in der wirtschaftlichen und politischen Umwelt sowie der Unternehmung bewußt aufzunehmen und ihre weitere Entwicklung aufmerksam zu verfolgen. Ein solches vages, eigentlich damals kaum ernst zu nehmendes Signal war beispielsweise die Anfang der 70er Jahre von einem Waschmittelmanager in einem Planungs-Seminar geäußerte Idee, es könne vielleicht eines Tages Waschmaschinen ohne Waschmittel geben. Nun, eine derartige Waschmaschine kommt in diesem Jahr auf den Markt; statt Waschmittel verwendet sie Ultraschall zur Reinigung. Ebenso ist es typisch (und auch richtig!) für den operativen Bereich, daß Veränderungen grundsätzlich als Störung empfunden und daher aus den Routineabläufen des Fertigungs- und des Vertriebsbereiches nach Möglichkeit ferngehalten werden. Im strategischen Bereich sollten Veränderungen möglichst immer auch als Chance gesehen werden. So ließen Marktforschungsergebnisse Industrie und Handel bereits vor langer Zeit ahnen, daß der Verbraucher immer mehr Bereitschaft zum Kauf von Billigmarken entwickelte. Während weite Teile von Industrie und Handel dies ausschließlich als Bedrohung auffaßten, sahen die Gebrüder Albrecht diese Entwicklung als strategische Chance und starteten zu einer beispiellosen Expansion mit ihrem bekannten ALDI-Konzept.

Abschließend sei noch eine Anmerkung zu dem in Abb. 6 als letztes genannten Punkt „andauernder Lerneifer" gemacht, der vielleicht das wichtigste Element einer strategischen Mentalität darstellt. Dieser Punkt hat z. B. etwas mit der Fähigkeit und Bereitschaft zu tun, von seinen stärksten und erfolgreichsten Konkurrenten zu lernen. Er hat aber natürlich auch ganz wesentlich mit der Fähigkeit und Bereitschaft zu tun, sich mit den neuen Instrumenten und Denkweisen vertraut zu machen, die die Wissenschaft heute dem einzelnen Unternehmer als Hilfen für seine strategische Auseinandersetzung mit den Konkurrenten anbietet.

---

[14] Vgl. Strebel (1979) S. 546.
[15] Siehe hierzu im einzelnen die einschlägigen Kapitel dieser Arbeit.
[16] Siehe Link (1986).

Literatur

Bundesverband der Deutschen Musikinstrumentenhersteller e. V. (Hrsg.): Jahresbericht 1986/87, Frankfurt a. M. 1987.
Hahn, D.; Taylor, B. (Hrsg.): Strategische Unternehmungsplanung, 4. Aufl., Heidelberg-Wien 1986.
Kirsch, W.; Esser, W.-M.; Dr. Höfner & Partner: Der Stand der Strategischen Planung in der Bundesrepublik Deutschland und West-Berlin, München 1983.
Kreikebaum, H.: Die Potentialanalyse und ihre Bedeutung für die Unternehmensplanung, in: ZfB 41 (1971), S. 257 - 272.
Link, J.: Organisation der Strategischen Planung, Heidelberg-Wien 1985.
Link, J.: Strategische Planung, in: Marketing Journal 18 (1985), S. 248 - 252.
Link, J.: Mentalität als Engpaß, in: Wirtschaftswoche 40 (1986) Nr. 14, S. 82 - 87.
Müller-Lenz, P.: Wer ist 1995 unser Kunde? in: Management in Theorie und Praxis 2 (1986) Nr. 1, S. 19 - 21.
o. V.: Einkommensentwicklung 1972-1986 in %, in: DIE ZEIT 1986, Nr. 13, S. 32.
Pfeiffer, W.; Metze, G.; Schneider, W.; Amler, R.: Technologie-Portfolio zum Management strategischer Zukunftsgeschäftsfelder, Göttingen 1982.
Statistisches Bundesamt (Hrsg.): Statistisches Jahrbuch 1985, Stuttgart 1986.
Strebel, H.: Innovation und ihre Organisation in der mittelständischen Industrie, in: ZfbF 31 (1979), S. 543 - 551.

Marktanalyse – Schwachpunkt im mittelständischen Unternehmen

1 Marktanalyse als Voraussetzung für Marketing

Um zunächst einmal kurz die fundamentale Bedeutung der Marktanalyse für das Marketing aufzuzeigen, sei auf den Unterschied zwischen „Vertrieb" und „Marketing" Bezug genommen.[1] Die klassische „Vertriebsphilosophie" war der Vorläufer der modernen „Marketingphilosophie"; bei ihr stand das Vertreiben der Ware, d. h. der Verkaufsprozeß, im Mittelpunkt. Wenn Konstruktions- und Fertigungsbereich technisch überzeugende Produkte hervorgebracht hatten, so war es nunmehr Aufgabe des Vertriebsbereiches, den Abverkauf der Produkte in den Markt zu bewerkstelligen. Erfolgskriterium waren hohe Verkaufsziffern (sogenanntes „Umsatzdenken", oft zu Lasten der Rentabilität), und als Mittel hierzu dienten ein konsequenter Einsatz des Außendienstes, des Preis- und Rabattinstrumentes sowie der Werbung und Verkaufsförderung. Diese klassische Vertriebsphilosophie ist auch heute noch in vielen (schlecht geführten) Unternehmen anzutreffen.

Für die „Marketingphilosophie" hingegen ist der Markt nicht Endpunkt, sondern Ausgangspunkt aller Aktivitäten (siehe Abb. 1). Um den flüssigen Abverkauf der Produkte erst gar nicht zu einem Problem werden zu lassen, werden zunächst die Bedürfnisse bzw. Wünsche der Kunden genauestens erforscht. Das umfangreiche Instrumentarium der Marktforschung, das vor Konstruktion und Fertigung der Produkte bereits zu höchstem Einsatz kommen muß, spielt also eine zentrale Rolle. Die sodann entsprechend den Kundenbedürfnissen gefertigten Produkte finden gewissermaßen ihre Nachfrage bereits vor und brauchen daher nicht mehr über einen aggressiven, aufwendigen Einsatz des Preis-, Werbe- und Außendienstinstrumentes in den Markt „hineingedrückt" zu werden. Daß dieser Unterschied zwischen „Vertriebsphilosophie" und „Marketingphilosophie" auch in der Praxis den Unterschied zwischen nicht erfolgreichem und erfolgreichem Absatzmanagement ausmacht, dafür stehen zahllose Beispiele internationaler Großkonzerne wie auch kleinster Handwerksbetriebe.

---

[1] Vgl. ähnlich Meffert (1986) S. 29 ff.

"VERTRIEB"

"MARKETING"

Abb. 1. Der Unterschied zwischen Vertriebs- und Marketingphilosophie.

1.1 Kundenanalyse im Mittelpunkt

Eine Marktanalyse im Sinne einer Analyse der Kundenbedürfnisse bildet also die Basis für alle weiteren Marketing- und Unternehmungsaktivitäten. Das Problem ist nun – heute mehr als früher –, daß die Kundenwünsche auf vielen Märkten laufenden Wandlungen unterworfen sind, die daher auch laufende Erhebungen im Markt erforderlich machen. Hauptursachen hierfür sind die sich ständig ausweitenden technologischen Möglichkeiten (siehe Unterhaltungselektronik, Kameras, Uhren, Schreibmaschinen usw.) sowie der psychologisch-geschmackliche Wandel (siehe z. B. Mode, Unterhaltungsmusik, Nahrungs- und Genußmittel). Im Bereich der Musikinstrumente, ebenso wie beispielsweise auch in der Automobil- und der Spielwarenindustrie, spielen beide Komponenten eine Rolle. Zum einen ändert sich im Bereich der U-Musik mit der jeweils „aktuellen" Musikrichtung – Blues, Swing, Cool Jazz, Schlager, Volksmusik, Rock'n'Roll, Beat, Disco usw. – auch die Bedeutung von (bzw. die rein mengenmäßige Nachfrage nach) bestimmten Instrumentengruppen. Zum anderen aber stehen diese Musikrichtungen oft auch in enger Verbindung zu bestimmten technologischen Entwicklungen bei den Instrumenten selbst und beeinflussen somit auch die qualitative Seite der Nachfrage erheblich; Beispiele finden sich u. a. in Zusammenhang mit dem z. T. boomartigen Aufkommen der Hallgeräte, Elektroorgeln und -gitarren in den 50er und 60er Jahren sowie der Synthesizer und Keyboards in den 70er und 80er Jahren.

Gleichzeitig wird in bestimmten Altersgruppen, in denen z. T. Beginn oder Höhepunkt der wirksamen Nachfrage nach Musikinstrumenten liegen, der Markt durch Rückgang der betreffenden Jahrgangszahlen immer enger. So wird z. B. davon ausgegangen, daß die Altersgruppen bis unter 20 Jahre zwischen 1984 und 1990 um über 2 Millionen Personen entsprechend 15 % schrumpfen werden.[2]

---

[2] Siehe Statistisches Bundesamt (1986) S. 68.

Es ist bereits im vorangegangenen Kapitel angesprochen worden, daß die Vielfalt, Intensität und Dynamik derartiger Einflüsse auf die qualitative und quantitative Marktentwicklung zunehmend zu strategischen Überlegungen im Rahmen des Marketing zwingt; in Verbindung mit den dort angesprochenen Denkweisen und Instrumenten kann man von einer klaren Tendenz hin zu einem „Strategischen Marketing" sprechen.[3] Diese Tendenz ist allerdings nicht als Entwertung, sondern vielmehr als wertvolle Ergänzung des „klassischen" Marketing zu sehen, in dessen Mittelpunkt die konsequente Kundenorientierung steht.

Nun wird es kaum ein Unternehmen – ob im Bereich der mittelständischen Betriebe oder der Großunternehmen – geben, das nicht (sofern es auf sich hält) vorgibt, Kundenorientierung zu praktizieren. Es ist daher notwendig und lohnend, der Frage nachzugehen, woran man *praktizierte* Kundenorientierung erkennen kann; dies wird vielleicht auch erst vielen Unternehmen ihren wahren Status zu Bewußtsein bringen. Dabei sollen in Anbetracht der Themenstellung dieses Kapitels nur solche Aspekte behandelt werden, die unmittelbar mit den Anstrengungen der Unternehmen auf dem Gebiet der Marktanalyse bzw. Marktforschung in Verbindung stehen. Nicht behandelt wird z. B. das Sichtbarwerden praktizierter Kundenorientierung durch „Qualitätsbesessenheit" und „Servicebesessenheit", wie dies in bislang selten erreichter Anschaulichkeit und Eindringlichkeit von Peters/Waterman dargestellt worden ist;[4] dabei wäre es gerade auch im mittelständischen Bereich dringend erforderlich, auch diese Aspekte ausführlich zu behandeln, wenn man an die Erfahrungen denkt, die viele Kunden täglich mit der Qualitäts- und/oder Servicebesessenheit zahlreicher Unternehmen (besonders auch im Dienstleistungsbereich) und ihres Verkaufspersonals machen. Hier liegen für viele Unternehmen derartige Steigerungs- und Profilierungsmöglichkeiten, daß wirtschaftliche Schwierigkeiten oftmals viel wirkungsvoller in diesem Bereich als durch wesentlich aufwendigere und kompliziertere Maßnahmen anderer Art angegangen werden könnten.

Wie ernsthaft und zielgerichtet ein Unternehmen darum bemüht ist, Kundenorientierung durch Kundenanalyse, d. h. Erfassung und Auswertung aller erreichbaren Informationen über Bedürfnisse, Meinungen, Verhaltensweisen und Merkmale der Kunden, zu praktizieren, läßt sich relativ gut an folgenden „Indizien" ablesen:

- Viele als hervorragend eingeschätzte Unternehmen zeichnen sich dadurch aus, daß sie den Kundenkontakt geradezu suchen, ob auf Messen und Tagungen oder durch eigene betriebliche Veranstaltungen und eigene Kundenbesuche; die Firma Procter & Gamble druckte sogar als erstes Konsumgüterunternehmen der Welt eine gebührenfreie Telefonnummer auf sämtliche Verpackungen, was zu einer außerordentlich hohen Zahl zusätzlicher, telephonischer Kundenkontakte führte.[5]
- Darüber hinaus haben wirklich kundenorientierte Unternehmen im Laufe der Zeit bestimmte Bestände an Marktinformationen aufgebaut, die in Gestalt von Karteien, Dateien, Berichten, Produkt-Informationstafeln, Fact Books usw. dokumentiert und damit für jedermann nutzbar sind. Hingegen konstatierte ein namhaftes Unternehmen der Musikinstrumentenbranche vor einiger Zeit: „Es gibt in unserer

---

[3] Vgl. ähnlich Meffert (1986) S. 30.
[4] Siehe Peters/Waterman (1986) S. 190 ff.
[5] Vgl. Peters/Waterman (1986) S. 229 ff.

Branche keine Marktdaten und keinerlei Aufbereitung des Marktes."[6] Diesbezüglich dürften sich andere mittelständisch geprägte Branchen kaum von der Musikinstrumentenindustrie unterscheiden.

- Ein untrügliches Indiz für Kundenorientierung im Sinne von Marktforschungsorientierung stellt auch das Vorhandensein bzw. Nicht-Vorhandensein einer Marktforschungsstelle und eines Marktforschungsetats dar. Zwar müssen und können in mittelständischen Unternehmen nicht in gleichem Umfang hauptamtliche Organe und großzügige Etats erwartet werden wie bei Großunternehmen. Nur bestätigt es sich leider immer wieder, daß in außerordentlich vielen Unternehmen noch nicht einmal eine nebenamtliche Zuweisung von Marktforschungsaufgaben an bestimmte Mitarbeiter und noch nicht einmal eine bescheidene Zuweisung von Mitteln für die Marktforschung erfolgt, und daß dann konsequenterweise auch keine nennenswerten Aktivitäten zu verzeichnen sind.
- Auch in der sonstigen Marketing-Praxis eines Unternehmens läßt sich relativ klar erkennen, ob Kundenorientierung praktiziert wird. Ein weiteres entscheidendes Indiz stellt nämlich die Frage dar, ob bei Diskussionen über Gestaltungsalternativen beispielsweise im Bereich der Produktpolitik oder der Werbung die eigenen Auffassungen und Empfindungen der beteiligten Führungskräfte und Mitarbeiter im Mittelpunkt stehen, oder ob konsequent aus der Sicht der Kunden argumentiert wird. Es gibt hierzu in der Praxis das Bildnis vom Angler und vom Fisch: Der Wurm an der Angel – also das Produkt, die Werbung usw. – muß nicht dem Angler (bzw. Hersteller) gefallen, sondern dem Fisch (bzw. Kunden). Die Erörterungen von Marketingfragen in der Praxis bieten sich aber gerade in mittelständischen Unternehmen oft als reine „Angler-Gespräche" dar, bei denen die Meinung der „Fische" kaum ernsthaft zu interessieren scheint.
- Hierbei zeigt sich dann meist noch zusätzlich, daß die Unternehmen auch in anderer Hinsicht „im Trüben fischen" (um im Bild zu bleiben). Fragt man nämlich nach näheren Merkmalen der anzusprechenden Kunden, so wird rasch deutlich, daß viele mittelständische Unternehmen nur eine relativ verschwommene Vorstellung von einer Art „Durchschnittskunden" haben. Daß es in Wirklichkeit verschiedene Kundengruppen mit z. T. ganz unterschiedlichen Merkmalen, Bedürfnissen und Verhaltensweisen gibt, und daß deshalb ein Denken in Zielgruppen und ein differenzierter Einsatz der Marketinginstrumente notwendig ist, bleibt dabei völlig unberücksichtigt. Wer aber seine Zielgruppen nicht kennt, wird sie auch nicht optimal im Rahmen seiner Produktpolitik, Werbung usw. ansprechen können (ebenso wie ein Angler – um dieses Bild noch einmal zu bemühen – nur dann wirklich erfolgreich sein kann, wenn er die Köder jeweils genau auf die entsprechende Fischart abstellt).
- Zusammenfassend wird deutlich, daß eigentlich das gesamte Verständnis von Marketing entscheidend durch den Grad der praktizierten Kundenorientierung geprägt wird. In wirklich gut geführte Unternehmen wird man daher nicht immer sofort oder in erster Linie an Werbung und Vertrieb denken, wenn von Marketing gesprochen wird; vielmehr ist dort das Bewußtsein von der Einsicht geprägt, daß Marktforschung und Marktsegmentierung der Ausgangspunkt und die Basis für jedes erfolgreiche Marketing sein müssen (siehe Abb. 1).

---

6 o. V. (1984) S. 111; u. U. bezieht sich diese Aussage nur auf den speziellen Teilmarkt dieses Unternehmens, das im übrigen selbst Marktforschung betreibt.

48 Methoden der Strategischen Analyse

1.2 Konkurrenz- und Beschaffungsmarktanalyse

Wie wichtig eine rechtzeitige und realistische Konkurrenzanalyse ist, zeigt das starke Vordringen japanischer Anbieter in zahlreichen Branchen innerhalb der letzten zwei Jahrzehnte. Viele ehemalige Branchenführer sind erst aufgewacht, als sie gegen die japanischen Konkurrenten schon keine Chance mehr hatten (siehe Kameras, Unterhaltungselektronik usw.). Die Fähigkeit zu rascher, marktgerechter Umsetzung technologischer Entwicklungen spielte dabei eine wesentliche Rolle. Auch im Bereich der Musikinstrumentenindustrie gehen von neuen technologischen Entwicklungen starke Einflüsse auf die zukünftige Konkurrenzsituation aus. Besonders die Entwicklung der Musikelektronik wird die Wettbewerbssituation auf zahlreichen, bedeutsamen Teilmärkten der Musikinstrumentenbranche nachhaltig beeinflussen. Neben einem in der Branche im wahrsten Sinne klangvollen Namen wird zunehmend die Zugriffsmöglichkeit auf elektronisches Know How Bedeutung gewinnen.

Damit kommt auch der Beschaffungsmarktanalyse für viele Musikinstrumentenhersteller eine ganz neue, beinahe überlebenskritische Bedeutung zu. Ausgehend von den Standards, die Kunden und Konkurrenten zukünftig hinsichtlich der Produkttechnologie setzen werden, kommt es darauf an, einen systematischen und vollständigen Überblick über die Anbieter des hierfür benötigten technologischen Know Hows zu gewinnen. Dieses Know How kann in Form von Lizenzen, Schaltungsentwürfen, einzelnen Baugruppen oder aber auch in Gestalt einschlägiger Spezialisten zur Verfügung stehen. In jedem Fall muß sehr sorgfältig überlegt werden, welches

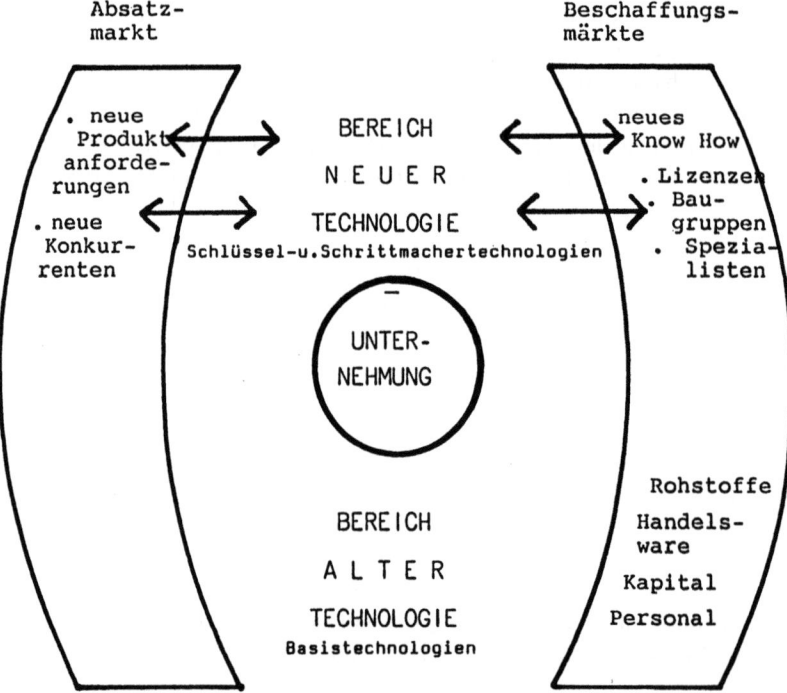

Abb. 2. Die Bedeutung neuer Technologien für die Situation auf den Unternehmungsmärkten.

Maß an technologischer Eigenentwicklung möglich und ökonomisch sinnvoll ist, und wieweit aus Gründen der Risikoteilung oder mangelnder Ausstattung mit Kapital oder Know How eine Kooperation erforderlich erscheint. Bei dem heutigen Niveau und Tempo der elektronischen Entwicklung besteht sonst die Gefahr, daß – im günstigsten Falle – das „Rad noch einmal erfunden" wird; im ungünstigsten Falle kann selbst ein kerngesundes Unternehmen binnen kurzer Zeit in den Ruin geführt werden.

Die angesprochenen Zusammenhänge zwischen neuen Technologien (Schlüssel- und Schrittmachertechnologien) und Absatzmarkt einerseits und neuen Technologien und Beschaffungsmärkten andererseits werden noch einmal in Abb. 2 überblicksartig zusammengefaßt.[7]

2 Ausgewählte Verfahren der Marktanalyse/Marktforschung

Die vorangegangenen Ausführungen haben bereits deutlich werden lassen, welche zahlreichen und gravierenden Schwachpunkte auf dem Feld der Marktanalyse in mittelständischen Unternehmen bestehen. Im folgenden sollen wichtige Ansatzpunkte für konkrete Maßnahmen zur Verbesserung dieser Situation aufgezeigt werden.

2.1 Sekundärforschung

Geht man von den speziellen finanziellen Gegebenheiten mittelständischer Unternehmen aus, so ist hier als erstes die besonders kostengünstige Methode der „Sekundärforschung" zu nennen. Dies bedeutet nämlich, daß zunächst einmal sämtliches Datenmaterial auszuwerten ist, das bereits an irgendeiner Stelle innerhalb oder außerhalb des Unternehmens vorliegt. Derartige Informationen über Märkte sowie volkswirtschaftliche und technologische Rahmenbedingungen können insbesondere aus folgenden Quellen geschöpft werden:

- Veröffentlichungen des Statistischen Bundesamtes, der Statistischen Landesämter, der Industrie- und Handelskammern sowie der Marktforschungsinstitute und Beratungsunternehmen,
- allgemeine wirtschaftsbezogene Publikationsorgane wie „Wirtschaftswoche", „Manager Magazin", „Impulse",
- betriebswirtschaftliche, praxisorientierte Fachzeitschriften wie „Harvard manager", „Marketing Journal", „io Management-Zeitschrift",
- spezielle musikwirtschaftliche Periodika wie „Musikinstrument", „Keyboards" usw.,
- Kataloge, Prospekte, Jahresberichte von Konkurrenzunternehmen und Handelsbetrieben,
- Veröffentlichungen des Bundesverbandes der Deutschen Musikinstrumentenhersteller e. V., des Gesamtverbandes Deutscher Musikfachgeschäfte, des Deutschen Musikrates usw.

---

[7] Zu der Unterscheidung von Basis-, Schlüssel- und Schrittmachertechnologien siehe im einzelnen Busse (1985), S. 178f., 186.

50 Methoden der Strategischen Analyse

Abb. 3 stammt z. B. aus einer Veröffentlichung des Zentrums für Kulturforschung mit dem Titel „Musik, Statistik, Kulturpolitik", Abb. 4 aus der Zeitschrift „Management in Theorie und Praxis" und Abb. 5 aus der Wochenzeitung „Die

Freizeitbeschäftigung ("tue sehr gern")	Alle Jugendlichen 12–21 J.	Geschlecht		Altersgruppen		
		Jungen	Mädchen	12–14 J.	15–17 J.	18–21 J.
Musik hören (M)	95	93	96	91	96	97
Tanzen gehen/Diskotheken (M)	55	45	66	34	64	68
Selbst Musik machen (M)	31	26	36	36	31	27
Mit Freunden zusammen sein	92	92	93	90	92	94
Besuch von Freizeitzentren	37	37	37	36	42	33
Selbst Sport treiben	70	77	62	76	73	62
Fahrrad fahren	64	61	68	84	62	49
Mit Moped, Motorrad, Auto unterwegs sein	55	59	50	32	59	71
Zeitschriften lesen	68	63	72	66	67	69
Tageszeitung lesen	51	58	44	33	53	65
Bücher lesen	69	61	77	72	67	68
Fernsehen	73	76	69	85	74	61
Radio hören (M)	85	83	86	82	86	86
Ins Kino gehen	70	70	70	69	67	74
Fotografieren, Filmen	37	35	39	39	33	38
Mit Tonbändern/Cassetten beschäftigen (M)	63	71	56	64	66	61
Basteln, Handarbeiten	52	43	60	56	47	52
Mehrfachnennungen Ø	10,7	10,5	10,8	10,5	10,8	10,8
MFN für 5 (von 17) stark musikgeprägte Aktivitäten (= M)	3,3	3,2	3,4	3,1	3,4	3,4

Abb. 3. Bevorzugte Freizeitbeschäftigung Jugendlicher (in %).

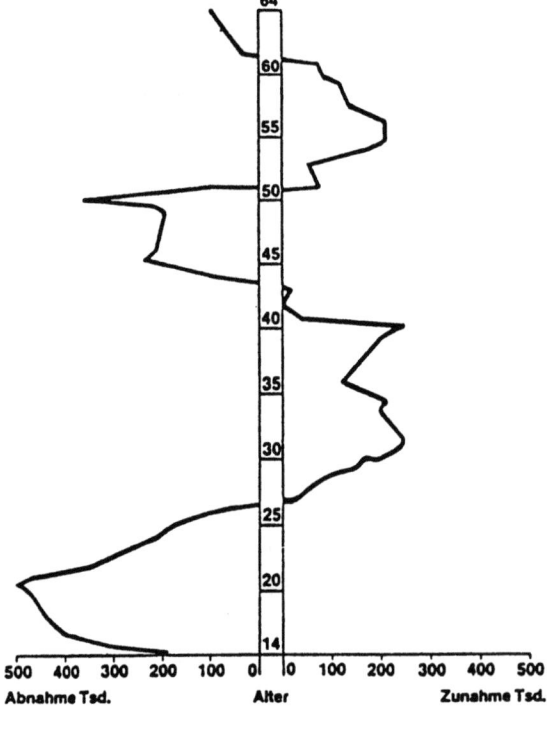

Abb. 4. So entwickelt sich die Altersstruktur in der Bundesrepublik Deutschland von 1985 bis 1995.

Zeit".[8] Gerade das letzte Beispiel verdeutlicht, daß auch Informationen zum Nulltarif helfen können, Millionen zu sparen. Klarer und eindringlicher, als dies in dem Zeit-Artikel geschieht, kann ein Mittelständler nicht vor unüberlegten Investitionen in China gewarnt werden.

Auf dem zweiten Langen Marsch

Die Modernisierung der chinesischen Industrie geht nur schleppend voran / Von Andreas Kohlschütter

Zweitens ist China, das, wird oft vergessen, eine unterentwickelte Großmacht, ein Entwicklungsland par excellence. Mehr und mehr verhindern materielle und personelle Infrastrukturschwächen neue Investitionen westlicher Kapitalgeber, denen im Reform- und Modernisierungskonzept eine zentrale Rolle zugedacht ist. Im Vergleich zum Vorjahr sanken die Auslandsinvestitionen bis Juni 1986 bereits um 20 Prozent. Von den bisher ausgehandelten Joint-ventures und den rund 130 rein ausländischen Unternehmen haben weniger als ein Drittel die Produktion wirklich aufgenommen. Es fehlt an allem: an weltmarktfähigen Industrieprodukten, an Devisen für den Import von Rohmaterial. Es hapert beim Gewinntransfer und bei den Profiten. Es mangelt an Gesetzen, in denen fiskalische Pflichten, Managerrechte und betriebliche Entscheidungsautonomie fixiert werden. Es fehlt an Energie, Kommunikations- und Transportkapazität – für Container-Laster sind im Umfeld des Shanghai-Hafens die Straßen zu schmal, die Brücken zu schwach, die Fabriktore zu eng. Und die menschliche Mängelliste, die der deutsche Generaldirektor der Dieselmaschinenfabrik in Wuhan, Werner Gerich, auch nach längerem persönlichem Einsatz nur teilweise abbauen konnte, muß jeden potentiellen Anleger abschrecken: keine Lehrlingsausbildung, 50 Prozent Ausschuß bei den Motorenblocks, hundertfache Fehlbohrungen an Motorengehäusen und Wassertanks, keine Eingangskontrolle für die katastrophale Zulieferware, keine Prüfstände und Qualitätstests für das Endprodukt, praktisch keine Möglichkeit, fähige Arbeiter einzustellen und unfähige zu entlassen; ständiges Intervenieren und Querschlagen der Partei; krasse Gleichgültigkeit der Belegschaft, wo es um betriebliche Ordnung, Sauberkeit, Materialpflege und Fabrikeigentum geht. Werner Gerichs deprimiertes Fazit: „Das zu ändern dauert Generationen."

immer größere Produktionsmengen vorzei können, um immer höhere Löhne, Prämi Sozialleistungen auszuschütten.» Dabei vern sigten sie Reinvestitionen, und, Reparatur Liste /der Klagen, von:'Experten, der form-Kommissionen in Peking und ist lang.

Fünftens führt erst die Ind tig ins Verwaltungsdickich das erstickend eng um wuchert. Die Provi schiks der Partei sin und intellektuell t Millionen Mitgli zent Universit Ganz- und H hat Xu Chua Sommer 198 teiaktivisten stischen pla beizubringe um, die ne de- und K überwach ren. Das unter da gelingen bleibt, gend" Appa wer un G f

Abb. 5. Zu den Rahmenbedingungen des chinesischen Marktes.

---

[8] Abb. 3 entnommen aus Fohrbeck/Wiesand (1982) S. 203; Abb. 4 entnommen aus Müller-Lenz (1986) S. 19; Abb. 5 entnommen aus Kohlschütter (1986).

2.2 Befragungsaktionen

Können bestimmte Daten durch Sekundärforschung nicht gewonnen werden, so braucht dennoch nicht sofort viel Geld für Primärforschung, d. h. gezielte Erhebung bestimmter Informationen im Markt, ausgegeben zu werden. Es gibt bestimmte Formen der Primärforschung, die – bei Verzicht auf einen unnötigen Perfektionsgrad – bei relativ hohem Nutzen relativ geringe Kosten verursachen. Hierzu zählt z. B. die Eigendurchführung von Befragungsaktionen bei Endabnehmern, Händlern und Experten; Gegenstand derartiger Befragungen können insbesondere zukünftige Entwicklungstendenzen, aber auch Stärken und Schwächen der eigenen Produktpolitik und anderer Marketingmaßnahmen in Relation zur Konkurrenz sein. Gerade Endabnehmer- und Händlerbefragungen können auch Daten liefern, mit denen wenigstens eine schätzungsweise Hochrechnung von Marktgrößen und Marktanteilen erfolgen kann (siehe Praxisbeispiel „Positionierungsanalyse" in einem der folgenden Kapitel), denn selbst nicht ganz exakte Daten sind immer noch besser als keine Daten. Die Erfahrungen des Verfassers zeigen, daß man mit einem Aufwand von wenigen Tausend DM bereits Fragebogenaktionen durchführen kann, die alle wesentlichen Daten einer Marktanalyse beinhalten und das Marketing mittelständischer Unternehmen auf eine völlig neue Grundlage stellen. Gerade unter Kostengesichtspunkten kann es sich auch anbieten, daß mehrere Unternehmen gemeinsam derartige Befragungsaktionen durchführen, und daß man alle Möglichkeiten einer Unterstützung durch den Handel mit einbezieht. I. d. R. werden jedoch alle die vorstehend angesprochenen Möglichkeiten – sowohl der Sekundär- als auch der Primärforschung – von den mitelständischen Unternehmen bei weitem nicht ausgenutzt.

2.3 Testaktionen

Auch an dieser Stelle kann wieder einmal an die Untersuchungsergebnisse von Peters/Waterman angeknüpft werden: Sie fanden u. a. heraus, daß sich die „exzellenten" Unternehmen nicht in endlosen Analysen verlieren und dadurch quasi lähmen lassen, sondern daß sie eine große Bereitschaft an den Tag legen, Fragen an den Markt oder bezüglich der technologischen Machbarkeit durch Tests beantworten zu lassen.[9] Allerdings hat dies nichts zu tun mit einer bestimmten, bei mittelständischen Unternehmen weitverbreiteten und zu beanstandenden Praxis, die darauf hinausläuft, daß Neuproduktentwicklungen immer gleich in der vollen Breite national eingeführt werden, um halt dann, wenn wegen mangelnder Fundierung ein Flop zu verzeichnen ist, einen neuen Versuch zu wagen. Hier ist vielmehr gemeint, daß – als Vorbereitung und Fundierung einer möglichen späteren nationalen Einführung – gezielte Tests mit begrenztem Aufwand und Risiko durchgeführt werden. Dabei kann es sich im einfachsten Fall um Konzeptions- oder Labortests, in anderen Fällen um Storetests oder Testmärkte handeln.[10] Auch hier ist die Situation in der Musikinstrumentenbranche wie in anderen, mittelständisch orientierten Branchen durch erhebliche Verbesserungsmöglichkeiten und -notwendigkeiten gekennzeichnet.

---

[9] Vgl. Peters/Waterman (1986) S. 165 ff.
[10] Siehe hierzu im einzelnen Kotler (1982) S. 335, 343 f., 347 ff.

2.4 Segmentierungsanalysen

Speziell zur Kundenanalyse sei hier als nächstes das Verfahren der Marktsegmentierung erwähnt. Für das Marketing vieler Unternehmen hat es sich, wie bereits erwähnt, als äußerst nutzbringend herausgestellt, nicht die „Kundschaft" als Ganzes, sondern die einzelnen, unterschiedlichen „Kundengruppen" (Marktsegmente) zum Gegenstand der Überlegungen und Maßnahmen zu machen. Auch innerhalb des Musikinstrumentenmarktes zeigt sich z. B. ein unterschiedliches Verhältnis der nach Geschlecht, Alter, Bildung und Gemeindegrößen abgrenzbaren Kundengruppen zu den verschiedenen Arten von Musikinstrumenten – siehe Abb. 6. (Auch Abb. 6 ist wieder ein Beispiel für die Leistungsfähigkeit der Sekundärforschung; sie stammt aus der gleichen Quelle wie Abb. 3.).[11] Das Marketing der Unternehmen kann dann derartige Unterschiede in der Produktverwendung bzw. in den Personenmerkmalen zum Ansatzpunkt für segmentspezifische Marketingmaßnahmen nehmen.

in %	Bevölkerung insg.	Geschlecht		Alter					Bildung		Gemeindegröße			
		m	w	14–20	21–29	30–44	45–59	über 60	Volks-Schule	Höhere Schule	unter 5.000	5.000–u. 20.000	20.000–u. 100.000	100.000 und mehr
Es spielen ein Instrument	26	26	26	36	29	29	28	22	19	41	26	22	28	27
darunter:														
Klavier	8	5	10	7	6	8	7	10	3	18	6	7	8	8
Block-, Altflöte	7	4	10	11	11	9	5	3	4	14	8	5	9	7
Gitarre	7	7	6	17	12	7	1	2	5	10	6	6	8	7
Mundharmonika	5	7	4	4	3	6	7	4	5	6	4	4	6	6
Akkordeon	4	4	3	3	3	6	4	2	3	5	4	4	3	4
Geige und andere Streichinstrumente	2	3	1	1	*	1	2	4	1	3	2	1	1	3
Elektrisches Klavier, Heimorgel	2	2	2	3	2	1	1	1	1	3	2	3	2	1
Trompete, Posaune, Saxophon	1	3	*	1	3	1	2	*	1	2	4	2	1	1
Orgel	1	2	1	3	2	1	1	1	1	2	2	1	1	1
Querflöte, Klarinette	1	*	1	3	1	1	*	*	1	2	1	1	1	1
Schlagzeug, Trommel	1	2	*	3	1	*	*	1	1	1	*	1	1	1
Harfe, Zither	1	1	1	*	1	–	1	1	1	1	1	1	*	*
Synthesizer	*	*	*	–	1	–	–	–	*	*	–	*	*	*
Anderes Instrument	1	1	1	1	1	1	*	1	1	1	1	1	1	1
Mehrfachnennungen	41	41	41	57	47	42	31	30	28	68	41	37	42	41
Spielen kein Instrument	74	74	74	64	71	71	72	78	81	59	74	78	72	73
	100	100	100	100	100	100	100	100	100	100	100	100	100	100

Abb. 6. Segmentierungsbeispiel im Musikinstrumentenmarkt.

2.5 Stärken-/Schwächen-Analysen

Als Beispiel für eine Methode zur Konkurrenzanalyse sei hier abschließend noch die Stärken-/Schwächen-Analyse angesprochen. Für alle Funktionsbereiche eines Unternehmens – also Konstruktions-, Absatz-, Fertigungs-, Beschaffungs- und Führungsbereich – wird sorgfältig untersucht, welche speziellen Stärken und Schwächen

---

[11] Entnommen aus Fohrbeck/Wiesand (1982) S. 201.

jeweils vorhanden sind. Exemplarisch sei dies anhand des Konstruktions- und Absatzbereiches kurz näher verdeutlicht:

An erster Stelle steht hier die Frage nach dem Preis-/Leistungsverhältnis der Produkte, da dies auf Dauer der durchschlagende Wettbewerbsfaktor ist. Alle Produkte der konkurrierenden Anbieter sind also unter diesem Aspekt aus Kundensicht zu bewerten. Dieser Teil einer Konkurrenzanalyse hat besondere Bedeutung, wenn es um die Vorbereitung eigener Produktentwicklungen geht, und er scheint in deutschen Unternehmen eher nachlässig behandelt. Mit den Worten eines deutschen Managers: „Wenn ein japanischer Ingenieur ein neues Telefon entwickeln soll, dann holt er sich die fünf erfolgreichsten Modelle der Konkurrenz und überlegt, wie er deren Vorzüge vereinen und verbessern kann. Ein deutscher Techniker vergräbt sich erst in ein Fachbuch der Integralrechnung und fängt bei Null an."[12]

Neben den Produkten interessiert natürlich auch der Vergleich der Werbung, Distribution usw.. Aufschlußreich ist hier z. B. das Urteil neutraler Instanzen wie Händler oder Verbraucher. Bei diesen stößt man oft auf außerordentlich klare Urteile hinsichtlich der Einschätzung der einzelnen Hersteller. Die dabei angesprochenen Stärken und Schwächen hinsichtlich der Produkt-, Preis-, Werbe- und Distributionspolitik der einzelnen Anbieter erklären oftmals schon in überzeugender Weise die unterschiedliche Markt- und Gewinnsituation dieser Unternehmen.

2.6 Positionierungsanalysen

Positionierungsanalysen dienen der Optimierung der eigenen Wettbewerbsposition und fassen aus diesem Grunde die wichtigsten Elemente und Aspekte der bisher angesprochenen Analysen zusammen. Da sie somit relativ komplex sind, werden sie im nachfolgenden Kapitel dieser Arbeit gesondert behandelt.

3 Praktische Durchführung der Marktanalyse

Zwei Fälle müssen hinsichtlich der praktischen Durchführung einer Marktanalyse unterschieden werden. Der erste Fall ist die quasi routinemäßige Untersuchung des Marktes auf mögliche Änderungen bei Kunden, Konkurrenten oder Rahmenbedingungen, um auf dieser Basis die Entscheidungen für die nächste Planungsperiode treffen zu können. Sie stützt sich im Idealfall auf bereits gesammeltes, umfängliches Marktforschungsmaterial, das jeweils nur noch zu aktualisieren ist. Die Realität im mittelständischen Unternehmen sieht allerdings so aus, daß nennenswerte Basisbestände von Daten über Kunden und Konkurrenten oft entweder überhaupt nicht oder aber in nur unvollständiger, unsystematischer Form vorliegen. Der Grund liegt dann i. d. R. darin, daß ein hierfür Verantwortlicher oder gar eine hauptamtliche Marktforschungsstelle nicht institutionalisiert worden sind.

Der zweite Fall ist die Marktanalyse als gesonderte, umfassende und kritische Bestandsaufnahme. Diese kann entweder geboten erscheinen, weil durch den bisherigen Verzicht auf systematische Marktbeobachtung und -analyse (siehe letzter Ab-

---

[12] Strasser (1985) S. 101.

satz) ein Gefühl der Unsicherheit entstanden ist, oder aber, weil sich bereits gravierende Marktprobleme andeuten. Für diesen Fall empfiehlt sich für das mittelständische Unternehmen z. B. die Einsetzung eines Projektteams, dessen Mitglieder sich nach folgenden Überlegungen bestimmen könnten:[13]

Der Wert der Marktanalyse hängt gerade in der geschilderten Situation entscheidend davon ab, ob ein vollständiges und ungeschminktes Bild der Marktsituation gegeben wird oder nicht. Wie bereits angedeutet, ist der Befragung von neutralen Händlern und Verbrauchern dabei eine wesentliche Rolle zuzumessen; aus ihrer unabhängigen und unvoreingenommenen Position heraus können sie auch Faktoren, die bislang bewußt oder unbewußt ausgeklammert worden sind, in die Analyse mit einbringen. Da die Mitarbeiter des eigenen Vertriebsbereiches den engsten Kontakt zu diesen Personengruppen haben, sollte dem Marktanalyse-Team auf jeden Fall ein Vertriebsmitarbeiter angehören, dem dann auch der Aufbau / die Aktualisierung entsprechender Marktdatenbestände obliegen würde.

Wegen der überragenden Bedeutung der Produktqualität für die Wettbewerbssituation sollte ebenfalls ein Mitarbeiter des Konstruktionsbereiches beteiligt werden. Schließlich findet sich in der Marketing-Literatur immer auch der Hinweis, daß für grundlegende Bestandsaufnahmen im Marketing möglichst auch die Erfahrung, Objektivität und Unabhängigkeit unternehmungsexterner Institutionen wie Unternehmensberater oder Marktforschungsinstitute genutzt werden sollten;[14] von dieser Seite käme also ggf. das dritte Mitglied des Marktanalyse-Teams.

Literatur

Busse, K.-L.: Entscheidungsfindung in kritischen Unternehmensphasen, in: Little, A. D. (Hrsg.), Management im Zeitalter der strategischen Führung, Wiesbaden 1985, S. 163 - 190.
Fohrbeck, K.; Wiesand, A. J.: Musik, Statistik, Kulturpolitik, Köln 1982.
Fridrich, A.: Marketing- und Managementberatungen in mittelständischen Industrieunternehmen, Berlin 1985.
Kohlschütter, A.: Auf dem zweiten Langen Marsch, in: DIE ZEIT (1986) Nr. 37, S. 4.
Kotler, P.: Marketing-Management, 4. Aufl., Stuttgart 1982.
Meffert, H.: Marketing, 7. Aufl., Wiesbaden 1986.
Müller-Lenz, P.: Wer ist 1995 unser Kunde? in: Management in Theorie und Praxis 2 (1986) Nr. 1, S. 19 - 21.
Nieschlag, R.; Dichtl, E.; Hörschgen, H.: Marketing, 14. Aufl., Berlin 1985.
o. V.: Mit Technik und Gefühl, in: Absatzwirtschaft (1984) Nr. 11, S. 109 - 113.
Peters, T. J.; Waterman, R. H.: Auf der Suche nach Spitzenleistungen, Landsberg am Lech 1986.
Statistisches Bundesamt (Hrsg.): Statistisches Jahrbuch 1985, Stuttgart 1986.
Strasser, D.: Abschied von den Wunderknaben, München 1985.

---

13 Siehe z. T. ähnlich Fridrich (1985) S. 177 ff.
14 Vgl. Kotler (1982) S. 682; Nieschlag/Dichtl/Hörschgen (1985) S. 898.

Die Bestimmung der optimalen Wettbewerbsposition

In jedem Jahr kommt es auf dem amerikanischen Automobilmarkt zu einem Ritual, dessen Ausgang alle Beteiligten — Hersteller, Händler und Käufer von Autos — mit einem Gemisch aus banger und freudiger Erwartung entgegensehen.[1] Das Power-Marktforschungsinstitut in Kalifornien befragt einige Zehntausend Neuwagenkäufer des Vorjahres nach den Erfahrungen, die sie mit ihrem neuen Pkw gemacht haben. Die Antworten zu den ca. 2 Dutzend Fragekomplexen werden zu zwei Hauptfaktoren zusammengefaßt: Technische Zuverlässigkeit der Automarken einerseits und Zufriedenheit mit der Kunden-Betreuung andererseits. Die Ergebnisse werden sodann publiziert; im Jahr 1986 ergab sich das in Abb. 1 dargestellte Bild.[2]

Abb. 1. Positionierungsbeispiel Pkw-Markt USA.

---

[1] Vgl. hierzu o. V. (1986) S. 206.
[2] Entnommen aus Luckner (1986).

Man sieht u. a., wie schwierig es selbst für deutsche Spitzenfabrikate auf einem der deutschen „Vorzeige-Märkte" geworden ist, dem „Made in Germany" die Bedeutung unübertrefflicher technischer Zuverlässigkeit zu erhalten. Eine der wesentlichen Aussagen von Abb. 1 liegt also darin, daß diese deutschen Anbieter ihre Wettbewerbsposition vor allem in puncto technische Zuverlässigkeit verbessern müssen, um hier eine Annäherung an die japanischen Konkurrenten zu erzielen. Andere Fabrikate, wie z. B. „Pontiac", müssen erkennen, daß sie aus der Sicht der Kunden sowohl bei der Qualität als auch beim Service eine fatale Position im Markt besetzen.

Derartige — und noch weitergehende — Erkenntnisse kann sich im Prinzip auch jedes deutsche mittelständische Unternehmen in bezug auf seine Märkte verschaffen. Das Verfahren trägt den Namen „Positionierungsanalyse" und wird von Großunternehmen auf unterschiedliche, methodisch oft recht aufwendige Weise angewandt;[3] für die speziellen Erfordernisse und begrenzten Möglichkeiten mittelständischer Unternehmen[4] eignet sich z. B. folgende, vereinfachte Vorgehensweise:

1. Schritt: Eigenschafts-Bewertung

Es ist ein Fragebogen zu entwerfen, in dem eine ausreichend große Zahl repräsentativer Endabnehmer zwei Fragen beantworten soll. Die erste Frage könnte wie folgt lauten (Beispiel Klaviermarkt): „Nachfolgend finden Sie einige wichtige Eigenschaften akustischer (d. h. nicht-elektronischer) Klaviere aufgeführt. Kennzeichnen Sie die Bedeutung, die diese Eigenschaften beim Kauf eines solchen Klavieres für Sie haben, durch die Eintragung von Rangziffern (1 = wichtigste Eigenschaft, 2 = zweitwichtigste Eigenschaft usw.). Bitte ergänzen Sie vorher — falls notwendig — die Liste um weitere wichtige Eigenschaften."

Es folgt nun eine Aufzählung von ca. einem halben bis einem Dutzend Eigenschaften, unter denen hier als Beispiel

- Klangqualität
- Anschlag
- optischer Eindruck
- Preis
-
-

genannt seien.

Von großer Bedeutung ist es, dem Befragten die Möglichkeit einzuräumen, zusätzliche Eigenschaften zu ergänzen; diese gilt insbesondere dann, wenn es sich um neuartige, noch „im Fluß" befindliche Produktgattungen wie elektronische Musikinstrumente (Schlagzeuge, Keyboards usw.) handelt.

---

[3] Zu den Verfahren, die dabei eine Rolle spielen, siehe im einzelnen z. B. Meffert (1986) S. 83 ff.; Nieschlag/Dichtl/Hörschgen (1985) S. 750 ff.; zu einzelnen Anwendungen siehe auch Schobert (1980); Andritzky (1975); Simon (1984); Wittek (1980) S. 112 f.

[4] Siehe hierzu die Ausführungen zur Wirtschaftlichkeit des Methodendesigns, insbesondere auch zur black box-Problematik, im Kapitel „Anforderungen an eine mittelstandsorientierte Betriebswirtschaftslehre".

Sinnbildlich gesprochen erhält man durch die Beantwortung der Frage 1, d. h. nach erfolgter Eigenschafts-Bewertung, die Achsenbezeichnung für visuelle Darstellungen analog Abb. 1; die beiden wichtigsten kaufrelevanten Eigenschaften werden zur Bildung des Achsenkreuzes herangezogen, in das dann gemäß Schritt 2 alle Anbieter einzuordnen sind.

2. Schritt: Anbieter-Bewertung

Die zweite Frage könnte dann also wie folgt lauten: ,,Die gleichen Eigenschaften wie in Frage 1 finden Sie auch in der folgenden Tabelle (die selbst ergänzten Eigenschaften bitte ggf. nachtragen). Tragen Sie bitte mindestens zwei Ihnen bekannte Marken bzw. Hersteller akustischer Klaviere oben in die Spalten ein und kennzeichnen Sie durch Punkte-Bewertung, wie gut Sie das jeweilige Fabrikat hinsichtlich der einzelnen Eigenschaften einschätzen; die Punktezahlen sollen dabei wie folgt vergeben werden: 5 Punkte = sehr gut, 4 = gut, 3 = durchschnittlich, 2 = schwach, 1 = sehr schwach."

Die Tabelle hat also im Prinzip folgenden Aufbau:

	Hier Marken bzw. Hersteller eintragen			
Klangqualität	Punkte	Punkte	Punkte	Punkte
Anschlag	"	"	"	"
optischer Eindruck	"	"	"	"
Preis	"	"	"	"
⋮				

Abb. 2. Tableau zur Anbieterbewertung.

Es erscheint vorteilhafter, oben in die Spalten von Abb. 2 noch keine konkreten Anbieter einzutragen; es ist ja gerade auch interessant, welche Fabrikate der Befragte von sich aus einträgt. Dies läßt Rückschlüsse auf den Bekanntheitsgrad und die Prägnanz des Markenbildes zu; wird z. B. das eigene Fabrikat in geringerem Umfang berücksichtigt als dies dem Marktanteil entspricht, so sollte das zu entsprechenden Überlegungen Anlaß geben.

Auf der Basis der Antworten zu Frage 2, d. h. nach erfolgter Anbieter-Bewertung, ist es nun möglich, alle Marken bzw. Hersteller entsprechend Abb. 1 in das Achsenkreuz einzuordnen.

3. Schritt: Kaufpotential-Bewertung

Es sei einmal unterstellt, daß sich für den Klaviermarkt das in Abb. 3 dargestellte Bild hinsichtlich der Einschätzung der Anbieter A, B, C, D und E (zusammen 100 % Marktanteil) ergeben hätte. Das linke Achsenkreuz (3a) greift auf die beiden Eigenschaften zurück, die – so sei einmal angenommen – bei Frage 1 insgesamt als die beiden wichtigsten eingeordnet worden sind; hier besetzen die Anbieter A, B und C besonders positive Angebotspositionen. Das (mit 3b benannte) rechte Achsenkreuz wird durch die beiden Eigenschaften gebildet, die insgesamt Rang 3 und 4 belegt haben; hier werden die Anbieter D und E besonders positiv, die übrigen Anbieter hingegen weniger positiv gesehen.

Der einzelne Anbieter kann bereits aus diesen Angaben mit beeindruckender Deutlichkeit erkennen, wie er bei den wichtigsten Eigenschaften von der Käuferschaft gesehen wird, wie im Vergleich dazu seine Konkurrenten abschneiden und wieweit dies alles mit dem Bild übereinstimmt, was er selbst bislang von der Angebotssituation hatte. Erst die Ergänzung der Darstellung um die *Nachfrage* situation aber befähigt ihn zu eindeutigen Schlußfolgerungen und neuen Entscheidungen:

Die Nachfragesituation wird in Abb. 3 durch die Kreise bzw. Ellipsen verdeutlicht, wobei erneut an die Antworten auf Frage 1 angeknüpft werden kann. Alle diejenigen, die in der Liste der Eigenschaften die Klangqualität und den Anschlag an die erste und zweite Stelle gesetzt haben, bilden zusammen das in Abb. 3a als Kreis im Bereich der Anbieter A und B dargestellte Kaufpotential. Es wird also davon ausgegangen, daß diese Nachfrager bei diesen beiden Eigenschaften überdurchschnittliche Anforderungen stellen; ihre Zahl bestimmt den Durchmesser des Kreises. Der gestrichelte Kreis links unten im Bereich der Anbieter D und E ist dementsprechend dadurch zustande gekommen, daß ein kleinerer, aber nicht unerheblicher Teil der Befragten diese beiden Eigenschaften auf Rangplätze weit am Ende der Skala gesetzt hat.

Natürlich liegt eine gewisse methodische und meßtechnische Ungenauigkeit darin, hohe Rangplätze als hohe Anforderungen und niedrige Rangplätze als niedrige

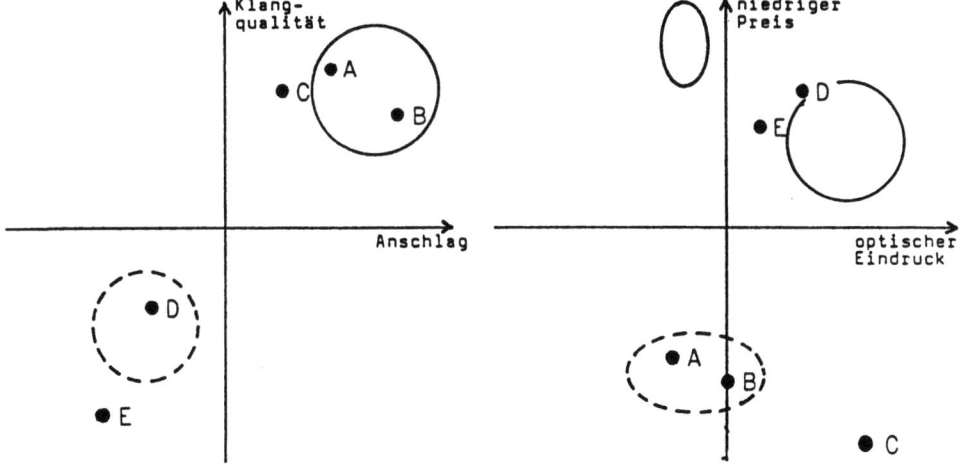

Abb. 3. Beispiel Positionierungsanalyse.

Anforderungen bei den Eigenschaften zu interpretieren. Zusätzlichen Aufschluß über das tatsächlich gewünschte Anforderungsniveau kann dann u. U. eine Analyse der auf Frage 2 gegebenen Antworten liefern, weil dort ebenfalls in gewissem Umfang die Maßstäbe sichtbar werden, die die Befragten anlegen. Eine deutlich höhere Genauigkeit kann man natürlich erreichen, wenn man auf dem Fragebogen in einer dritten Frage direkt nach dem Anforderungsniveau bei den einzelnen Eigenschaften fragt. Dies ist besonders nötig und gleichzeitig besonders gut möglich beim Vorhandensein bipolarer, d. h. in zwei gegensätzlichen Richtungen wünschbarer Eigenschaften. Beispiele hierfür werden in Abb. 4 gegeben; die entsprechende Frage würde dann lauten: „Was ist Ihre Wunschvorstellung hinsichtlich der nachfolgend genannten Eigenschaften? Machen Sie dies bitte durch Ankreuzen kenntlich."

```
GESCHMACK   sehr
            kräftig( )-----( )-----( )-----( )-----( ) sehr
                                                       mild
     z.B. Genußmittel (Bier, Zigaretten, Kaffee)
WIRKUNG     sehr
            groß    ( )-----( )-----( )-----( )-----( ) sehr
                                                        gering

GRÖSSE      über
            x cm    ( )-----( )-----( )-----( )-----( ) unter
                                                        y cm
     z.B. Gebrauchsgüter (HiFi-Geräte,Kameras)
EINSTELLBAR- gering/( )-----( )-----( )-----( )-----( ) groß/
KEIT         ein-                                       kompli-
             fach                                       ziert

   :
```

Abb. 4. Fragen-Beispiel für bipolare Eigenschaften.

4. Schritt: Positions-Bewertung

Als letzter, aber wichtigster Schritt ist nun die eigene, durch die Befragung ermittelte Position im Markt auf Verbesserungsmöglichkeiten hin zu untersuchen. Nehmen wir einmal an, wir befänden uns in der Position des Anbieters E. Abb. 3b läßt erkennen, daß sich E bislang gewissermaßen „zwischen zwei Stühle gesetzt hat". Rechts von ihm befindet sich ein riesiges Kaufpotential von Nachfragern, denen die Anbieter E und D bislang zu wenig an optischer Leistung geboten haben und die daher ihr volles Kaufpotential auch noch nicht entfalten wollten bzw. konnten. Aber auch links oben von E wird ein Käuferpotential sichtbar, das bislang noch nicht ausgeschöpft worden ist. Es gibt nämlich, wie dieses Bild erkennen läßt, offensichtlich eine beträchtliche Zahl von Nachfragern, die lieber auf ein gewisses Maß an optischer Leistung verzichten und dafür einen noch niedrigeren Preis eintauschen würden. E muß sich also entscheiden, ob er zukünftig stärker in mehr optische Leistung oder in mehr Preisgünstigkeit „marschieren" will; fest steht jedenfalls, daß seine derzeitige Position noch nicht unbedingt als die optimal mögliche Wettbewerbsposition angesehen werden kann.

Außer den beiden in Abb. 3 dargestellten Achsenkreuzen müßten natürlich auch noch weitere Eigenschaftskombinationen analysiert werden. Immer wäre vor allem darauf zu achten, ob irgendwo „Marktnischen" sichtbar werden, wo einem relativ großen Käuferpotential noch relativ wenige oder gar keine Anbieter gegenüberstehen. Hier könnten mögliche eigene Gewinnpositionen liegen, die aber nur gefunden werden können, wenn ein gewisser Aufwand für die Suche — also für die in diesem Artikel dargestellte Befragung z. B. — nicht gescheut wird. Auch in der Musikinstrumentenindustrie werden derzeit bereits Schritte in dieser Richtung unternommen.[5]

Literatur

Andritzky, K.: Arbeiten mit Wahrnehmungsmodellen, in: Absatzwirtschaft (1975) Nr. 12, S. 76-79.
Meffert, H.: Marktforschung, Wiesbaden 1986.
Nieschlag, R.; Dichtl, E.; Hörschgen, H.: Marketing, 14. Aufl., Berlin 1985.
Luckner, H.: Honda überholt Mercedes, in: auto, motor, sport (1986) Nr. 18, S. 205.
o. V.: Platzwechsel, in: auto, motor, sport (1986), S. 206.
Schobert, R.: Positionierungsmodelle, in: Diller, H. (Hrsg.), Marketingplanung, München 1980, S. 145 - 161.
Simon, H.: Segmentierung und Positionierung: Sinnvolle Konzepte für mittelständische Unternehmen? in: Albach, H.; Held, T. (Hrsg.), Betriebswirtschaftslehre mittelständischer Unternehmen, Stuttgart 1984, S. 405 - 412.
Wittek, B. F.: Strategische Unternehmensführung bei Diversifikation, Berlin-New York 1980.

---

[5] Siehe hierzu das „Praxisbeispiel II" im übernächsten Kapitel.

2.2 Praxisbeispiele strategischer Analyse im Mittelstand

Praxisbeispiel I: Portfolio-Analyse für ein Unternehmen der Nahrungsmittelindustrie

1 Ausgangssituation

Die Portfolio-Technik ist wohl die bekannteste Methode im Bereich der strategischen Planung. Sie dient insbesondere

● der Beurteilung bereits bearbeiteter Märkte/Segmente, um zu ,,strategischen Orientierungslinien" für die weitere Marktbearbeitung zu kommen;[1]
● der Beurteilung von Gesamtsortimenten unter den Aspekten Zukunftssicherung, Risikoausgleich und finanzielle Ausgewogenheit;[2]
● der Beurteilung von Märkten/Segmenten, deren zukünftige Bearbeitung unter den im vorangegangenen Punkt genannten Aspekten für die Unternehmung interessant sein könnte.[3]

Die zuletzt genannte Zwecksetzung lag einer Untersuchung zugrunde, die der Verfasser 1984/85 im Bereich der Nahrungsmittelindustrie durchführte. Das auftraggebende Unternehmen befand sich in der Gründungsphase (siehe nähere Angaben im Abschnitt 3.2); es war die Entscheidung zu fällen, auf welche Teilmärkte der Milchwirtschaft sich die zukünftigen unternehmerischen Aktivitäten erstrecken sollten. Die Bewertung der im Rahmen der Portfolio-Analyse herangezogenen Kriterien erfolgte im Dialog mit dem Unternehmer, sowohl was die Gewichtungsfaktoren als auch was die Punktwerte anbelangt.

---

[1] Siehe hierzu im einzelnen Link (1986) S. 398 ff., wobei im mittelständischen Unternehmen zwar bestimmte hierarchische Ebenen, nicht aber die dafür angegebenen Aufgaben entfallen können. Zu weiteren Einzelheiten siehe Link (1985) S. 68 ff., 91.
[2] Siehe z. B. Krautter/Link (1978).
[3] Ein Überblick über verschiedene Ausprägungen der Portfolio-Methode findet sich z. B. bei Hahn (1986).

64 Methoden der Strategischen Analyse

2 Grundsätzliche Charakterisierung der Marktsituation

Es handelt sich bei der Milchwirtschaft um keinen homogenen, geschlossenen Gesamtmarkt, sondern um ein Dutzend unterschiedlicher Teilmärkte mit sehr heterogenen Gegebenheiten auf Verbraucher-, Handels- und Herstellerebene. Generell lassen sich zunächst die beiden Gruppen der „markenorientierten" und der „unprofilierten" Teilmärkte unterscheiden:

- Hinsichtlich der ersten Gruppe handelt es sich um „anspruchsvollere" Produkte, für die eine ausgeprägte geschmackliche Differenzierung und Differenzierbarkeit charakteristisch ist. Bei ungebrochenem Wachstum und zunehmend oligopolistischer Angebotsstruktur weisen diese Teilmärkte eine günstige Gewinnsituation auf. Die Großhandelsstufe spielt eine bedeutende Rolle. Charakteristisch sind die Märkte für Joghurt und Pudding.
- Hinsichtlich der zweiten Gruppe handelt es sich um mehr „elementare" Produkte, für die nur eine geringe geschmackliche Differenzierung und Differenzierbarkeit charakteristisch ist. Bei mäßigem Wachstum und polypolistischer Angebotsstruktur weisen diese Teilmärkte eine ungünstigere Gewinnsituation auf. Die Großhandelsstufe spielt keine wesentliche Rolle. Charakteristisch sind die Märkte für Trinkmilch, Butter und Sahne.

Darüber hinaus ist für jene Märkte, die mehr zur ersten Gruppe gehören, charakteristisch, daß sich bestimmte Hersteller weitgehend auf einzelne Märkte spezialisiert haben. Typische „klassische" Beispiele sind „Milkana", „Kraft" und „Champignon" für Käse, „Bärenmarke", „Glücksklee" und „B & B" für Kondensmilch. Diese Spezialisierungsstrategie hat mittlerweile aber auch für andere Teilmärkte an Bedeutung gewonnen; extreme Beispiele im Joghurtmarkt sind „Bauer" und „Zott", daneben – mit Pudding als „zweitem Bein" – „Ehrmann", „Chambourcy" und „Elite". Auch für Dickmilch, Buttermilch und Milchreis hat sich eine gewisse Spezialisierung herausgebildet.

Es kann daraus für neue Anbieter u. a. abgeleitet werden, daß eine Spezialisierungsstrategie innerhalb der Milchwirtschaft nicht einfach als ein „notwendiges Übel" (Kapital- und Imageprobleme), sondern als eine durchaus erfolgversprechende und erprobte Möglichkeit angesehen werden kann.

3 Analyse der Teilmärkte nach strategischen Faktoren

Wenn es um die Entscheidung geht, welcher der genannten und z. T. bereits charakterisierten Teilmärkte die günstigsten Aussichten für einen Einstieg bzw. eine Neugründung bietet, so muß eine gründliche Analyse nach strategischen Aspekten erfolgen. Die beiden Hauptaspekte sind dabei nach dem derzeitigen Stand der Wissenschaft die Branchenattraktivität einerseits und die Geschäftsfeldstärke andererseits. Unter Branchenattraktivität soll dabei die Anziehungskraft verstanden werden, die ein Markt generell auf alle Unternehmen ausübt, die sich mit Diversifikationsabsichten tragen oder über die Aufteilung ihrer Investitionsmittel auf unterschiedliche Teilmärkte zu entscheiden haben. Die Geschäftsfeldstärke kennzeichnet dagegen die Voraussetzungen, die ein ganz bestimmter Anbieter mitbringt, um auf einem Markt auf Dauer erfolgreich tätig sein zu können.

Sowohl die Branchenattraktivität als auch die Geschäftsfeldstärke sollten nach Möglichkeit immer auf analytischem Weg, d. h. unter Rückgriff auf möglichst prägnante und operationale Einflußfaktoren, analysiert und bewertet werden. Die folgenden Abschnitte werden verdeutlichen, wie dies im einzelnen umgesetzt worden ist.

3.1 Die Branchenattraktivität

Hinsichtlich der Branchenattraktiviät erscheinen die folgenden Einflußfaktoren als besonders geeignet für eine analytische Bewertung:

Gewinnsituation

Hierbei wird die Höhe der Deckungsbeiträge in %BU zugrundegelegt, wie sie auf S. 4 der Datensammlung für 1989 geschätzt worden ist. Das Gewicht, mit dem dieser Faktor in die Branchenattraktivität einfließen soll, muß in Anbetracht der normalen unternehmerischen Zielsetzung (siehe hierzu auch die spezielle Zielformulierung auf S. 16 der Datensammlung) erheblich sein; es wurden 35 % zugrundegelegt.

Marktwachstum

In Zeiten allgemein stagnierender oder rückläufiger Marktentwicklung kommt der Frage erhöhte Bedeutung zu, wo noch – zunächst auf mittlere Sicht – jährliche Zuwächse erwartet werden können. Dies beeinflußt dann nicht nur das mögliche Wachstum der eigenen Unternehmung, sondern auch die generelle Möglichkeit, Marktpositionen zu erringen; in stagnierenden Märkten ist dies bekanntlich nur noch unmittelbar zu Lasten der Konkurrenten und deshalb sehr eingeschränkt möglich; von daher erscheint eine Gewichtung mit 20 % angemessen.

Konkurrenzsituation

Hier steht die Möglichkeit der Erringung einer starken Wettbewerbsposition im Blickpunkt; sowohl das Vorhandensein absolut dominierender als auch die Existenz einer großen Zahl aktueller und potentieller Anbieter gelten als nicht günstige Gegebenheiten. Die Gewichtung erfolgt mit 15 %.

Marktgröße

Ein großer Markt repräsentiert eine große Nachfrage und steht für ein hohes Geschäfts- bzw. Beschäftigungsvolumen; die Gewichtung beträgt 10 %.

Innovationspotential

Hier lautet die Frage, ob in einem Markt noch ein ausreichend hoher Gestaltungsspielraum, insbesondere hinsichtlich des Produktes selbst, vorhanden ist; trifft dies nicht zu, erscheint – besonders in Verbindung mit ungünstigen Werten auch bei anderen Faktoren — die Erringung angemessener Marktpositionen besonders problematisch; Gewichtung 10 %.

Markteintrittskosten

Derartige Kosten können vorhanden sein in den Bereichen Marketing (Imagebildung), Forschung (Patente), Produktion (Kapazitäten) usw. und quasi als Eintrittsbarrieren wirken; Gewichtung 5 %.

Politische Rahmenbedingungen

Hier werden Risiken bewertet hinsichtlich möglicher staatlicher Eingriffe bei den Interventionspreisen, auf dem Verpackungssektor usw.; Gewichtung 5 %.

Die konkreten Schätzwerte für die jeweilige Ausprägung dieser Merkmale in den einzelnen Teilmärkten sind in Tabelle 1 dargestellt; dabei konnten Werte von 0 (sehr ungünstige Beurteilung) bis 5 (sehr günstige Beurteilung) vergeben werden. Nach Multiplikation mit den jeweiligen Gewichtungsfaktoren wurde für jeden Teilmarkt ein Summenwert aller gewichteten Punktzahlen errechnet (unterste Zeile).

Bei der Gesamtauswertung fällt zunächst auf, daß der Mittelwert der Branchenattraktivität mit 2,6 fast genau der Mitte der Bewertungsskala von 0 - 5 entspricht. Dies kommt dadurch zustande, daß eine gleich große Anazhl von Märkten eine leicht überdurchschnittliche (um 3,0 Punkte herum) und eine leicht unterdurchschnittliche (um 2,0 Punkte herum) Beurteilung erfahren hat. Sieht man von dem Joghurtmarkt ab, so macht die Gesamtspanne der Bewertungen lediglich 1,8 Punkte aus; die Teilmärkte der Milchwirtschaft weisen also hinsichtlich ihrer Attraktivität zwar deutliche, aber — mit der Ausnahme des Joghurtmarktes — keine besonders markanten Unterschiede auf.

3.2 Die Geschäftsfeldstärke

Hinsichtlich der Geschäftsfeldstärke erscheinen die folgenden Einflußfaktoren als besonders geeignet für eine analytische Bewertung:

Relativer Marktanteil

Hierunter versteht man das Verhältnis aus eigenem Marktanteil zum Marktanteil des größten Konkurrenten. Diese Relation ist geeignet, die eigene Wettbewerbsfähigkeit in vielerlei Hinsicht zu verdeutlichen:

Produktionsbereich

Hier gilt für viele Branchen der Erfahrungskurveneffekt, d. h. eine Senkung(smöglichkeit) der mit der Wertschöpfung verbundenen Stückkosten um 20 - 30 % bei jeder Verdoppelung der kumulierten Produktionsmenge. Grundlage dieses Effektes sind insbesondere die Größendegression der Stückkosten (Möglichkeit des Überganges auf andere Verfahren/Betriebsmittel ab gewissen Stückzahlen) sowie Lerneffekte

Praxisbeispiel I: Portfolio-Analyse 67

Tabelle 1. Ausprägung Branchenattraktivität

	Joghurt	Frisch-käse	Pudding	Dick-milch	Trink-milch	Butter	Käse	Sahne	Milch-pulver	Kondens-milch	Butter-milch	Milch-reis
Gewinn-situation (1989) 35 %	25 % 4 1,4	12 % 2 0,7	22 % 3 1,05	21 % 3 1,05	8 % 1 0,35	2 % 0 0	14 % 2 0,7	9 % 1 0,35	15 % 2 0,7	31 % 5 1,75	25 % 4 1,4	25 % 4 1,4
Markt-wachstum 20 %	5 % 5 1	4 % 4 0,8	5 % 5 1	−2 % 0 0	2 % 2 0,4	1 % 1 0,2	3 % 3 0,6	3 % 3 0,6	−3 % 0 0	−1 % 0 0	3 % 3 0,6	2 % 2 0,4
Konkurrenz-situation 15 %	4 0,6	4 0,6	2 0,3	4 0,6	3 0,45	3 0,45	3 0,45	3 0,45	3 0,45	2 0,3	2 0,3	2 0,3
Markt-größe (1984) 10 %	1740 2 0,2	990 1 0,1	450 0 0	200 0 0	3900 4 0,4	3900 4 0,4	5600 5 0,5	1600 1 0,1	1400 1 0,1	1150 1 0,1	56 0 0	116 0 0
Innovations-potential 10 %	5 0,5	5 0,5	5 0,5	2,5 0,25	2,5 0,25	2,5 0,25	5 0,5	0 0	0 0	0 0	2,5 0,25	5 0,5
Markt-eintritts-kosten 5 %	5 0,25	5 0,25	0 0	2,5 0,13	5 0,25	5 0,25	5 0,25	5 0,25	2,5 0,13	2,5 0,13	0 0	0 0
politische Rahmenbe-dingungen 5 %	4 0,2	5 0,25	4 0,2	4 0,2	5 0,25	3 0,15	5 0,25	3 0,15	3 0,15	4 0,2	3 0,15	4 0,2
Summe:	4,2	3,2	3,1	2,2	2,4	1,7	3,3	1,9	1,5	2,5	2,7	2,8

und Rationalisierungsbemühungen. Auch für die Milchwirtschaft muß (gemäß S. 9b der Datensammlung) vom grundsätzlichen Vorhandensein derartiger Phänomene ausgegangen werden. In vielen Fällen wird das Verhältnis der erreichten kumulierten Produktionsmengen näherungsweise durch das Verhältnis der Marktanteile, d. h. durch den relativen Marktanteil, wiedergegeben. Ein relativer Marktanteil von 2,0 signalisiert in den entsprechenden Branchen daher das (mögliche) Vorhandensein von um 20 - 30 % niedrigeren Kosten. Bei voller Gültigkeit des Erfahrungskurveneffektes in der Milchwirtschaft würden dann relative Marktanteile von 4, wie sie z. B. Bauer und andere Marktführer auf den einzelnen Teilmärkten gegenüber kleinen bzw. gegenüber neugegründeten Anbietern erreichen, einen Kostenvorteil von bis zu 50 % bedeuten. Welche Bedeutung der Erfahrungskurveneffekt in der Milchwirtschaft wirklich hat, dürfte in Anbetracht des relativ hohen Mechanisierungsgrades in der Milchwirtschaft weniger von Lerneffekten als vielmehr von der Relevanz der Größendegression der Stückkosten abhängen. Es wäre daher zu untersuchen, wieweit bei größeren Produktionsmengen jeweils ein Übergang zu kostengünstigeren Anlagen möglich ist.

Marketingbereich

Nach aller Erfahrung erhöhen sich mit wachsendem Marktanteil auch bestimmte Kostenarten im Marketingbereich nur unterproportional. Dies gilt beispielsweise für die Werbe-, Verkaufsförderungs- und Marktforschungsetats, aber auch für die Außendienstkosten. Wenn der Umsatz eines Joghurtanbieters sich im Zeitablauf verfünffacht, wird deswegen nicht notwendigerweise auch der Werbeetat oder die Zahl der Außendienstmitarbeiter auf das Fünffache ansteigen. Auch hier signalisiert also ein relativer Marktanteil von 2 und mehr (bzw. von 0,5 und weniger) einen entsprechenden Kostenvorteil (bzw. Kostennachteil).

Beschaffungsbereich

Große Anbieter können aufgrund ihres Produktions- und daraus resultierenden Beschaffungsvolumens i. d. R. wesentlich günstigere Einkaufskonditionen erzielen als kleine Anbieter.

Verwaltungsbereich

Schließlich läßt ein hoher relativer Marktanteil auch eine günstigere Relation bei den Verwaltungskosten erwarten. Das Rechnungswesen, Personalwesen und andere Bereiche der Verwaltung vergrößern sich mit ansteigendem Marktanteil — wenn überhaupt — nur unterproportional.

Dies alles ließ es gerechtfertigt erscheinen, das Kriterium des relativen Marktanteils mit einem Gewicht von 35 % in die Bewertung der Geschäftsfeldstärke einfließen zu lassen. Dabei wurden Werte für den relativen Marktanteil in den einzelnen Teilmärkten zugrundegelegt, wie sie mittelfristig erreichbar scheinen.

Produkt-Know How/Innovationsfähigkeit

Die Geschäftsfeldstärke hängt in erheblichem Umfang davon ab, wieweit gründliche Kenntnisse und jahre-bzw. jahrzehntelange Erfahrungen hinsichtlich einer bestimmten „Produkttechnologie" vorliegen. Dies erst schafft dann auch eine ausreichende Basis für mögliche eigene Produktinnovationen in diesem Bereich. Ohne einen gewissen Innovationsgrad wiederum sind größere Markterfolge relativ schwer erreichbar; „me too"-Produkte müssen häufig über den Preis verkauft werden, was wiederum Image- und Rentabilitätsprobleme nach sich ziehen kann. Die Gewichtung erfolgte daher mit 17,5 %.

Produktions-Know How

Etwas von Aufbau, Eigenschaften und Verwendung eines Produktes zu verstehen, heißt nicht in allen Fällen, es auch auf technisch und wirtschaftlich optimale Weise produzieren zu können. Die vorhandenen Kenntnisse und Erfahrungen hinsichtlich der einzusetzenden Produktionsmethoden wurden daher mit einem Gewicht von 12,5 % berücksichtigt.

Marketing-Know How

Die verwertbaren Kenntnisse und Erfahrungen hinsichtlich des zweckmäßigen Einsatz des Marketing-Mix auf den einzelnen Teilmärkten wurden mit 10 % gewichtet.

Distributionsbeziehungen

Hierbei geht es um das Vorhandensein ausreichend guter Beziehungen zu den wesentlichen Abnehmergruppen auf den einzelnen Teilmärkten, d. h. Großhandels- und Einzelhandelsunternehmen; Gewichtung 10 %.

Einkaufsbeziehungen

Gerade in der Milchwirtschaft sind auch die Beziehungen zu den Lieferanten des Hauptrohstoffs von Bedeutung; daneben können für einzelne Teilmärkte zusätzliche Produktkomponenten von Bedeutung sein; Gewicht 7,5 %.

Firmenimage

Ein bestimmter Firmenname verfügt über eine unterschiedliche Ausstrahlungskraft auf den einzelnen Teilmärkten. Als Gewichtungsfaktor erschien 7,5 % angemessen.

Auch bei diesen vorgenannten Merkmalen konnte jeweils wieder eine Punktzahl zwischen 0 und 5 vergeben werden; die konkreten Werte sind in Tabelle 2 aufgeführt.

Bei der Gesamtauswertung fällt hier – im Vergleich zur Branchenattraktivität – sowohl der deutlich höhere Mittelwert von 3,3 für die Geschäftsfeldstärke als auch die erheblich größere Spannweite der Werte auf. Der hohe Mittelwert besagt, daß generell für die Märkte der Milchwirtschaft recht gute Voraussetzungen für eine erfolgreiche unternehmerische Tätigkeit vorliegen. Daß dem weitgehend eine Selbsteinschätzung (Eigenbewertung) zugrundeliegt, schränkt diese Aussagen insofern nur geringfügig ein, als ja das Risiko bzw. die Folgen einer Fehleinschätzung auch selbst zu tragen wäre (Personalunion von Wertungsrecht und Wertungsfolgen), so daß hier ein automatisches Korrektiv gegeben ist. Hierzu kommt die fast 2 Jahrzehnte umfas-

Tabelle 2. Ausprägung Geschäftsfeldstärke

	Joghurt	Frischkäse	Pudding	Dickmilch	Trinkmilch	Butter	Käse	Sahne	Milchpulver	Kondensmilch	Buttermilch	Milchreis
relativer Marktanteil 35%	0,25 4%=10,9 3 1,05	0,25 4%=3,0 3 1,05	0,4 10%=6,4 4 1,4	0,4 10%=2,1 4 1,4	0,16 1%=2,5 2 0,7	0,25 1%=0,6 3 1,05	0,06 0,5%=2,6 1 0,35	0,16 0,5%=0,7 2 0,7	0,3 0,62%=3,6 3 1,05	0,16 5%=11,4 2 0,7	0,05 5%=0,45 1 0,35	0,125 5%=0,85 2 0,7
Produkt-Know How/Innov.-Fähigkeit 17,5%	5 0,88	5 0,88	2,5 0,44	5 0,88	5 0,88	5 0,88	0 0	5 0,88	2,5 0,44	0 0	5 0,88	2,5 0,44
Produktions-Know How 12,5%	5 0,63	2,5 0,31	2,5 0,31	5 0,63	5 0,63	5 0,63	0 0	5 0,63	0 0	0 0	5 0,63	2,5 0,31
Marketing-Know How 10%	5 0,5	5 0,5	5 0,5	5 0,5	5 0,5	5 0,5	2,5 0,25	5 0,5	5 0,5	2,5 0,25	5 0,5	5 0,5
Distributionsbeziehungen 10%	5 0,5	5 0,5	5 0,5	5 0,5	5 0,5	5 0,5	5 0,5	5 0,5	0 0	0 0	2,5 0,25	5 0,5
Einkaufsbeziehungen 7,5%	5 0,38	5 0,38	2,5 0,19	5 0,38	5 0,38	5 0,38	5 0,38	5 0,38	5 0,38	2,5 0,19	5 0,38	2,5 0,19
Firmenimage 7,5%	5 0,38	2,5 0,19	0 0	5 0,38	5 0,38	5 0,38	2,5 0,19	5 0,38	0 0	0 0	5 0,38	2,5 0,19
Summe:	4,3	3,8	3,3	4,7	4,0	4,3	1,7	4,0	2,4	1,1	3,4	2,8

sende, vorliegende Erfahrung im Bereich der Milchwirtschaft, die ebenfalls als ein gewisses Korrektiv gegen eine zu positive Einschätzung zu wirken geeignet ist.

Besonders interessant ist die große Spannbreite innerhalb der Wertungen für die Geschäftsfeldstärke aufden einzelnen Teilmärkten. Sie beträgt 3,6 Punkte; selbst wenn man, wie bei der Branchenattraktivität, den am weitesten herausfallenden Extremwert wegläßt, so würde sich immer noch ein Wert von 3,0 für die Geschäftsfeldstärke (gegenüber 1,8 Punkten bei der Branchenattraktivität) ergeben. Dies zeigt, daß die Geschäftsfeldstärke in sehr viel höherem Umfang eine Differenzierung in der Beurteilung der Teilmärkte herbeiführt als die Branchenattraktivität.

4 Gesamtbewertung der Teilmärkte

In Abbildung 1 sind die Urteile hinsichtlich der Branchenattraktivität und der Geschäftsfeldstärke zusammengefaßt. Zusätzlich wird durch den Durchmesser der Kreise die geschätzte Höhe des erreichbaren Deckungsbeitrages 1989 zum Ausdruck gebracht.

Die entscheidende Aussage dieser Abbildung liegt in der klaren Ausbildung dreier Zonen strategischer Vorteilhaftigkeit:

Zone I

(Uneingeschränkte Vorteilhaftigkeit)

Märkte, die in diese Zone fallen, weisen sowohl von der Branchenattraktivität als auch von der Geschäftsfeldstärke her günstige bis sehr günstige Voraussetzungen auf; im Falle der Milchwirtschaft trifft dies lediglich auf den Joghurtmarkt zu, dies allerdings in überzeugender Weise.

Zone II

(Eingeschränkte Vorteilhaftigkeit)

Die Märkte dieser Zone können nur nach einer vertieften Einzelbeurteilung endgültig als vorteilhaft oder nicht vorteilhaft klassifiziert werden. Märkte, die wie „Pudding" oder „Frischkäse", in beiden Dimensionen eine überdurchschnittliche Ausprägung (mehr als 3 Punkte) aufweisen, können zweifellos noch als relativ vorteilhaft angesehen werden. Märkte, die wie „Sahne" oder „Butter" in der Dimension Geschäftsfeldstärke als günstig (4 Punkte und mehr), bei der Branchenattraktivität jedoch als unterdurchschnittlich (2 Punkte und weniger) eingestuft werden, sind mit großer Vorsicht zu behandeln. Sie dennoch zu bearbeiten, könnte sich dann empfehlen, wenn z. B. Sortimentsaspekte oder Verbundaspekte in der Fertigung eine Rolle spielen. Jene Märkte, die umgekehrt eine günstige Branchenattraktivität, aber unterdurchschnittliche Geschäftsfeldstärke aufweisen, sind daraufhin zu prüfen, ob die Geschäftsfeldstärke nicht durch entsprechende Maßnahmen (z. B. Akquisition) auf ein entsprechendes Niveau angehoben werden kann.

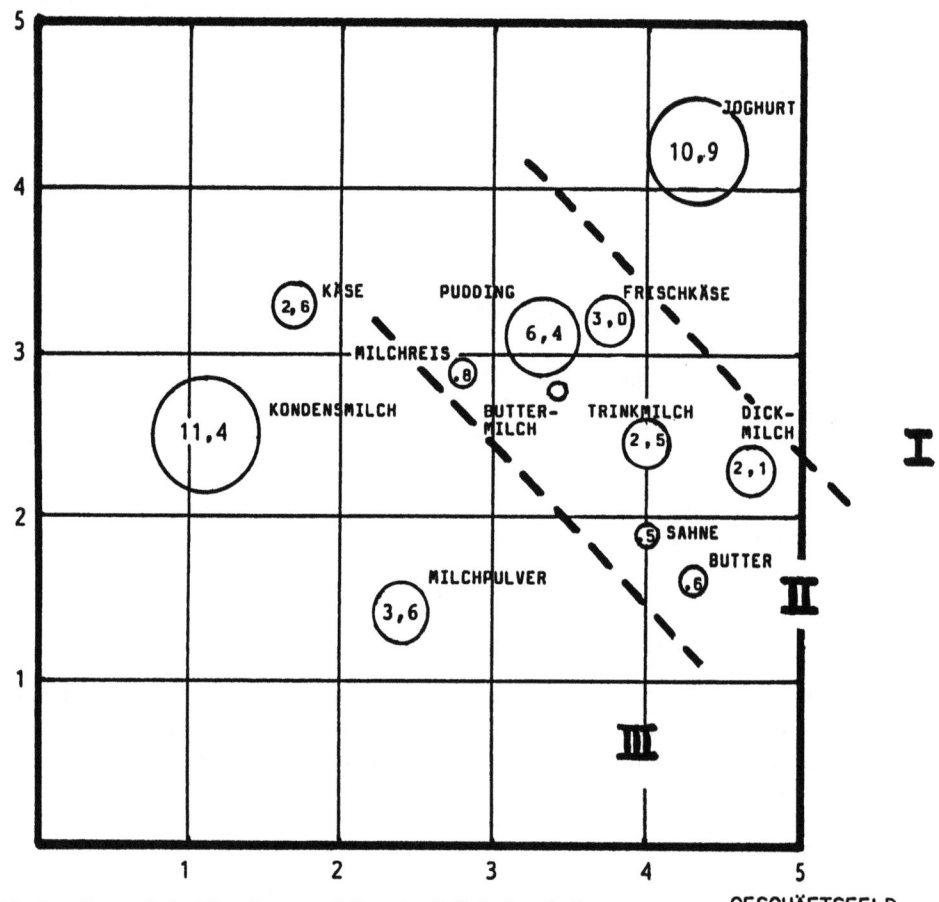

Abb. 1. Strategische Einschätzung Teilmärkte Milchwirtschaft.

Erläuterungen:
● Einzelkomponenten Branchenattraktivität und Geschäftsfeldstärke mit jeweiligen Werten siehe S. 65 ff.
● 5 Punkte = sehr günstige Beurteilung
0 Punkte = sehr ungünstige Beurteilung
● Durchmesser der Kreise = Deckungsbeitrag 1989 auf der Basis der für 1989 angenommenen teilmarktspezifischen Gewinnsituation, Marktgröße und eigenen Marktanteils-Zielsetzung

Zone III

(Nicht ersichtliche Vorteilhaftigkeit)

Für diese Märkte ist eine bestenfalls durchschnittliche Ausprägung in jeder der beiden Dimensionen oder aber eine günstige Ausprägung in der einen, eine ungünstige Ausprägung in der anderen Dimension charakteristisch. Es ist daher prinzipiell nicht ersichtlich, worin der Vorteil eines derartigen Engagements liegen soll, sieht man wiederum von Sortiments- oder anderen Verbundeffekten ab. Von daher kommen die Teilmärkte „Milchpulver" und „Kondensmilch" nicht in Betracht; „Käse" käme nur im Falle einer Akquisition, Kooperation o. ä. in Betracht.

Literatur

Hahn, D.: Zweck und Standort des Portfolio-Konzeptes in der strategischen Unternehmungsplanung, in: Hahn, D.; Taylor, B. (Hrsg.): Strategische Unternehmungsplanung, 4. Aufl., Heidelberg-Wien 1986, S. 128 - 148.
Krautter, J.; Link; J.: Marktorientierte Sortimentsplanung, in: Moll, H.H.; Warnecke, H.J. (Hrsg.): RKW-Handbuch Forschung, Entwicklung, Konstruktion (F+E), Berlin 1976, Ergänzungslieferung Juli 1978, Kennziffer 4210, S. 1 - 19.
Link, J.: Organisation der Strategischen Planung, Heidelberg-Wien 1985.
Link, J.: Strategische Planung – zentral oder dezentral? in: io Management-Zeitschrift 55 (1986), S. 397 - 400.

Praxisbeispiel II: Positionierungs-Analyse für ein Unternehmen der Musikinstrumentenindustrie

1 Problemstellung

Die Firma Johs. Link KG in 592 Bad Berleburg-Aue fertigt seit mehr als hundert Jahren Schlaginstrumente. Die Zahl der Beschäftigten liegt bei etwa 200, der Umsatz bei 30 MDM. 40 % des Umsatzes werden exportiert; auf dem deutschen Markt für Schlaginstrumente ist die Firma Marktführer. Ihre Instrumente werden national und international unter dem Markenzeichen SONOR vertrieben.

Die Produktgruppe der Schlaginstrumente umfaßt im wesentlichen zwei große Untergruppen: Zum einen Fellinstrumente wie Trommeln, Pauken usw.; hierbei haben in den letzten Jahrzehnten vor allem die sogenannten Drum-Sets, d. h. Kombinationen verschiedenartiger, aufeinander abgestimmter Trommeln und Becken, die zusammen von einem Schlagzeuger bedient werden, zentrale Bedeutung erlangt. Derartige Schlagzeug-Kombinationen spielen in der Tanz-, Jazz- und Pop-Musik eine bedeutende Rolle und fallen auch optisch beim Auftreten solcher Musikgruppen sofort ins Auge. Die zweite Untergruppe der Schlaginstrumente bilden die Stabspiele wie Glockenspiele, Metallo- und Xylophone usw.; sie sollen im folgenden außer Betracht bleiben.

Im Schlagzeug-Bereich hat sich nun im Laufe der letzten Jahre eine Entwicklung vollzogen, die die Aufmerksamkeit aller Anbieter von Drum-Sets in Anspruch genommen hat. Wie bereits bei Gitarren und Tasteninstrumenten, so hat auch hier die Elektronisierung Einzug gehalten. Die Klangeffekte werden bei einem elektronischen Drum-Set nicht mehr durch die Schwingungen des Systems Fell-Trommelkessel-eingeschlossene Luftsäule originär erzeugt, sondern in digitalisierter Form aus elektronischen Speichern quasi „abgerufen". Allerdings ist eine Voraussage darüber, welche Bedeutung die elektronischen gegenüber den konventionellen („akustischen") Schlagzeugen in der Zukunft erlangen werden, außerordentlich schwierig.

Aus der Sicht des Verfassers stellte sich in dieser Situation die Aufgabe, eine grundlegende Marktanalyse im Bereich der akustischen und elektronischen Schlagzeuge vorzunehmen, um auf dieser Basis Entscheidungen über die künftige Produkt- und Sortimentspolitik treffen zu können. Insbesondere die Chancen und Risiken durch die beginnende Elektronisierung, aber auch die Stärken und Schwächen aller am Markt befindlichen akustischen und elektronischen Fabrikate sowie die Präferenzen und Einschätzungen von Verbrauchern und Händlern sollten erhoben werden. Letztlich sollten Aussagen darüber möglich werden, welche Angebotspositionen in den Bereichen akustische und elektronische Schlagzeuge für das Unternehmen von besonderem langfristigem Interesse sein könnten.

2 Der Untersuchungsansatz

Es wurde entschieden, die Erhebung bei folgenden drei Personengruppen durchzuführen:

- größere Schlagzeug-Händler
- Endverbraucher im Bereich akustische Schlagzeuge
- Endverbraucher im Bereich elektronische Schlagzeuge

Für jede dieser drei Personengruppen wurde ein eigener Fragebogen entworfen, der inhaltlich auf das spezifische Informationspotential und stilistisch auf das Persönlichkeitsprofil der jeweiligen Personengruppe abgestellt war (siehe Anhang). Aus Gründen der Fragebogenakzeptanz sollte der Fragenumfang 1 DIN A4-Seite nicht überschreiten; wie die Erhebungsteilnehmer konkret angesprochen und motiviert werden sollten, ging aus dem an die Händler gerichteten Anschreiben hervor.

Auf dieser Basis gelang es, die Anforderungen, die man sich hinsichtlich der Zahl der aktiv an der Erhebung teilnehmenden Händler und Schlagzeuger gestellt hatte, gut zu erfüllen.

Von den 52 angeschriebenen Händlern schickten 39 (= 75 %) die ausgefüllten Fragebögen rechtzeitig zurück. Im Bereich der akustischen Schlagzeuge konnten 265, im Bereich der elektronischen Drum-Sets 134 Schlagzeuger für eine Teilnahme gewonnen werden. Zieht man davon die fehlerhaft ausgefüllten Fragebögen ab, so verbleiben im akustischen Bereich 227, im elektronischen Bereich 120 „valid cases".

Die inhaltliche Auswertung und Interpretation der Schlagzeuger-Fragebögen orientierte sich weitgehend an dem in Abschnitt 2.1 dieses Buches dargestellten Verfahren der Positionierungsanalyse. Das gesamte Marktforschungsmaterial wurde mittels des statistischen Programmpaketes SPSS verarbeitet und z. T. aufbereitet (siehe einen Teil der folgenden Darstellungen).

3 Ausgewählte Ergebnisse akustische Schlagzeuge

3.1 Marktanteils-Analyse

Wer aus dem Bereich der Massenverbrauchsgüter gewohnt ist, über Haushalts- und Handelspaneldaten alle gewünschten Informationen jederzeit und lückenlos erhalten zu können, kann sich meistens schwer vorstellen, daß für mittelständische Unternehmen bereits die einigermaßen zuverlässige Abschätzung der Marktanteile i. d. R. ein Problem darstellt. Im vorliegenden Falle wurde zunächst einmal der mengenmäßige SONOR-Marktanteil direkt – in Frage 2 des Händler-Fragebogens – abgefragt und mit durchschnittlich 35 % ermittelt. Der wertmäßige Marktanteil dürfte aufgrund der preislichen Positionierung des Unternehmens etwa bei 50 % liegen.

76 Methoden der Strategischen Analyse

Schwieriger gestaltete sich die Ermittlung der Konkurrenz-Marktanteile. Eine direkte Abfrage bei den Händlern hätte diese in gewisse Loyalitätsprobleme gegenüber den anderen Anbietern gestürzt, so daß nur eine indirekte Abschätzung übrig blieb. Als Anhaltspunkt bot sich hier die Zahl der Nennungen für die einzelnen Fabrikate an, wie sie sich bei Frage 3 des Händler-Fragebogens und bei Frage 2 des Schlagzeuger-Fragebogens ergeben hatte. Die Vermutung lag z. B. nahe, daß die Nennungen bzw. Bewertungen von Marken durch die Schlagzeuger in etwa den Bestand dieser Fabrikate im Markt wiedergeben würden bzw. mußten, denn jeder Schlagzeuger konnte im Prinzip nur über etwas berichten, das ihm direkt oder über Bekannte zugänglich gewesen war. Demgegenüber war zu erwarten, daß die Händler-Nennungen eher den aktuellen Stand der Marken-Verkäufe widerspiegeln würden.

Gewichtet man die Zahl der Nennungen noch mit der Reihenfolge, in der die Marken von Händlern und Schlagzeugern aufgeführt worden waren, so ergibt sich das in Abb. 1 dargestellte Bild der Marktanteils-Verteilung.[1]

	HÄNDLER	SCHLAGZEUGER
SONOR	35% direkt ermittelt	35%
Marke II	23%	18%
Marke III	17%	22%
Marke IV	14%	12%
Marke V	5%	4%

Abb. 1. Zur Marktanteils-Situation.

Besonders wichtig erscheint die Tatsache, daß die Marktanteils-Berechnung über die Schlagzeuger-Nennungen bei der Marke SONOR zu dem gleichen Wert führt, wie er zuvor direkt — und damit „hart" — ermittelt worden war. Auch die tendenzielle Übereinstimmung der Werte bei den übrigen Marken spricht für die Berechnungsmethode, bei der es ohnehin weniger auf große Genauigkeit als auf Größenordnungen und Tendenzen ankommt. Interessant ist u. a., daß die Marken II und III ihre Marktanteilspositionen, die sie im (älteren) Schlagzeugbestand hatten, bei den (neueren) Schlagzeugverkäufen vertauscht haben, d. h. daß sich Marke II klar „im Aufwind" befindet.

3.2 Preisklassen-Analyse

Akustische Schlagzeuge werden in einem außerordentlich breiten Preisspektrum angeboten — von 500 DM bis 7.000 DM für ein 5-teiliges Drum-Set. Es muß daher genau verfolgt werden,

---

[1] Bei der Gewichtung spielen subjektive Momente eine gewisse Rolle, so daß Übereinstimmungen zwischen Händler- und Schlagzeugerwerten bis auf den einzelnen Prozentpunkt nicht überbewertet werden dürfen.

a) wie groß die einzelnen Preissegmente im Markt zu einem bestimmten Zeitpunkt sind,
b) welche Preissegmente besonders hohe Steigerungsraten in der Zukunft erwarten lassen.

Zur Beantwortung der Frage a. dienten die Ergebnisse des Schlagzeuger-Fragebogens, Frage 1. Abb. 2 zeigt auf, wieviele Befragte jeweils die Preisgünstigkeit innerhalb aller Kaufkriterien auf Platz 1, 2, 3 usw. gesetzt haben. Es wird deutlich, daß hinsichtlich der Preissensitivität eine außerordentliche Streubreite existiert; die Häufigkeitsverteilung gibt gleichzeitig einen gewissen Aufschluß darüber, wie groß die Preissegmente relativ zueinander angenommen werden können. Unter Vorgriff auf weitere Befragungsergebnisse kann an dieser Stelle bereits konstatiert werden, daß

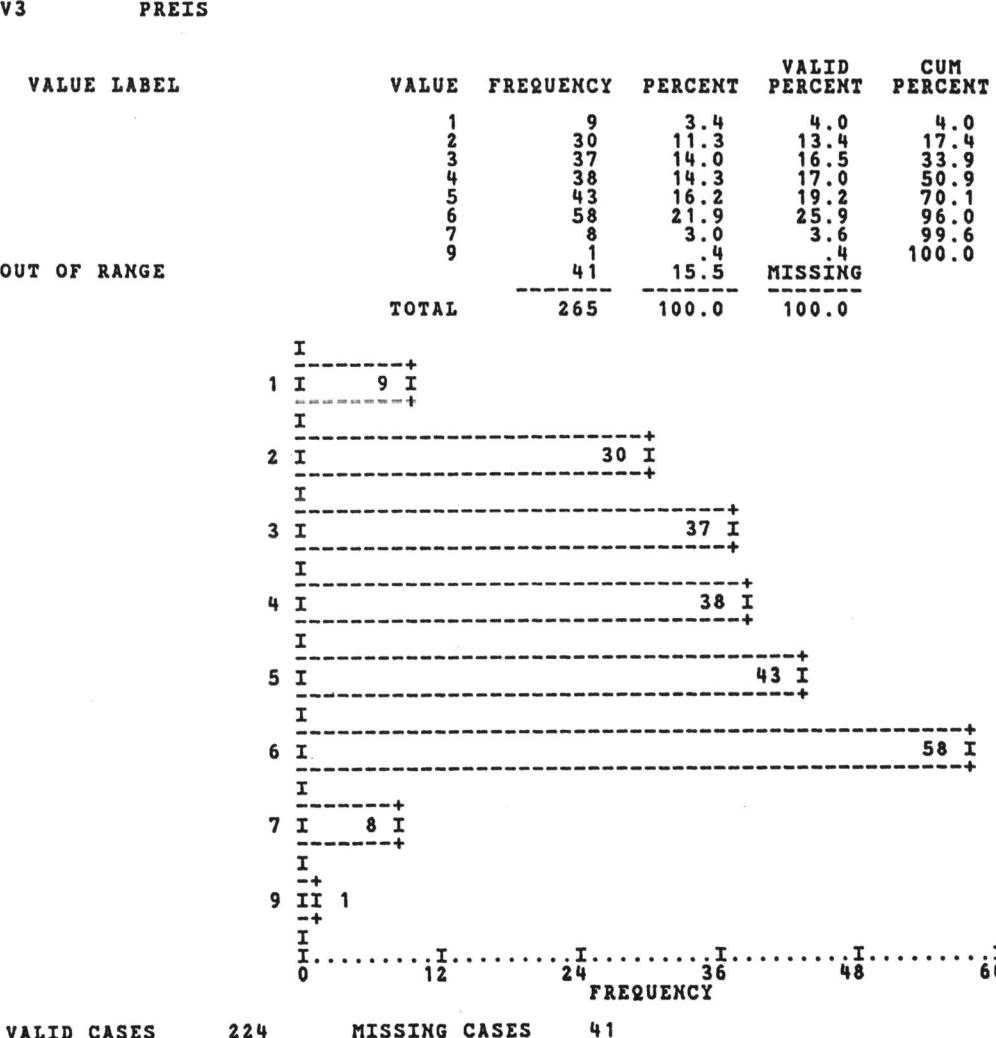

Abb. 2. Bedeutung Preisgünstigkeit als Kaufkriterium.

78 Methoden der Strategischen Analyse

der Markt insgesamt mehr qualitäts- als preisbewußt eingestuft werden kann, und daß ein recht hohes Nachfragepotential in den oberen Preis-/Leistungssegmenten vorhanden ist.

Zur Beantwortung der Frage b. konnten unmittelbar die Antworten auf Frage 4 des Händler-Fragebogens herangezogen werden. Abb. 3 läßt erkennen, daß eindeutige Tendenzen angenommen werden können, auf die sich das Unternehmen durch eine entsprechende Sortimentspolitik rechtzeitig einstellen kann.

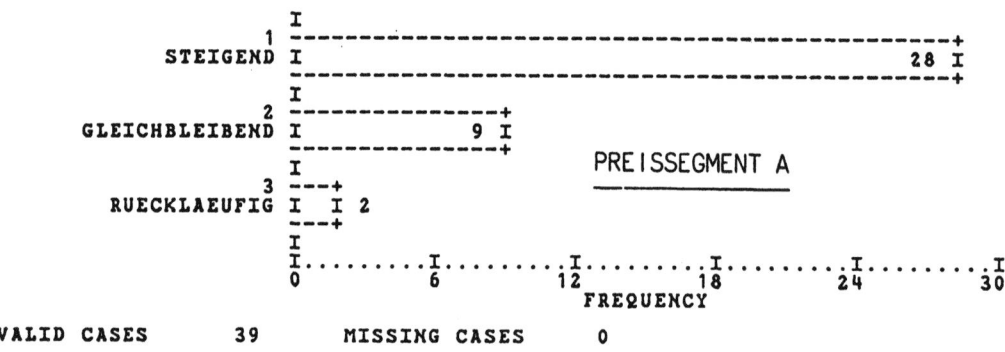

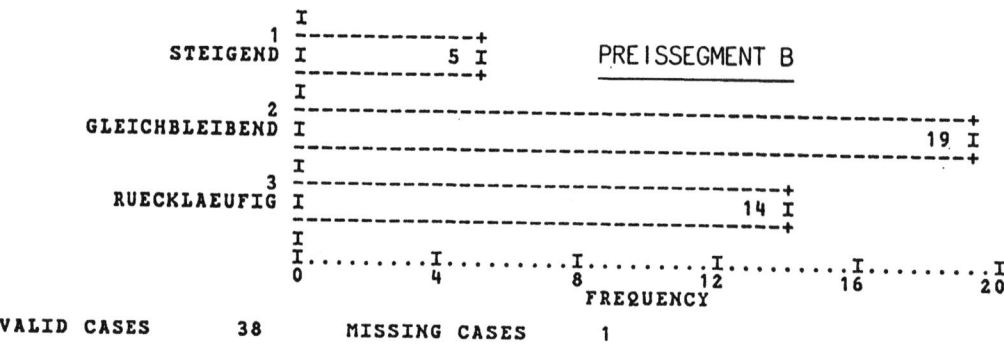

Abb. 3. Zukunftstendenzen ausgewählter Preissegmente.

3.3 Analyse Kaufkriterien

Die Auswertung der Antworten auf Frage 1 des Schlagerzeuger-Fragebogens ergab folgendes Bild (siehe Abb. 4):

Überragendes Kaufkriterium bei akustischen Schlagzeugen ist Eigenschaft A. Knapp 90 % aller Befragten setzten diese Eigenschaft auf Rangplatz 1; der durchschnittliche Rangplatz beträgt 1,1 bei einer Standardabweichung von nur 0,5 (d. h. sehr geringe Streuung der Bewertung). Zweitwichtigstes Kriterium ist Eigenschaft B mit einem mittleren Rangplatz von 2,4 und einer Standardabweichung von 1,0. Der Abstand dieser beiden Kriterien zu den übrigen Eigenschaften ist mit fast 2 ganzen Rangplätzen außerordentlich groß.

Praxisbeispiel II: Positionierungs-Analyse 79

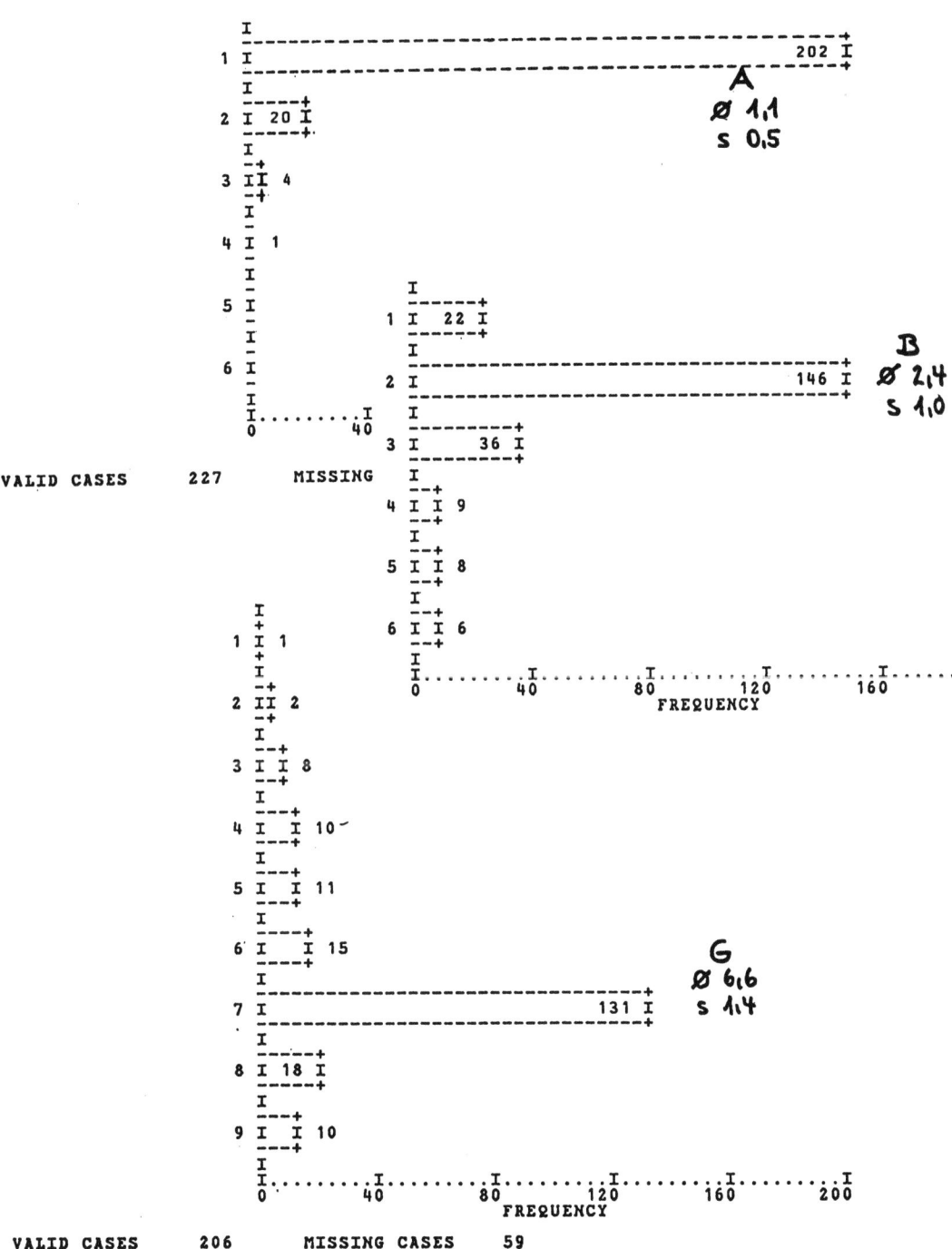

Abb. 4. Bedeutung ausgewählter Kaufkriterien.

80   Methoden der Strategischen Analyse

Es folgt sodann eine „Mittelgruppe" von vier Eigenschaften (C, D. E und F); ihr mittlerer Rangplatz liegt bei 4,2 bzw. 4,3, ihre Standardabweichung reicht von 1,3 bis 1,6. Markantes Beispiel für diese Gruppe ist das Kriterium „Preis", dessen Bewertungsergebnis bereits in Abb. 2 detailliert dargestellt worden ist.

Nach einem erneuten Abstand von mehr als 2 Rangplätzen folgt als einsames Schlußlicht das Kriterium G. Das Urteil ist mit einem durchschnittlichen Rangplatz von 6,6 wahrhaft vernichtend, wie auch Abb. 4 anschaulich erkennen läßt. Dies gab Anlaß für eine intensive und z. T. kontroverse Diskussion; es zeigte sich, daß weder die Interpretation des Bewertungsergebnisses noch die daraus zu ziehenden Folgerungen a priori einheitlich waren. Am Ende wurde sichtbar, daß unterschiedliche Konsequenzen für verschiedene Teile des Marketing-Mix zu ziehen sind.

Insgesamt konnten bzw. sollten an dieser Stelle jedoch noch keine Konsequenzen für das Marketing des Unternehmens abgeleitet werden, da hierfür noch das Ergebnis des nachfolgenden Analyseschrittes abgewartet werden mußte: Die Bewertung der am Markt angebotenen Fabrikate durch die Endnachfrager anhand obiger Kriterien.

3.4 Marken-Analyse

Die Auswertung der Antworten auf Frage 2 des Schlagzeuger-Fragebogens ist in Abb. 5 zusammengefaßt. Ganz links die erste Spalte enthält untereinander jeweils den durchschnittlichen Rangplatz und die Standardabweichung der jeweiligen Eigenschaft, wobei die Eigenschaften nach abnehmender Bedeutung aufgeführt sind. Sodann folgt die Spalte mit den Bewertungsziffern für die Marke 10; es wird beispielsweise deutlich, daß dieses Fabrikat bezüglich der Eigenschaft A den Punktwert 4,5, bezüglich der Eigenschaft B den Punktwert 4,7 erhalten hat, was jeweils (siehe Fragebogen) das Urteil „gut bis sehr gut" bedeutet. Die Streuung der Beurteilung war dabei mit einer Standardabweichung von 0,7 bzw. 0,6 relativ gering. Da diese Eigenschaften, wie angegeben, unter allen Kaufkriterien die vordersten Rangplätze bele-

Kriterien \ Marken		10	11	12	13	14	15	16	17	
A	1,1 / 0,5	4,5 / 0,7	4,5 / 0,7	4,0 / 0,8	3,9 / 0,9	4,3 / 0,7	4,4 / 0,7	4,7 / 0,6	3,7 / 1,1	4,3 / 0,8
B	2,4 / 1,0	4,7 / 0,6	4,3 / 0,7	3,8 / 0,8	3,8 / 0,8	3,6 / 0,8	3,8 / 1,0	3,8 / 0,9	3,4 / 1,2	4,2 / 0,7
C	4,2 / 1,3	4,4 / 0,8	4,1 / 0,9	3,9 / 0,9	4,0 / 0,9	3,4 / 1,0	3,5 / 0,9	3,1 / 0,9	3,2 / 1,4	4,0 / 0,9
D	4,2 / 1,5	4,1 / 0,9	4,1 / 0,8	3,8 / 0,9	3,8 / 1,1	3,4 / 0,9	3,2 / 1,0	2,9 / 1,0	3,2 / 1,3	3,9 / 0,9
E	4,3 / 1,5	4,2 / 0,8	4,3 / 0,8	4,0 / 0,9	4,0 / 0,9	3,8 / 0,8	3,8 / 0,9	4,0 / 1,0	3,5 / 0,9	4,1 / 0,9
F	4,3 / 1,6	3,0 / 1,0	3,5 / 0,8	3,8 / 0,9	3,5 / 0,9	3,6 / 1,1	2,3 / 0,9	2,6 / 0,9	3,6 / 1,1	3,3 / 0,9
G	6,6 / 1,4	3,6 / 1,1	3,8 / 1,1	3,8 / 1,0	3,8 / 1,0	2,9 / 1,2	3,4 / 1,0	2,7 / 1,3	1,8 / 1,1	3,6 / 1,1

Abb. 5. Markenbewertung nach Kaufkriterien.

gen, bedeutet dies eine sehr günstige Beurteilung für das Fabrikat 10. Die Spalte ganz rechts enthält die durchschnittliche, über alle Fabrikate zusammengenommen erreichte Bewertungsziffer der jeweiligen Eigenschaft (Gewichtung aller Werte mit dem Markenumsatz).

Es läßt sich nun natürlich auch darstellen, wieweit die Punktwerte der einzelnen Marken über oder unter dem Markt-Durchschnittswert der jeweiligen Eigenschaft (rechte äußere Spalte in Abb. 5) liegen. Dies geschieht in Abb. 6; die Werte dieser Tabelle lassen erkennen, wo das Marketing des jeweiligen Fabrikates aus der Sicht des Endverbrauchers jeweils besondere Stärken oder Schwächen aufweist. So fällt z. B. ins Auge, daß einige Marken ihren Erfolg offensichtlich vorwiegend aus einer günstigen Beurteilung hinsichtlich der dominanten Kriterien A und B ziehen können; Beispiele wären die Marken 10, 11 und eingeschränkt 16. Andere Marken schneiden hier nicht so gut ab, weisen aber dafür überdurchschnittliche Werte beim Kriterium F auf, wie z. B. die Marken 12, 14 und 17. Dies läßt auf signifikante Unterschiede in der Marketing-Strategie der Anbieter akustischer Schlagzeuge schließen.

Kriterien \ Marken	10	11	12	13	14	15	16	17
A	+0,2	+0,2	-0,3	-0,4	0	+0,1	+0,4	-0,6
B	+0,5	+0,1	-0,4	-0,4	-0,6	-0,4	-0,4	-0,8
C	+0,4	+0,1	-0,1	0	-0,6	-0,5	-0,9	-0,8
D	+0,2	+0,2	-0,1	-0,1	-0,5	-0,7	-1,0	-0,7
E	+0,1	+0,2	-0,1	-0,1	-0,3	-0,3	-0,1	-0,6
F	-0,3	+0,2	+0,5	+0,2	+0,3	-1,0	-0,7	+0,3
G	0	+0,2	+0,2	+0,2	-0,7	-0,2	-0,9	-1,8

Abb. 6. Markenbewertung gegenüber Marktdurchschnittswerten.

3.5 Positionierungs-Analyse

Im letzten Analyseschritt gilt es nun, alle angesprochenen Informationen zu einer Positionierungs-Analyse zu verdichten. Ziel und Methodik einer derartigen Analyse sind ja bereits in Abschnitt 2.1 dieses Buches ausführlich beschrieben worden. Aus Abb. 7 und 8 wird für den vorliegenden Fall nun ersichtlich, welche Positionen die wichtigsten Anbieter im Markt derzeit besetzen (schwarze Punkte) und wo größere Nachfragepotentiale (siehe Kreise) angenommen werden können. Dabei spiegelt das Achsenkreuz in Abb. 7 die Situation unter dem Blickwinkel der beiden dominanten Kriterien A und B wider, während in Abb. 8 die Kriterien F und B herangezogen werden. Folgende Erkenntnisse können u. a. gewonnen werden:

Aus der Sicht der Endverbraucher können zwei Anbietergruppen voneinander unterschieden werden. Zur ersten Gruppe gehören die Fabrikate 10 und 11; sie weisen den gleichen hohen Punktwert hinsichtlich der wichtigsten Eigenschaft A auf und liegen auch bei den Eigenschaften B und F relativ dicht zusammen. Die Untersu-

82　Methoden der Strategischen Analyse

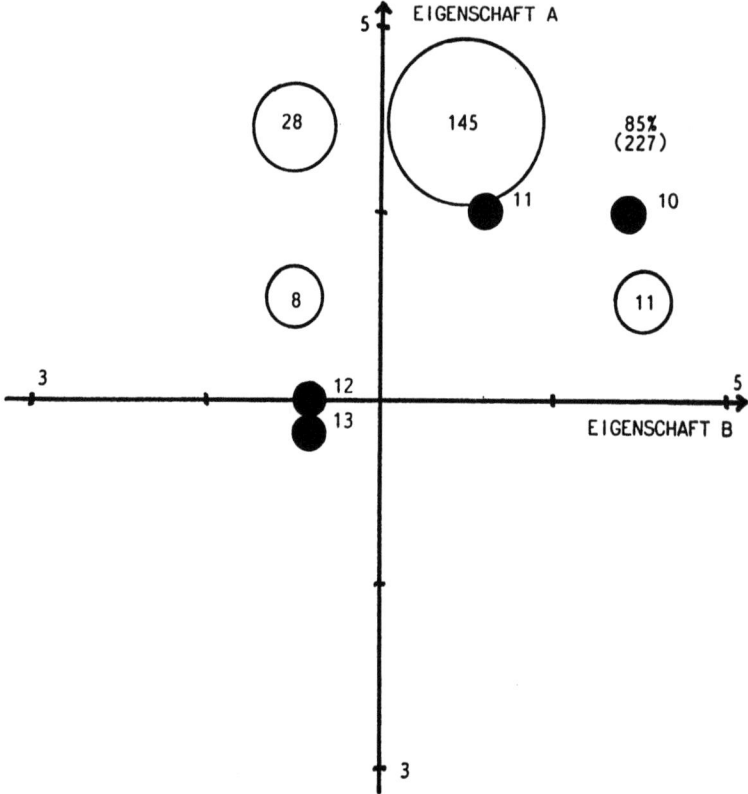

Abb. 7. Positionierungsanalyse Kriterien A und B.

chung hat eine Reihe weiterer Gemeinsamkeiten ergeben, die z. T. bereits aus den Werten in Abb. 6 ersichtlich sind, z. T. aber auch nicht näher angesprochen werden sollen. Die zweite Gruppe umfaßt die Fabrikate 12 und 13, die hinsichtlich der dominanten Eigenschaften A und B fast identische Werte aufweisen und auch bezüglich des Kriteriums F dicht beieinander liegen. Auch hier offenbaren die Werte von Abb. 6 weitere Gemeinsamkeiten.

Noch markanter ist die Situation hinsichtlich der Nachfragepotentiale. Die Zahlen in den Kreisen geben an, wieviele Befragte hier ihre Präferenz artikuliert haben; es wird ersichtlich, daß in der oberen Hälfte des Achsenkreuzes von Abb. 7 bereits 85% der gesamten Nachfrage erfaßt sind. Insbesondere sticht hier das große Segment der 145 Schlagzeuger hervor, die allerhöchsten Wert auf Eigenschaft A und ebenfalls sehr großen Wert auf Eigenschaft B legen. Von diesen 145 Schlagzeugern finden sich 136 in Abb. 8 wieder, nunmehr allerdings verteilt auf drei Segmente, die sich hinsichtlich ihrer Präferenzen für Eigenschaft F signifikant voneinander unterscheiden.

Damit wird deutlich, daß für ein erfolgreiches Marketing im Bereich der akustischen Schlagzeuge die Eigenschaften A und B quasi zwingende Orientierungspunkte darstellen, daß aber ein erheblicher Spielraum hinsichtlich des Kriteriums F besteht. Dieser Spielraum wird ja auch, wie die Anbieter-Positionierung in Abb. 8 erkennen

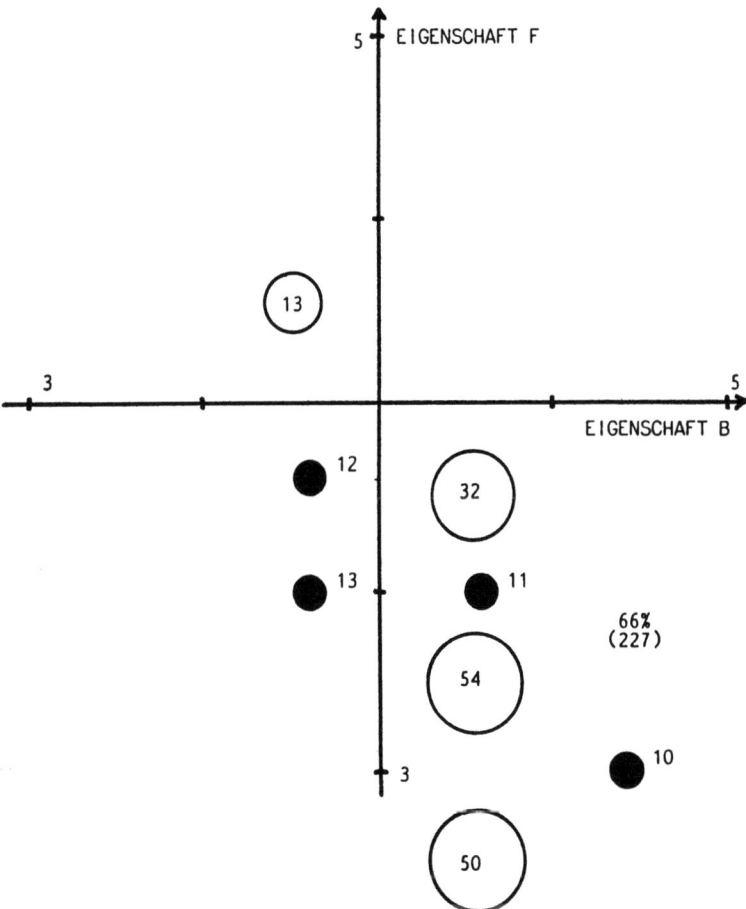

Abb. 8. Positionierungsanalyse Kriterien F und B.

läßt, voll genutzt. Es würde aus verständlichen Gründen zu weit führen, an dieser Stelle im einzelnen näher auf sich anbietende strategische Überlegungen der Firma Link oder anderer Anbieter einzugehen, was sich aber natürlich in der Realität nun als eigentlicher Sinn und Zweck der Untersuchung anschließt.

4 Ausgewählte Ergebnisse elektronische Schlagzeuge

4.1 Marktgrößen-Analyse

Es wurde eingangs bereits erwähnt, daß eine Voraussage darüber, welche Bedeutung die elektronischen gegenüber den akustischen Schlagzeugen in der Zukunft erlangen werden, außerordentlich schwierig ist. Hier spielen technologische Entwicklungen in der Mikroelektronik, insbesondere auf dem Feld der Musikelektronik, ebenso eine Rolle wie geschmacklich-psychologische Tendenzen im Bereich der Unterhaltungs-

84 Methoden der Strategischen Analyse

musik; Näheres hierzu wurde bereits in Abschnitt 2.1 dieses Buches (Abschnitt „Marktanalyse") ausgeführt. Trotz dieser Prognoseschwierigkeiten können die Schlagzeug-Hersteller auf eine möglichst präzise Abschätzung der Marktgrößen-Entwicklung in der Zukunft nicht verzichten. Wie bereits das vorangegangene Praxisbeispiel dieses Buches deutlich gemacht hat, muß die Entscheidung für oder gegen den Eintritt in ein neues Geschäftsfeld wesentlich mit unter diesen Aspekten getroffen werden, wobei zusätzlich die anderen genannten Kriterien zu berücksichtigen sind. Welche Konsequenzen es haben kann, die Entwicklung eines neuen Marktes fälschlich zu pessimistisch einzuschätzen, kann an dem Beispiel „Elektrogitarren" verdeutlicht werden. Ein Gitarren-Hersteller, der Anfang der 60er Jahre der Zukunft der Elektrogitarre skeptisch gegenüber stand und sich auch zukünftig allein auf die akustische Gitarre hätte stützen wollen, hätte sich damit marktmäßig und wirtschaftlich von einem außerordentlich bedeutsamen Wachstumsgeschäft abgekoppelt. Umgekehrt können anhand des Beispieles „Bildplatte" auch die Konsequenzen einer zu optimistischen Markteinschätzung ersehen werden.

Um so wertvoller waren daher die Ergebnisse zu Frage 1 des Händler-Fragebogens, wie sie in Abb. 9 dargestellt werden.

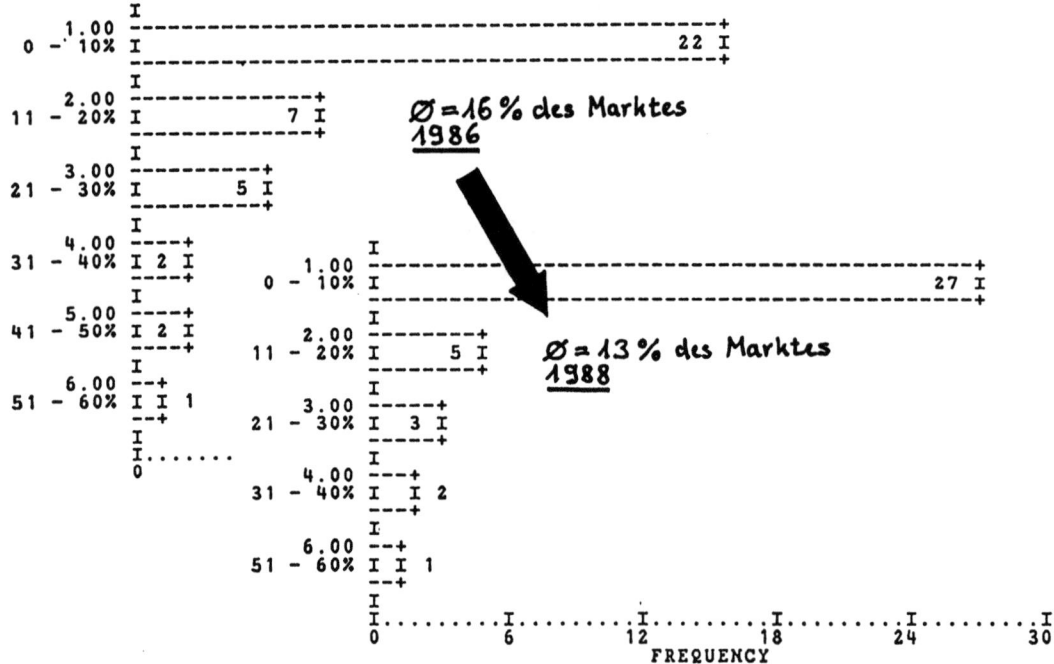

Abb. 9. Zur Entwicklung Anteil elektronischer Schlagzeuge.

Die Zahlen in Abb. 9 verdeutlichen vor allem dreierlei:

• Der Anteil elektronischer Schlagzeuge am Gesamtumsatz in Schlagzeugen variiert erstaunlich stark innerhalb der befragten Handelsbetriebe. Während 5 Händler (= 13 %) von Anteilen über 30 % bis hin zu 60 % berichten, liegen bei 10 Händlern

(= 26 %) Anteile zwischen 0 und 5 % vor. Dies offenbart aber auch noch einmal in deutlicher Weise, wie fragwürdig die nicht zuletzt im Mittelstand verbreitete Gewohnheit ist, sich bei Managemententscheidungen von Informationen oder Meinungen Einzelner leiten zu lassen.
● Der für 1986 insgesamt errechnete Durchschnittswert von 16 % liegt erheblich unter den Schätzwerten, die in der Vergangenheit oft zum Aufkommen elektronischer Drum-Sets im Schlagzeugmarkt gehandelt wurden.
● Die Aufeinanderfolge der Durchschnittswerte für 1986, 1987 und 1988 – nämlich 16 %, 12 % und 13 % – bringt eine zurückhaltende Grundtendenz zum Ausdruck.

Es wird allerdings noch deutlich werden, daß voreilige Schlüsse hinsichtlich der Attraktivität dieses Teilmarktes nicht gezogen werden dürfen. Vielmehr sind weitere Faktoren in die Analyse mit einzubeziehen, wie sie im weiteren noch angesprochen werden.

4.2 Marktanteils-Analyse

Nach der bei den akustischen Schlagzeugen verwandten Methode lassen sich auch hier über die Marken-Nennungen von Händlern und Schlagzeugern Marktanteile abschätzen. Dies führt zu den in Abb. 10 aufgeführten Werten.

Auch hier kann hinsichtlich bestimmter Differenzen zwischen rechter und linker Spalte vermutet werden, daß einige Marken in den aktuellen Verkäufen gegenüber dem „Bestand" im Markt zurückgefallen sind, wie die Marken V und VII, während die Marke VI im „Aufwind" liegen dürfte.

	HÄNDLER	SCHLAGZEUGER
Marke I	23%	23%
Marke II	30%	30%
Marke III	11%	10%
Marke IV	15%	15%
Marke V	8%	12%
Marke VI	9%	3%
Marke VII	3%	6%

Abb. 10. Zur Marktanteils-Situation E-Drums.

4.3 Preisklassen-Analyse

Elektronische Drum-Sets werden z. Zt. in einem noch breiteren Preisspektrum angeboten als akustische Schlagzeuge, wobei dieses Preisspektrum zusätzlich auch etwas nach oben verschoben ist. Dieses relativ hohe Preisniveau kann sicherlich mit als ein wesentlicher Erklärungsfaktor dafür angesehen werden, daß der Markt für derartige Schlagzeuge bislang über die dargestelle Größenordnung nicht hinausgekommen ist. Man muß sich aber vor Augen halten, daß längerfristig vieles für ein deutlich niedrigeres Preisniveau bei elektronischen Schlagzeugen spricht: Zum einen ermöglichen gerade bei neuen Produkten wachsende Stückzahlen über sinkende Herstellkosten oft erhebliche Preisreduzierungen; zum anderen ist speziell der Sektor der Mikroelektronik seit Jahrzehnten durch kontinuierliche Kosten- und Preisverbesserungen von wahrhaft erstaunlichem Ausmaß gekennzeichnet.

Die konkreten Ergebnisse der Erhebung ähneln in puncto Preissegmente und Preistendenzen tendenziell denen bei den akustischen Schlagzeugen, so daß auf die entsprechenden Abbildungen hier verzichtet werden kann.

4.4 Analyse Kaufkriterien und Marken

Aus Abb. 11 kann entnommen werden, welche Durchschnittswerte sich aus den Antworten auf die Fragen 1 und 2 des Fragebogens für elektronische Schlagzeuge ergeben haben. Die Kopfspalte enthält wieder die durchschnittlichen Rangplätze und Standardabweichungen der Eigenschaften, wobei letztere nach abnehmender Bedeutung aufgeführt sind. Die Spalte ganz rechts enthält wieder die über alle Fabrikate hinweg zustande gekommene Durchschnitts-Beurteilung je Eigenschaft.

Man kann nun aus den Durchschnitts-Punktwerten je Eigenschaft einen Gesamt-Durchschnittswert – über alle Eigenschaften hinweg – bilden. Dieser Gesamt-Durchschnittswert liefert dann gewissermaßen ein Zufriedenheits-Maß in bezug auf das Marktangebot an elektronischen Drum-Sets insgesamt. Dieser Wert liegt, wenn man Durchschnittswerte der Eigenschaften noch mit der Bedeutung der Eigenschaften gewichtet, bei 3,4. Daraus folgt eine interessante und wichtige Erkenntnis, wenn

Kriterien \ Marken		20	21	22	23	24	25	26	27	
A	1,6 1,3	3,9 0,9	4,2 1,0	4,2 0,9	4,0 0,9	3,5 0,9	3,0 1,1	4,0 1,2	4,2 0,8	3,8 1,0
B	2,5 1,5	3,7 0,9	3,5 1,2	4,0 1,1	3,9 1,0	3,3 1,0	2,8 1,2	3,7 1,0	3,2 1,1	3,6 1,1
C	3,9 2,0	3,1 1,2	4,4 0,8	3,6 1,0	3,4 0,9	3,4 1,0	3,6 1,2	3,7 1,0	4,1 1,0	3,6 1,0
D	4,3 2,2	3,6 0,7	2,6 1,2	2,8 1,0	2,9 1,1	3,2 1,0	3,1 1,0	3,4 1,1	2,8 1,1	3,1 1,2
E	4,4 2,1	2,5 1,1	2,6 1,4	3,8 1,0	3,3 1,3	2,3 1,3	2,0 1,1	3,3 1,4	2,9 1,4	3,0 1,2
F	4,7 2,2	3,1 0,9	4,0 1,0	3,6 1,0	3,5 1,1	2,9 1,1	2,6 1,1	3,6 1,2	3,4 1,1	3,3 1,1
G	5,3 2,3	3,4 1,1	3,0 1,4	3,9 1,0	3,6 1,1	2,9 1,3	2,2 1,1	3,6 1,2	3,2 1,2	3,2 1,2
H	5,6 2,1	3,7 1,2	3,3 1,4	4,0 1,0	4,1 1,0	3,3 1,2	3,0 1,4	3,6 1,0	3,3 1,5	3,6 1,2
I	7,5 2,3	2,6 0,9	2,4 1,1	3,2 0,9	4,2 1,0	2,6 1,0	2,2 1,2	3,1 1,2	2,2 1,1	2,9 1,0

Abb. 11. Markenbewertung E-Drums nach Kaufkriterien.

man dem den vergleichbaren Wert für akustische Schlagzeuge gegenüberstellt. Letzterer beträgt 4,0 Punkte, was gemäß den Erläuterungen zu Frage 2 besagt, daß das Marktangebot bei akustischen Schlagzeugen qualitativ insgesamt als „gut" bewertet wird. Der Wert von 3,4 Punkten für die elektronischen Drum-Sets liegt mehr als eine halbe Note darunter und besagt damit eindeutig, daß das Marktangebot im Augenblick qualitativ noch nicht als „gut" angesehen wird.

Hierin ist ein zweiter, entscheidender Einflußfaktor auf die Marktgröße und -entwicklung zu sehen. Wenn viele Schlagzeuger derzeit nicht voll zufrieden oder gar enttäuscht sind von den Eigenschaften elektronischer Drum-Sets, so kann auch dies in erheblichem Maße zur Erklärung und Relativierung der geringen Marktgröße beitragen. Erst recht gewinnt dieser Faktor in Verbindung mit dem angesprochenen hohen Preisniveau an Bedeutung: Es liegt eben derzeit ein Preis-/Leistungsverhältnis bei elektronischen Drum-Sets vor, das weitaus eher als Anfangspunkt denn als Endpunkt der Entwicklung auf diesem Sektor verstanden werden muß.

4.5 Positionierungs-Analyse

Die zuletzt gemachten Ausführungen werden auch durch die Positionierungs-Analyse auf der Basis von Abb. 12 und Abb. 13 nachdrücklich unterstrichen. Vergleicht

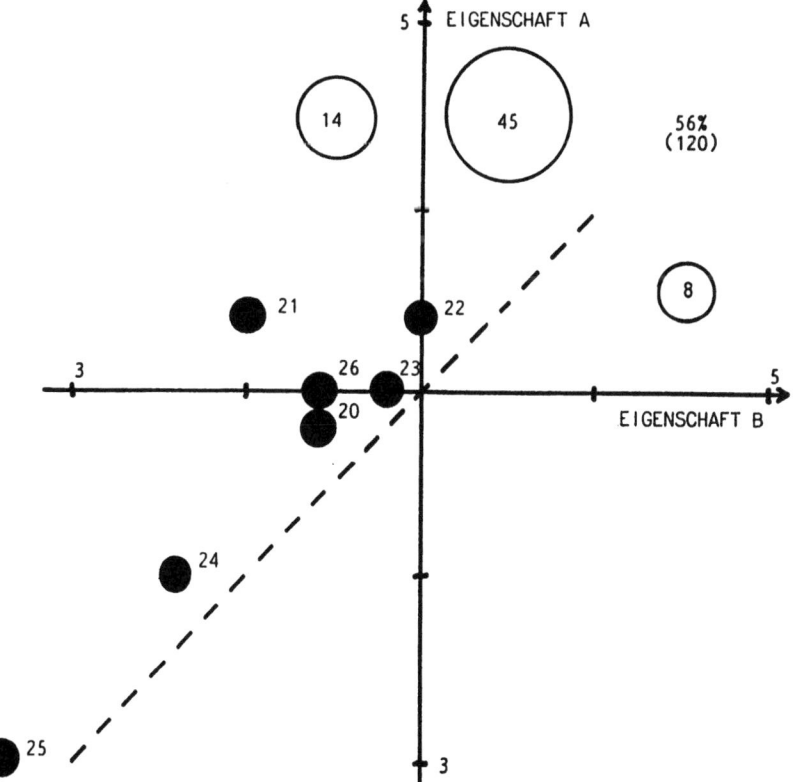

Abb. 12. Positionierungsanalyse E-Drums Kriterien A und B.

88 Methoden der Strategischen Analyse

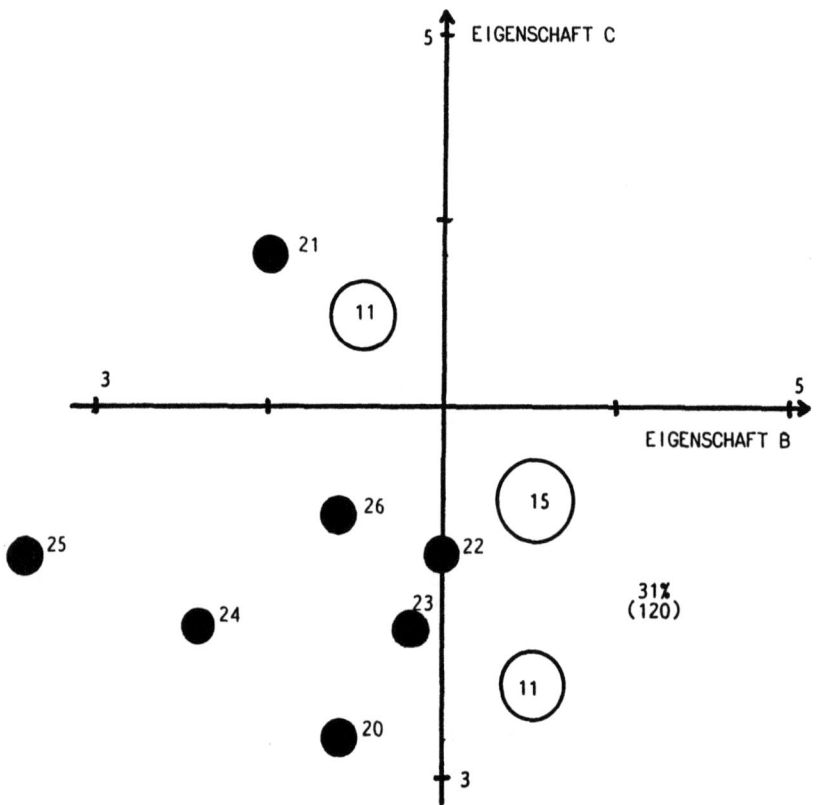

Abb. 13. Positionierungsanalyse E-Drums Kriterien C und B.

man Abb. 12 mit Abb. 7, so fällt auf, daß die Angebotspositionen bei den elektronischen Schlagzeugen erheblich weiter von den entscheidenden Nachfragesegmenten entfernt liegen als bei den akustischen Schlagzeugen.

Darüber hinaus fällt auf, wie differenziert die Anbieter in Abb. 12 hinsichtlich der beiden wichtigsten Kriterien gesehen werden. Die Anbieter erscheinen gemäß ihrer unterschiedlichen qualitativen Einstufung quasi wie aufgereiht längs einer – in Abb. 12 als gestrichelt dargestellten – entsprechenden Meßskala.

Das erhobene Datenmaterial bot – und bietet – natürlich noch zahlreiche weitere Ansatzpunkte für vertiefende Analysen; hier konnten und sollten lediglich einige besonders wichtige Ansatzpunkte aufgezeigt werden.

ANHANG 1

HÄNDLERFRAGEBOGEN

Name / Adresse
des Geschäftes: _____

1. Wieviel Prozent der in Ihrem Geschäft verkauften Schlagzeuge (gemessen an der Stückzahl) entfallen nach Ihrer Schätzung auf elektronische Schlagzeuge?
   a) vor einem Jahr: _____ %
   b) gegenwärtig: _____ %
   c) in einem Jahr: _____ %

2. Wieviel Prozent der in Ihrem Geschäft verkauften akustischen Schlagzeuge (gemessen an der Stückzahl) entfallen nach Ihrer Schätzung auf die Marke Sonor?
   _____ %

3. Welches sind nach Ihrer Meinung die stärksten Mitbewerber von Sonor? (bitte Nennung in der Reihenfolge der Bedeutung, d. h. stärkster Mitbewerber zuerst)
   a) bei akustischen Schlagzeugen: _____
   b) bei elektronischen Schlagzeugen: _____

4. Wie sehen Sie (gemessen an der Stückzahl) die Umsatzentwicklung in den einzelnen Preisklassen? (bitte ankreuzen)

		steigend	gleichbleibend	rückläufig
akustische Schlagzeuge Verkaufspreise in DM	über 4.000			
	2.000 – 4.000			
	1.000 – 2.000			
	unter 1.000			
elektronische Schlagzeuge Verkaufspreise in DM	über 10.000			
	5.000 – 10.000			
	2.000 – 5.000			
	unter 2.000			

5. Welches Preis- und Konditionssystem würden Sie bevorzugen? (bitte ankreuzen)
   ☐ empfohlene Endverkaufspreise mit leistungsbezogenen Wiederverkaufsrabatten
   ☐ Händler-Einkaufseckpreise mit leistungsbezogenen Funktionsrabatten
      (= augenblickliches Sonor-System)
   ☐ einheitliche Händler-Einkaufspreise unter Einbeziehung aller Nachlaßmöglichkeiten
      (= netto netto Preise)

Methoden der Strategischen Analyse

ANHANG 2

Hallo Schlagzeuger!

Bist Du bereit, zu zwei Fragen auf dem Gebiet der akustischen (d. h. nicht-elektronischen) Schlagzeuge Deine Meinung zu sagen? Wenn ja, kannst Du Dir etwas für 15,- DM bei Deinem Händler aussuchen und nimmst außerdem an der Verlosung einer Paris-Wochenendreise und anderer Preise teil. Einzelheiten erfährst Du bei Deinem Händler.

Name/Adresse: _____

1. Nachfolgend sind einige wichtige Eigenschaften akustischer (d. h. nicht-elektronischer) Schlagzeuge aufgeführt. Kennzeichne die Bedeutung, die diese Eigenschaften beim Kauf eines solchen Schlagzeugs für Dich haben, durch die Eintragung von Rangziffern (1 = wichtigste Eigenschaft, 2 = zweitwichtigste Eigenschaft usw.). Bitte ergänze vorher, falls notwendig, die Liste um weitere Eigenschaften.

   ☐ Klangqualität   ☐ Verarbeitungsqualität / Haltbarkeit
   ☐ optischer Eindruck   ☐ Funktionsfähigkeit der Ständer
   ☐ Preis   ☐ Funktionsfähigkeit der Tom-Tom-Halterung
   ☐ Verbreitung bei Topdrummern   ☐ _____
                                      ☐ _____

2. Die gleichen Eigenschaften findest Du auch in der folgenden Tabelle (die selbst ergänzten Eigenschaften gegebenenfalls nachtragen). Trage bitte **mindestens** zwei Dir bekannte Marken bzw. Hersteller akustischer Schlagzeuge oben in die Spalten ein und kennzeichne durch Punkte-Bewertung, wie gut Du das jeweilige Fabrikat hinsichtlich der einzelnen Eigenschaften einschätzt; die Punktezahlen sollen dabei wie folgt vergeben werden: 5 Punkte = sehr gut, 4 = gut, 3 = durchschnittlich, 2 = schwach, 1 = sehr schwach.

	Hier Marken bzw. Hersteller eintragen			
Klangqualität	___ Punkte	___ Punkte	___ Punkte	___ Punkte
optischer Eindruck	___ Punkte	___ Punkte	___ Punkte	___ Punkte
Preis	___ Punkte	___ Punkte	___ Punkte	___ Punkte
Verbreitung bei Topdrummern	___ Punkte	___ Punkte	___ Punkte	___ Punkte
Verarbeitungsqualität / Haltbarkeit	___ Punkte	___ Punkte	___ Punkte	___ Punkte
Funktionsfähigkeit der Ständer	___ Punkte	___ Punkte	___ Punkte	___ Punkte
Funktionsfähigkeit der Tom-Tom-Halterung	___ Punkte	___ Punkte	___ Punkte	___ Punkte
	___ Punkte	___ Punkte	___ Punkte	___ Punkte
	___ Punkte	___ Punkte	___ Punkte	___ Punkte

ANHANG 3

Hallo Schlagzeuger!

Bist Du bereit, zu zwei Fragen auf dem Gebiet der elektronischen Schlagzeuge Deine Meinung zu sagen? Wenn ja, kannst Du Dir etwas für 15,– DM bei Deinem Händler aussuchen und nimmst außerdem an der Verlosung einer Paris-Wochenendreise und anderer Preise teil. Einzelheiten erfährst Du bei Deinem Händler.

Name/Adresse: _____

1. Nachfolgend sind einige wichtige Eigenschaften elektronischer Schlagzeuge aufgeführt. Kennzeichne die Bedeutung, die diese Eigenschaften beim Kauf eines solchen Schlagzeugs für Dich haben, durch die Eintragung von Rangziffern (1 = wichtigste Eigenschaft, 2 = zweitwichtigste Eigenschaft usw.). Bitte ergänze vorher, falls notwendig, die Liste um weitere Eigenschaften.

   ☐ Klangqualität
   ☐ Klangvariationsmöglichkeiten
   ☐ Preis
   ☐ Verbreitung bei Topdrummern
   ☐ Spielgefühl auf den Pads
   ☐ _____

   ☐ Verwendungsmöglichkeit selbstgesampleter Sounds
   ☐ Elektronische Ansteuerung im Rahmen akustischer Schlagzeuge, durch Mikrofone, Einzelpads usw.
   ☐ Einsetzbarkeit der Pads als komplettes, rein elektronisches Schlagzeug
   ☐ Ansteuerungsmöglichkeit anderer – oder seitens anderer – Geräte / Instrumente
   ☐ _____

2. Die gleichen Eigenschaften findest Du auch in der folgenden Tabelle (die selbst ergänzten Eigenschaften gegebenenfalls nachtragen). Trage bitte **mindestens** zwei Dir bekannte Marken bzw. Hersteller elektronischer Schlagzeuge oben in die Spalten ein und kennzeichne durch Punkte-Bewertung, wie gut Du das jeweilige Fabrikat hinsichtlich der einzelnen Eigenschaften einschätzt; die Punktezahlen sollen dabei wie folgt vergeben werden: 5 Punkte = sehr gut, 4 = gut, 3 = durchschnittlich, 2 = schwach, 1 = sehr schwach.

	Hier Marken bzw. Hersteller eintragen			
Klangqualität	___ Punkte	___ Punkte	___ Punkte	___ Punkte
Klangvariationsmöglichkeiten	___ Punkte	___ Punkte	___ Punkte	___ Punkte
Preis	___ Punkte	___ Punkte	___ Punkte	___ Punkte
Verbreitung bei Topdrummern	___ Punkte	___ Punkte	___ Punkte	___ Punkte
Spielgefühl auf den Pads	___ Punkte	___ Punkte	___ Punkte	___ Punkte
Verwendungsmöglichkeit selbstgesampleter Sounds	___ Punkte	___ Punkte	___ Punkte	___ Punkte
Elektronische Ansteuerung im Rahmen akustischer Sets durch Mikros usw.	___ Punkte	___ Punkte	___ Punkte	___ Punkte
Einsetzbarkeit der Pads als komplettes, rein elektronisches Set	___ Punkte	___ Punkte	___ Punkte	___ Punkte
Ansteuerungsmöglichkeit anderer / seitens anderer Einheiten	___ Punkte	___ Punkte	___ Punkte	___ Punkte
	___ Punkte	___ Punkte	___ Punkte	___ Punkte
	___ Punkte	___ Punkte	___ Punkte	___ Punkte

3 Methoden des Innovationsmanagements

3.1 Bedeutung und Ablauf von Innovationen im Mittelstand*

Der „USP" als Innovationsziel im mittelständischen Unternehmen

1 Die Bedeutung des USP für die Durchsetzungsfähigkeit im Markt

In einem bestimmten Punkt zumindest sind sich die Hersteller und die Händler einer Branche oft verblüffend einig: Ein reiner Wettbewerb über den Preis ist für alle Beteiligten eine auf Dauer wenig aussichtsreiche Strategie. Sobald nämlich die allseitige Fixierung auf den reinen Preiswettbewerb eingetreten ist, wird zunehmend deutlich, daß dieser Weg einer abschüssigen Einbahnstraße in eine Sackgasse gleicht: Abschüssig, weil durch die jeweilige Konkurrentenreaktion unter dem Strich lediglich die permanente Verschlechterung des wirtschaftlichen Ergebnisses bleibt; Einbahnstraße, weil eine Rückkehr zu einem auskömmlichen Preisniveau fast nie gelingt; Sackgasse, weil am Ende nicht selten der ökonomische Showdown steht, bei dem die finanziellen Reserven über Sieger und Besiegte entscheiden.

Wenn dennoch ein reiner Preiswettbewerb für viele Märkte oder Produkte typisch ist, so liegt eine der wesentlichsten Ursachen oft im Fehlen eines USP bei den beteiligten Produkten. USP ist das Kürzel für „unique selling proposition", was vom Sinn her am besten mit „hervorstechender Produktvorteil" zu übersetzen ist. Mit einem USP kann man sich gegenüber der Konkurrenz profilieren, sich vielleicht sogar aus dem engen Konkurrenzverhältnis lösen und so etwas wie einen „monopolistischen Spielraum" für das eigene Marketing gewinnen.[1] Weist das eigene Produkt etwas auf, das die anderen nicht haben, so wird es damit quasi zu einem Produkt „eigener Art", für das es bei der Konkurrenz keine echte, vollwertige Alternative gibt; Handel und Verbraucher müssen, wenn es sich um einen wichtigen Produktvorteil handelt, entweder die eigenen Konditionen akzeptieren oder aber mit offensichtlich zweit- oder drittbesten Lösungen vorliebnehmen.

Das Gegenteil von Produkten mit USP sind die sogenannten „me-too"-Produkte.[2] Hierunter versteht man Sach- oder Dienstleistungen, die sich nicht oder kaum von bereits vorhandenen Marktangeboten unterscheiden. Es liegt auf der Hand, daß bei derartigen Produkten die Versuchung bzw. der Zwang als besonders groß empfunden wird, Marktvorteile durch Preiszugeständnisse zu erringen. Me-too-Produk-

---
* Dieser Abschnitt enthält überarbeitete, z. T. erweiterte Versionen von Beiträgen des Verfassers in der Zeitschrift „Das Musikinstrument" (Nr. 6 und 8/1987).
1 Zum USP vgl. beispielsweise Großklaus (1982) S. 17; Rehorn (1982); Nieschlag/Dichtl/Hörschgen (1985) S. 824.
2 Vgl. Rehorn (1982); siehe auch Krautter/Link (1978) S. 4; Brockhoff (1981) S. 73.

te stehen in einem besonders engen Konkurrenzverhältnis zu anderen Produkten, gegenüber denen sie sich quasi nur über einen reinen Preiswettbewerb profilieren und durchsetzen können. Berücksichtigt man allerdings die Vielzahl der Dimensionen, in denen ein bestimmtes Produkt erlebbar und somit auch profilierbar ist, so ist oft schierer Mangel an Phantasie und professionellem Engagement der Grund für ein Verkümmern als me-too-Produkt (siehe nächsten Abschnitt).

Produkte mit USP unterscheiden sich von me-too-Produkten also vor allem hinsichtlich ihrer Möglichkeit, sich mit ihrer Marketing-Konzeption am Markt durchzusetzen. Dies betrifft nicht nur den Preis, sondern auch Distributionsgrad, Bevorratungshöhe, Kontaktstrecke, Darbietungsqualität sowie Beratungs- und Serviceniveau im Handel. Nicht zuletzt zeigt die Erfahrung natürlich auch die große Bedeutung eines echten USP für die Erreichung hoher Marktanteile, was in Verbindung mit den stabilen Preisen letzlich zu einer bestmöglichen Realisierung des Gewinnstrebens als des Hauptziels auch (und gerade) des mittelständischen Unternehmens führt.

2 Die Ableitung möglicher USP-Konzepte aus der Marktsituation

Ein hervorstechender Produktvorteil kann nur dort gesucht und gefunden werden, wo starke Bedürfnisse der Konsumenten vorhanden sind, für die in wichtigen Punkten noch keine bzw. keine ausreichend guten Lösungen von Anbieterseite vorliegen. Damit knüpft die Suche nach einem tragfähigen USP unmittelbar an das Verfahren der Positionierungsanalyse an, wie es in vorangegangenen Kapiteln bereits ausführlich dargestellt worden ist. Auf der Basis dieser Positionierungsanalyse sowie der Merkmale der bisher bearbeiteten und/oder der potentiellen zukünftigen Zielgruppe(n) des Unternehmens wird eine Vielzahl von Ideen bezüglich möglicher USP-Konzepte zusammengetragen; dabei können und sollten auch Kreativitätstechniken zum Einsatz kommen. Anschließend werden diese Ideen einem Selektionsprozeß nach bestimmten Kriterien unterzogen, die von den Grundsätzen und Zielen der Unternehmung her abzuleiten sind.

Es wäre nun ein Irrtum anzunehmen, ein USP könne immer nur in Gestalt einer objektiv überprüfbaren Produktleistung auftreten. Solche objektiv überprüfbaren Produktleistungen spielen in bestimmten Branchen eine nur untergeordnete Rolle. So werden z. B. Blindtests bei Genußmitteln wie Zigaretten, Kaffee oder Bier immer wieder verdeutlichen, daß nur wenige Verbraucher in der Lage sind, ihre Lieblingsmarke im Blindtest aus vergleichbaren Marken herauszufinden.[3] Dennoch bestehen viele nachhaltig auf „ihrer" Marke, müssen also irgendwelche schwerer faßbaren Nutzenerwartungen mit diesem Produkt verbinden.

Eine Erklärung liefert das Phänomen des „Markenbildes". In Abb.1 werden verschiedene Dimensionen unterschieden, innerhalb derer ein Produkt „erlebt" werden kann.[4] Zunächst einmal richtet sich die Aufmerksamkeit bei vielen Produktarten zwangsläufig auf das konkrete Produkt selbst bzw. die Leistung, die es objektiv in der ihm zugedachten Funktion erbringt (Motorleistung beim Pkw, Durchsatzlei-

---

[3] Vgl. ähnlich Herppich (1974) S. 117, 119 f.
[4] Vgl. ähnliche Darstellungen bei Kotler (1982) S. 364 und Meffert (1986) S. 366; zum Markenbild vgl. im grundsätzlichen Herppich (1974) S. 121.

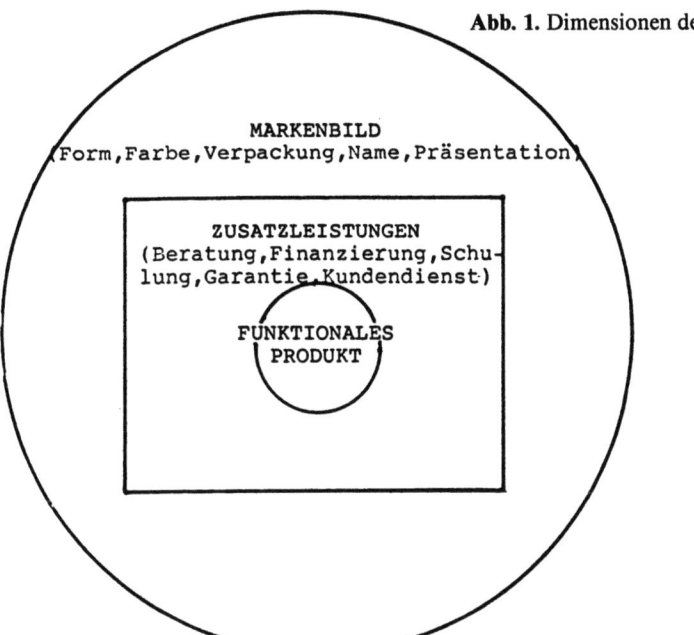

Abb. 1. Dimensionen des Produkterlebnisses.

stung bei EDV-Anlagen usw.) Kann man als Hersteller hier einen USP erbringen, so ist dies sicher von besonderem Wert. Ist dies nicht der Fall, so bietet sich eine weitere Chance auf der Ebene der Zusatzleistungen. Wenn ein Hersteller oder seine Absatzmittler für besonders hohe Leistungen auf dem Gebiet der Kundenberatung, der Finanzierungshilfen, der Kundenschulung usw. bekannt geworden sind, so kann auch dies den Charakter eines USP annehmen. Beispiele finden sich insbesondere im Bereich der Investitionsgüterindustrie (Anlagenbau, Werkzeugmaschinen, EDV-Anlagen, Kopierer usw.), aber auch im Bereich höherwertiger Konsumgüter (Automobile, Musikinstrumente, Sportartikel, Versicherungen usw.).

In jedem Fall bleibt auch auf der dritten Ebene die Möglichkeit, einen bestimmten USP durch ein entsprechendes Markenbild gebührend hervorzuheben, zu verstärken oder sogar zu erzeugen. Eine zentrale Rolle spielt dabei die Produkt-Präsentation im Rahmen der Werbung, der öffentlichen Verwendung durch einschlägige Meinungsführer (siehe insbesondere Sportartikel und Musikinstrumente) sowie am Verkaufsort. Das dabei vermittelte Fluidum eines bestimmten Lebensstils, eines Lebensgefühls oder Persönlichkeits-Leitbildes spielt vor allem bei jenen bereits erwähnten Produkten eine Rolle, für die objektiv überprüfbare Produktleistungen bzw. USPs schwerlich zu finden sind (Genußmittel, Kosmetika usw.). In diesen Fällen kann mit der jeweiligen Produktverwendung eine mehr oder weniger intensive Wiederholung des emotionalen, oft weitgehend unbewußten Erlebnisses des Eintauchens in eben jenes Fluidum gekoppelt sein; sofern durch derartige psychologische Effekte Markentreue bewirkt wird, beinhaltet das Markenbild des Produktes also einen „subjektiven" – im Gegensatz zum zunächst betrachteten „objektiven" – USP.[5]

---

[5] Zur Unterscheidung objektiver-subjektiver USP vgl. Großklaus (1982) S. 17 f.; zu den psychologischen Aspekten vgl. weitgehend Herppich (1974) S. 121.

Am Beispiel von Sportgeräten und Musikinstrumenten läßt sich besonders gut verdeutlichen, wie schwierig es ist, Markentreue im Einzelfall eindeutig auf den USP einer der drei Ebenen von Abb. 1 zurückzuführen. Sie kann bedingt sein durch bestimmte objektive technische Gestaltungsmerkmale des Produktes selbst, durch bestimmte subjektive Empfindungen bei der Produkthandhabung (Ballkontrolle beim Tennisschläger, Anschlaggefühl beim Klavier), durch bestimmte Beratungs-, Schulungs-, und Serviceleistungen rund um das Produkt, durch bestimmte Elemente des Markenbildes (Design, Werbestil, produktverwendende Leitbilder – siehe Boris Becker, siehe die Beatles!) oder eben durch ein Mixtum von all diesem. Hinter rational vorgetragenen Argumenten zu technischen Details oder Handhabungseigenschaften verbergen sich oftmals psychologische Phänomene, die weder dem Hersteller noch dem Kunden selbst bewußtseinsmäßig erschließbar sind; das bewußte oder unbewußte nachträgliche Rationalisieren emotional determinierter Einstellungen ist ja ein durchaus verbreitetes Phänomen.[6]

Auf der anderen Seite wird deutlich, wie vielfältig das Spektrum der Ansatzpunkte für den Aufbau eines USP in manchen Produktbereichen ist, und in welch geringem Umfang oftmals davon bislang Gebrauch gemacht worden ist. Dabei sehen sich speziell die mittelständischen Unternehmen einer doppelten Problematik gegenüber: Auf der einen Seite fehlt ihnen häufig das Bewußtsein der Bedeutung von USPs, die methodische und technologische Fähigkeit zum gezielten Aufbau von USPs sowie das Marketing-Know How zur Propagierung und Kommerzialisierung von USPs. Auf der anderen Seite sind gerade mittelständische Unternehmen wegen ihrer geringen Marktmacht bzw. Durchsetzungsfähigkeit gegenüber Konkurrenten, Handel und Verbrauchern in besonderem Umfang auf ,,Durchsetzungshilfen" wie USPs angewiesen.

Literatur

Brockhoff, K.: Produktpolitik, Stuttgart-New York 1981.
Großklaus, R.: Checklist USP, Wiesbaden 1982.
Herppich, H. G.: Das Markenbild als Element flexibler Absatzplanung in der Zigarettenindustrie, in: Gutenberg, E. (Hrsg.) Absatzplanung in der Praxis, Wiesbaden 1974, S. 115 ff.
Kotler, P.: Marketing-Management, 4. Aufl., Stuttgart 1982
Krautter, J.; Link, J.: Marktorientierte Sortimentsplanung, in: Moll, H. H.; Warnecke, H. J. (Hrsg.) RKW-Handbuch Forschung, Entwicklung, Konstruktion (F+E), Berlin 1976, Erg. Lfg. 1978, Kennziffer 4210, S. 1 ff.
Meffert, H.: Marketing, 7. Aufl., Wiesbaden 1986.
Nieschlag, R.; Dichtl, E.; Hörschgen, H.: Marketing, 14. Aufl., Berlin 1985.
Rehorn, J.: Vorwort, in: Großklaus, R., Checklist USP, Wiesbaden 1982.

---

[6] Siehe auch Herppich (1974) S. 120 f.

Merkmale des mittelständischen Innovationsprozesses

1 Das Spannungsverhältnis zwischen marktorientierter und technologieorientierter Produktinnovation

Unter einer Produktinnovation wird ganz allgemein die Einführung eines neuen Produktes durch ein Unternehmen verstanden, wobei zunächst offen ist, wie groß der Neuigkeitswert für den Markt (externer Neuigkeitswert) bzw. für das Unternehmen ist (interner Neuigkeitswert).[1] Die Erarbeitung eines USP stellt zwangsläufig immer gewisse Mindestanforderungen an den externen Neuigkeitswert; eine Diversifikation beinhaltet zwangsläufig immer einen hohen internen Neuigkeitswert.[2] Knüpft man nun an die bereits an anderer Stelle[3] erläuterten Dimensionen des Produkterlebnisses (funktionales Produkt, Zusatzleistungen, Markenbild) an, so lassen sich die in Abb. 1 dargestellten Richtungen einer Produktinnovation unterscheiden.[4] Es wird

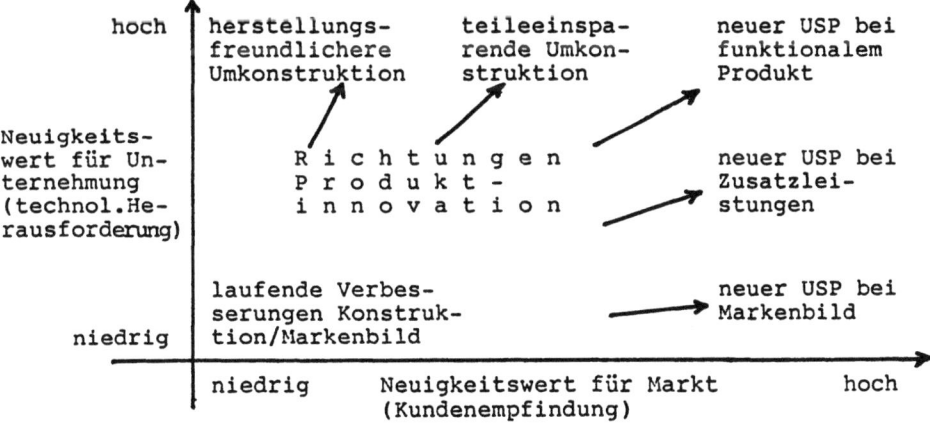

Abb. 1. Zum Neuigkeitswert von Produktinnovationen.

---

[1] Siehe Freudenmann (1965) S. 5.
[2] Der externe Neuigkeitswert ist bei einer Diversifikation frei wählbar.
[3] Siehe vorhergehenden Beitrag.
[4] In Anlehnung an Scheuch/Holzmüller (1983) S. 226.

deutlich, daß nur solche Produktinnovationen einen USP schaffen können, bei denen der Neuigkeitswert aus Kundensicht als bemerkenswert und bedürfnisrelevant empfunden wird.

Dies ist der entscheidende Grund, warum Produktinnovationen, sofern sie nicht lediglich Rationalisierungszwecken dienen, immer vom Markt her zu planen und zu beurteilen sind. Erfindungen und Entwicklungen können unter technologischen Aspekten noch so beeindruckend und umwälzend sein – Voraussetzung für einen kommerziellen Erfolg ist und bleibt die Kundenakzeptanz. Die Wissenschafts- und Wirtschaftsgeschichte ist reich an Beispielen, wo umwälzende technologische Erfindungen und Entwicklungen deshalb nicht oder erst sehr viel später marktmäßig verwertet werden konnten. Das Bild von dem dynamischen Unternehmer, der eine Erfindung macht oder aufgreift und sie sodann in Gestalt eines entsprechenden Produktes im Markt „durchsetzt", ist eine überholte Vorstellung; sie entspricht noch dem typischen Denken der Vor-Marketing-Ära und läßt sich zutreffend als „angebotsorientierte" Unternehmensphilosophie kennzeichnen.[5] Jene zahlreichen Fälle, in denen technische Erfindungen den *Anstoß* zu äußerst erfolgreichen Produktinnovationen gegeben haben, sind da kein Gegenbeispiel. Sie beruhen auf einem bestimmten Zusammenspiel bzw. Ineinandergreifen von Forschung und Marketing innerhalb einer Unternehmung, weshalb dieses Zusammenspiel kurz einmal etwas näher betrachtet werden soll.

Grundsätzlich sollte jede Unternehmung, um nicht von vornherein auf me-too-Produkte oder fremdes Know-how angewiesen zu sein, gewisse Forschungsanstrengungen unternehmen; diese können und sollten sich nicht nur auf Produkt-, sondern auch auf Verfahrens- und Strukturinnovationen richten.[6] Dabei dient die Grundlagenforschung der Erweiterung der wissenschaftlichen Kenntnisse, ohne a priori auf eine spezielle praktische Anwendung abzuzielen. Die Anwendungsforschung hingegen hat eben dies im Sinn, d. h. will bestimmte Erfindungen bzw. Erkenntnisse liefern, deren Anwendung bzw. Umsetzung dann anschließend Gegenstand des Tätigkeitsbereiches Entwicklung sind.[7] Es liegt auf der Hand, daß die Möglichkeiten des einzelnen mittelständischen Unternehmens zur Grundlagenforschung begrenzt sind; hier ist am ehesten noch an bestimmte Möglichkeiten im Rahmen der Gemeinschaftsforschung zu denken. Insgesamt aber ist der Forschungsoutput der kleineren Unternehmen als bedeutend einzuschätzen; immer wieder finden sich Hinweise darauf, daß die meisten wichtigen Erfindungen dieses Jahrhunderts eben *nicht* von bzw. in Großunternehmen, sondern von kleineren Unternehmen oder Einzelerfindern gemacht worden sind.[8]

Es ist nun durchaus auch im mittelständischen Unternehmen möglich, daß die Anwendungsforschung autonom, d. h. aus rein technologischen Überlegungen, Versuchsreihen oder Zufälligkeiten heraus auf die Möglichkeit bestimmter Produktinnovationen stößt; in Großunternehmen mit umfangreichen Forschungsabteilungen

---

[5] Albach (1984) S. 49 weist darauf hin, daß dies an sich dem Typus des Schumpeterschen Unternehmers entspricht.
[6] Zu diesen Arten der Innovation siehe Thom (1983) S. 6; Frese (1984) S. 398.
[7] Vgl. Kern/Schröder (1977) S. 22 ff.
[8] Siehe Link (1985) S. 129 und die dort angeführte Literatur; zu möglichen Gründen siehe z. B. Geschka (1982) S. 108 f.

ist dies naturgemäß recht häufig der Fall. In allen derartigen Fällen sollte dies der Anstoß für den Marketingbereich sein, die Frage nach möglichen Zielgruppen, ihren Merkmalen, ihrem Nachfragepotential, etwaigen Konkurrenzangeboten sowie eigenen Positionierungsmöglichkeiten zu stellen und durch Marktforschung zu beantworten. In Abb. 2 sind diese vom Forschungs- auf den Marketingbereich ausgehenden Anstöße bzw. Impulse als Pfeil von links nach rechts dargestellt.

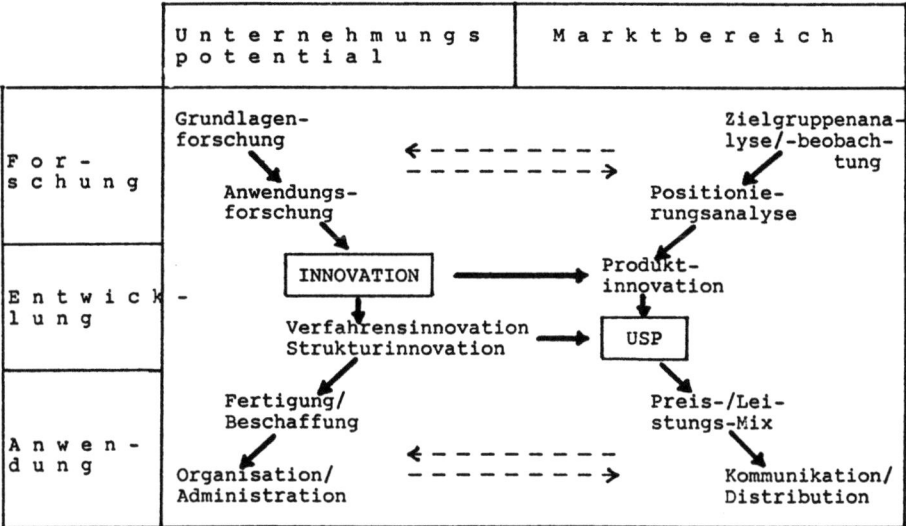

Abb. 2. Einflüsse und Richtungen von Innovationsprozessen.

Typisch ist diese Einflußrichtung für mittelständische Unternehmen aber keineswegs, sondern in der weit überwiegenden Zahl der Fälle gehen die Impulse für Forschungs- und Entwicklungstätigkeiten umgekehrt vom Marketingbereich aus.[9] Bestimmte Kundenwünsche werden möglichst frühzeitig erfaßt bzw. erspürt, in Produktvorschläge bzw. Angebote umgesetzt und mittels eines flexiblen Fertigungs- (und Führungs-) Apparates auch rasch befriedigt. Insofern könnte man fast sagen, daß der USP bei mittelständischen Unternehmen oft z. T. in der Schnelligkeit und Anpassungsfähigkeit liegt, mit der Kundenwünsche in maßgeschneiderte Produktkonzeptionen umgesetzt werden. Dies darf dennoch nicht über die zahlreichen Schwachstellen hinwegtäuschen, die den Innovationsprozeß im mittelständischen Unternehmen kennzeichnen, und die nachfolgend angesprochen werden sollen.

---

[9] Vgl. hierzu und im folgenden Kamp/May (1981) S. 360; Albach (1984) S. 47 ff.; Geschka (1982) S. 109.

2 Methodische Schwachstellen in den einzelnen Innovationsphasen

Der gesamte Prozeß der Schaffung neuer, innovativer Erfolgspotentiale für die Unternehmung läßt sich – wie in Abb. 3 verdeutlicht – in bestimmte Phasen untergliedern.[10] Welche grundsätzlichen Probleme mit welchen grundsätzlichen Lösungsverfahren in den einzelnen Phasen anzugehen sind, ist z. B. recht anschaulich von Kotler dargestellt worden.[11] Welche Probleme und Lösungsmöglichkeiten im Bereich der Aufbauorganisation für die einzelnen Phasen relevant sind, ist unlängst im einzelnen vom Verfasser verdeutlicht worden.[12] Hier nun geht es speziell um die Defizite, die typischerweise in den einzelnen Phasen des Innovationsprozesses mittelständischer Unternehmungen beobachtet werden können:[13]

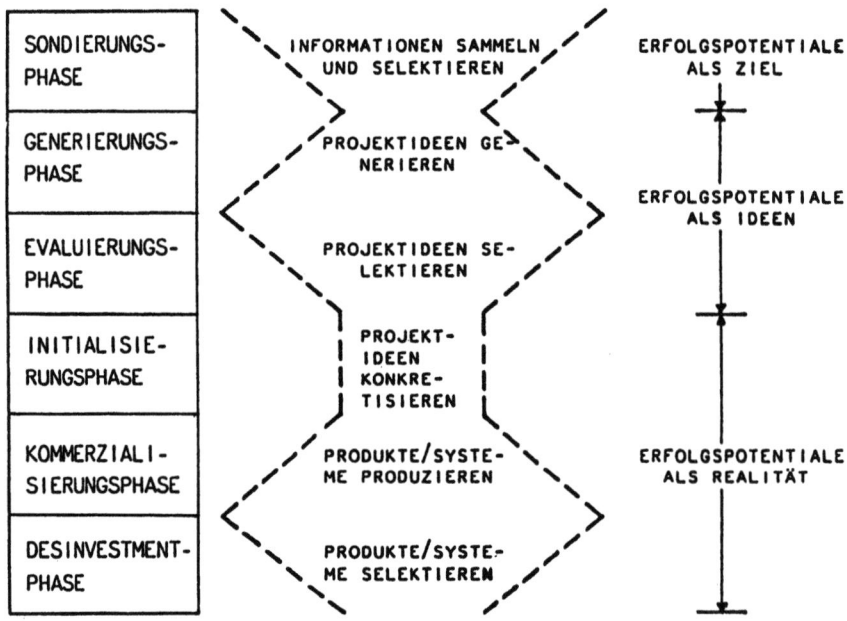

Abb. 3. Das Lebenszyklusschema von Erfolgspotentialen.

- Die Auslösung und Durchführung von Such- und sonstigen Aktivitäten, speziell auch im Bereich der Forschung und Entwicklung, müßte sich mehr noch an längerfristig angelegten, planvollen Zukunftsanalysen und Entwicklungskonzeptionen für Technologien, Märkte usw. orientieren: Forschungs- und Entwicklungsprozesse in mittelständischen Unternehmen werden zu wenig systematisch und kontinuierlich, sondern zu sehr sporadisch und gewissermaßen immer nur als Reaktion auf externe Veränderungen eingeleitet. Dies birgt unter den heutigen technologischen und

---

[10] Vgl. Link (1985) S. 107 ff.
[11] Siehe Kotler (1982) S. 321 ff.
[12] Siehe Link (1985) S. 107 ff.
[13] Im folgenden vgl. vor allem Strebel (1979) S. 546 ff.; Kamp/May (1981).

marktmäßigen Gegebenheiten zunehmend die Gefahr in sich, zu spät zu kommen und sich beim Markteintritt von vornherein in einer image-, kosten- und gewinnmäßig unterlegenen Position zu befinden; die Tendenzen zu einer zeitlichen Verlängerung der Generierungs-, Evaluierungs- und Initialisierungsphase einerseits und einer Verkürzung der Kommerzialisierungsphase andererseits zwingen zu einem Umdenken.[14] Ein größerer Teil der kleinen und mittleren Unternehmen glaubt darüber hinaus, auf eigene Produkt- und/oder Verfahrensinnovationen ohne größere Nachteile für die Marktposition verzichten zu können. Insofern ist die Sondierungsphase durch eine grundsätzlich unterentwickelte Sensibilität hinsichtlich der Notwendigkeiten langfristig angelegter Forschungs- und Entwicklungsprozesse bzw. durch Kurzfristreaktionen gekennzeichnet.

● Bei der Suche nach Lösungsalternativen wirken sich vor allem gravierende Mängel in der Informationssammlung und -verarbeitung sowie im methodischen Bereich aus. Informationen über wissenschaftliche Erkenntnisse außerhalb des eigenen Unternehmens, über Vorschläge von Mitarbeitern innerhalb des Unternehmens, über staatliche Förderungsangebote und über Marktentwicklungen werden entweder nicht systematisch gesammelt oder nicht systematisch ausgewertet. Kreativitätstechniken werden bei der Suche nach Lösungen nur von einer kleinen Minderheit der mittelständischen Betriebe eingesetzt. Kooperationsmöglichkeiten mit anderen Unternehmen werden aus unterschiedlichen Gründen nur unzureichend in Erwägung gezogen.

● Bei der Bewertung der Innovationsalternativen ist die Unsicherheit über die Erfolgsträchtigkeit durch die angesprochenen Informationsdefizite zwangsläufig relativ hoch. Dennoch werden so wichtige und vergleichsweise einfach anzuwendende Entscheidungshilfen wie Konzepttests nicht oder nur selten herangezogen. Hinzu kommt ein unzureichendes Niveau der eingesetzten rechnerischen Bewertungsverfahren (man denke an Investitionsrechenverfahren, Nutzwertanalysen, Portfolioanalysen, Simulationen usw.).

● In der Initialisierungs- und Kommerzialisierungsphase schließlich wird oft ohne eine genauere Zeitplanung und Erfolgskontrolle gearbeitet. Zudem werden spätestens hier zahlreiche Schwachpunkte und Mängel offensichtlich, die etwas mit der unzureichenden professionellen Gründlichkeit sehr vieler mittelständischer Unternehmen zu tun haben. Da dies ein zentraler Punkt mit vielen Konsequenzen für alle Bereiche mittelständischer Betriebswirtschaft ist, soll er zum Hauptgegenstand des nachfolgenden Beitrages erhoben werden.

Literatur

Albach, H.: Die Innovationsdynamik der mittelständischen Industrie, in: Albach, H.; Held, T. (Hrsg.), Betriebswirtschaftslehre mittelständischer Unternehmen, Stuttgart 1984, S. 35 ff.
Frese, E.: Grundlagen der Organisation, 2. Aufl., Wiesbaden 1984.
Freudenmann, H.: Planung neuer Produkte, Stuttgart 1965.
Geschka, H.; Innovationsmanagement, in: Pohl, H.-C. (Hrsg.), Betriebswirtschaftslehre der Mittel- und Kleinbetriebe, Berlin 1982, S. 107 ff.

---

14 Vgl. Pfeiffer/Metze/Schneider/Amler (1982) S. 44 f.; siehe in diesem Zusammenhang auch die grundsätzlichen Ausführungen zur Bedeutung des Planungszeitpunktes bei Link (1985) S. 10.

Kamp, M. E.; May, E.: Kleine und mittlere Unternehmen im Forschungs- und Entwicklungsprozeß, in: ZfB 51 (1981) S. 347 ff.

Kern, W.; Schröder, H.-H.: Forschung und Entwicklung in der Unternehmung, Reinbek bei Hamburg 1977.

Kotler, P.: Marketing-Management, 4. Aufl., Stuttgart 1982.

Link, J.: Organisation der Strategischen Planung, Heidelberg-Wien 1985.

Pfeiffer, W.; Metze, G.; Schneider, W.; Amler, R.: Technologie-Portfolio zum Management strategischer Zukunftsgeschäftsfelder, Göttingen 1982.

Scheuch, F.; Holzmüller, H.: Innovation und Produktpolitik, in: WiSt 1983, S. 225 ff.

Strebel, H.: Innovation und ihre Organisation in der mittelständischen Industrie, in: ZfbF 31 (1979) S. 543 ff.

Thom, N.: Innovations-Management, in: zfo 1983, S. 4 ff.

Erfolgreiche Innovations-Umsetzung in Unternehmung und Markt

1 Das Problem der professionellen Gründlichkeit in mittelständischen Unternehmen

Wichtigste Voraussetzung für die Durchsetzungsfähigkeit eines Produktes im Markt ist, wie bereits dargestellt, das Vorhandensein eines USP. Es ist aufgezeigt worden, welche Anstrengungen und Überlegungen in den Bereichen Forschung/Entwicklung sowie Marketing erforderlich sind, um zu aussichtsreichen innovativen Konzeptvorschlägen zu kommen. Gute Ideen allein aber machen bekanntlich noch keinen kommerziellen Erfolg aus. Es muß vielmehr dafür Sorge getragen werden, daß die ausgewählte Produktkonzeption von allen eingeschalteten Instanzen – von den Konstrukteuren über die Fertigungsingenieure, das Einkaufs-, Produkt- und Vertriebsmanagement bis hin zu den Geschäftspartnern auf der Beschaffungs- und Handelsseite – sorgfältigst in die Realität umgesetzt wird. Daß hier ein entscheidender Schlüssel zum Erfolg liegt, haben in letzter Zeit vor allem die beiden amerikanischen Unternehmensberater Peters und Waterman in ihrem vielbeachteten Buch „Auf der Suche nach Spitzenleistungen" noch einmal deutlich gemacht: Top-Unternehmen zeichnen sich dadurch aus, daß sie ein „scheinbar völlig übersteigertes Bemühen" um die Qualität ihrer Produkte und ihres Service an den Tag legen; an anderer Stelle des Buches wird hierfür der Ausdruck „Qualitätsbesessenheit" gebraucht.[1] Bei Peters und Waterman ebenso wie bei anderen Autoren wird in diesem Zusammenhang auch auf das japanische Beispiel verwiesen. „Ein Vergleich: Bei 1000 hergestellten Fernsehapparaten haben die Japaner in der Endkontrolle eine Ausfallrate von 5, deutsche Unternehmen von 20 und amerikanische von 40 Stück."[2]

Die Wurzel für derartige Verhaltensweisen ist in Grundeinstellungen der Beteiligten zu sehen, die im Falle japanischer Unternehmen gelegentlich mit „Null-Fehler-Philosophie", im Falle des weltweit über Jahrzehnte hinweg als Marketing-Vorbild gesehenen Konzerns Procter & Gamble als außerordentliche „Gründlichkeit" und „Präzision", in wieder anderen Fällen als „Streben nach Perfektionismus" oder „absolut professionelle Einstellung" bezeichnet worden ist.[3] Daß dies einen ent-

---

[1] Vgl. Peters/Waterman (1986) S. 190, 205.
[2] Schiefer (1982) S. 44; siehe auch Peters/Waterman (1986) S. 209 f.; Hayes (1982) S. 24.
[3] Vgl. z. B. Hayes (1982) S. 24; Vanderwicken (1974) S. 75.

scheidenden Erfolgsfaktor im wirtschaftlichen Bereich darstellt, kann an sich nicht überraschen, da auch Spitzenleistungen in anderen Lebensbereichen – z. B. auf sportlichem, musischem oder wissenschaftlichem Gebiet – sehr häufig auf entsprechenden Persönlichkeitsmerkmalen beruhen.

Eines der Kennzeichen mittelständischer Unternehmen ist nun darin zu sehen, daß ihr Vorgehen bei Produkt-, Verfahrens- und Strukturinnovationen in sehr vielen Fällen durch einen erheblichen Mangel an professioneller Gründlichkeit gekennzeichnet ist. Dies wurde im vorangegangenen Beitrag bereits ausführlich für die Anregungs-, Such- und Bewertungsphase des Innovationsprozesses verdeutlicht; es gilt aber mindestens ebenso für alle nachfolgenden Aufgaben im Rahmen der Innovationsumsetzung bis hin zur Verkaufsförderung. Als Folge davon verlaufen viele Produktinnovationen im Bereich mittelständischer Unternehmen nach dem Prinzip „trial and error", d. h. man bietet bestimmte Produkte/Produktvarianten einfach einmal an, und zieht sich dann auch relativ rasch wieder zurück, wenn das Projekt wegen mangelnder Gründlichkeit in der Planungs- oder Durchführungsphase an bestimmten Punkten scheitert. Hat es sich nicht um Produkt-, sondern um Verfahrensinnovationen (Einführung eines neuen EDV-Systems oder einer neuen Fertigungsanlage) gehandelt, so ist ein rascher Rückzug i. d. R. nicht möglich; man versucht dann, mit den nicht gründlich genug bedachten bzw. gelösten Punkten schlecht und recht über die Nutzungsdauer der Anlage zu kommen.

Der wichtigste Grund liegt darin, daß ein zu geringes Bewußtsein dafür vorhanden ist, daß im geschäftlichen Alltag nebeneinander Angelegenheiten von wahrhaft existentieller Bedeutung und Angelegenheiten von minderer oder gar absolut trivialer Bedeutung zur Erledigung anstehen, und daß erstere ein ganz anderes Niveau der Behandlung erfordern als letztere. So kommt es dann, daß sich die Führungskräfte eines mittelständischen Unternehmens u. U. bis in die letzten Einzelheiten um Dinge kümmern, die schon aus Gründen des Führungsstils und der Mitarbeitermotivation besser ein oder zwei Ebenen tiefer erledigt würden, daß aber gleichzeitig ausreichend Zeit und Muße fehlt, sich um die Einführung neuer Produkte, neuer Anlagen oder neuer Organisationsformen zu kümmern. In allgemeinerer Form ist dieses Phänomen unter der Bezeichnung „Greshamsches Gesetz der Planung" bekannt geworden. Dieses Gesetz besagt, daß die unwichtigeren, aber scheinbar drängenden Planungsaufgaben die wichtigeren, aber scheinbar aufschiebbaren Planungsaufgaben im geschäftlichen Alltag verdrängen, so daß letzteren auf Dauer keine angemessene Behandlung zuteil wird. Vermeintliche Sach- und Zeitzwänge im operativen Bereich verhindern die gründliche Auseinandersetzung mit den strategischen Aufgaben – siehe Abb. 1.

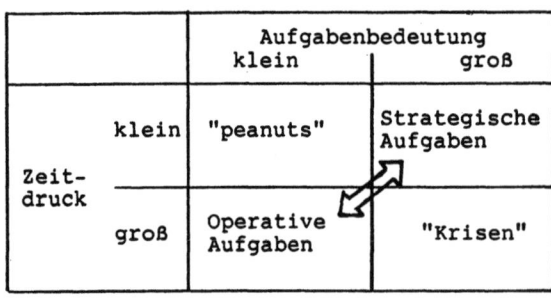

Abb. 1. Zum Greshamschen Gesetz der Planung.

Zu den strategischen Aufgaben, die grundsätzlich mit absolut professioneller Gründlichkeit wahrgenommen werden müssen, gehören alle Angelegenheiten, bei denen die Unternehmung viel Geld oder Goodwill (bei Kunden, Mitarbeitern oder Öffentlichkeit) verlieren kann. Von daher sollte die Beschäftigung mit Produkt-, Verfahrens- und Strukturinnovationen unbedingt immer zu den vornehmsten und zeitanteilsmäßig bedeutendsten Aufgaben jeder Unternehmensführung gehören.

Ein zweiter wesentlicher Grund für mangelnde professionelle Gründlichkeit liegt im vorsätzlichen oder fahrlässigen Verzicht auf grundsätzlich verfügbares Know How. Vorsatz ist dabei gegeben, wenn mittelständische Unternehmer die strenge Systematik und wissenschaftliche Akribie eines methodischen Vorgehens ablehnen, weil sich dies nicht mit ihrem Verständnis mittelständischen Unternehmertums verträgt („Wir sind auch bisher ohne so etwas ausgekommen", „Das ist etwas nur für Großunternehmen" usw.). Sie verkennen dabei, daß die Wettbewerbsbedingungen auch für mittelständische Unternehmen sehr viel härter geworden sind (kritischere Verbraucher, internationaler Wettbewerb, schnellerer Wandel von Bedürfnissen und Technologien usw.), und daß kommerzielle Standards, die gestern noch Großunternehmen vorbehalten schienen, heute schon im mittelständischen Bereich verfügbar oder üblich sein können (siehe z. B. Einsatz von Computern mit 1 MB Hauptspeicher, Industrierobotern, Hochschulabsolventen usw.). Fahrlässiger Verzicht auf Know How liegt vor, wenn sich das Unternehmen nicht genügend darüber informiert, welche Informationsquellen mit welchem Angebot zur Verfügung stehen (Unternehmensberater, Marktforschungsinstitute, Werbeagenturen, Softwarehäuser, Hardwareanbieter, Hochschulen usw.).

2 Anforderungslisten als wichtiges Instrument der Innovationsumsetzung

Entschließt sich ein mittelständisches Unternehmen vor dem Hintergrund der eingangs dargestellten Fakten, bei wichtigen Aufgaben wie der Produkt-, Verfahrens- oder Strukturinnovation in Zukunft ebenfalls ein bestimmtes Niveau professioneller Gründlichkeit zu realisieren, so kann die Erreichung dieses Zieles durch verschiedene Maßnahmen flankierend abgesichert bzw. unterstützt werden. Hierzu gehört insbesondere das zukünftige starke, persönliche Engagement der Geschäftsleitung in allen Fragen der strategischen Planung und Kontrolle einschließlich Qualitätskontrolle, Reklamationsraten, Ausschußquoten usw., weiterhin ein entsprechendes Anreiz- und (Um-)Erziehungsprogramm für die Mitarbeiter aller Abteilungen, der Aufbau eines motivierenden Vorschlagswesens (bzw. alternativer Konzeptionen wie „Qualitätszirkel"), die Einführung der Methode der Wertanalyse usw.. Im folgenden soll ein in diesem Zusammenhang ebenfalls sehr bedeutsames Instrument näher angesprochen werden, nämlich der Einsatz sogenannter Anforderungslisten an den wichtigsten Schnittstellen der Unternehmung.

Die Grundidee derartiger Anforderungslisten ist ganz einfach: Wann immer eine betriebliche Stelle bzw. Abteilung größere Investitionen vornehmen will, muß sie zunächst ihre Anforderungen an das Investitionsobjekt so exakt und kurz wie möglich fixieren. Handelt es sich beispielsweise um die Anschaffung einer neuen EDV-Anlage für die Arbeitsvorbereitung, so sind die einzelnen Aufgaben exakt zu beschreiben, die zukünftig computergestützt abgewickelt werden sollen, sowie bestimmte Anforderungen hinsichtlich Benutzerfreundlichkeit, Ausbaufähigkeit, Kompatibilität, Kosten usw. zu präzisieren. Der Sinn ist zum einen, daß die beantragende Stelle bzw. Abteilung – hier also die Arbeitsvorbereitung – möglichst gründliche Überlegungen hinsichtlich ihrer Bedürfnisse bzw. Anforderungen anstellt, bevor sie sich schriftlich und damit verbindlich festlegt. Daß möglichst gründliche Überlegungen gerade im Mittelstand gefördert werden müssen, wurde bereits wiederholt angesprochen. Der Sinn liegt aber auch darin, daß die liefernde Stelle – hier also der EDV-Anbieter – von Anfang an auf die strikte Einhaltung bestimmter Leistungserwartungen verbindlich und nachprüfbar festgelegt wird. Auch sie muß also besonders gründlich recherchieren und analysieren, bevor sie die Anforderungsliste als verbindliche Vorgabe akzeptiert; hernach muß sie dann wiederum besonders gründliche Arbeit leisten, um mit dem gelieferten Produkt auch alle Anforderungen tatsächlich erfüllen zu können. Anforderungslisten sind also ein hervorragendes Mittel, alle Beteiligten in wichtigen Angelegenheiten zu einem bestimmten Maß an professioneller Gründlichkeit zu zwingen, ohne sie gleichzeitig zu überfordern oder zu übervorteilen: Grundlage bleibt immer die freiwillige Vereinbarung bestimmter Anforderungen.

Derartige Anforderungslisten sind seit langem in unterschiedlicher Ausprägung und mit unterschiedlicher Bezeichnung („Zielkatalog", „Anforderungsliste", „Pflichtenheft", „Lastenheft" usw.) in der betrieblichen Praxis in Gebrauch;[4] wie Abb. 2 verdeutlicht, richten sie sich gleichermaßen an außer- wie innerbetriebliche Lieferanten irgendwelcher Leistungen. Die Absatzwirtschaft beispielsweise kann die zu vertreibenden Fertigerzeugnisse entweder aus der eigenen Fertigung oder aber von außen beziehen. In beiden Fällen kommt es darauf an, daß eine präzise Definition aller aus Markt- bzw. Kundensicht relevanten Produkteigenschaften erfolgt, daß al-

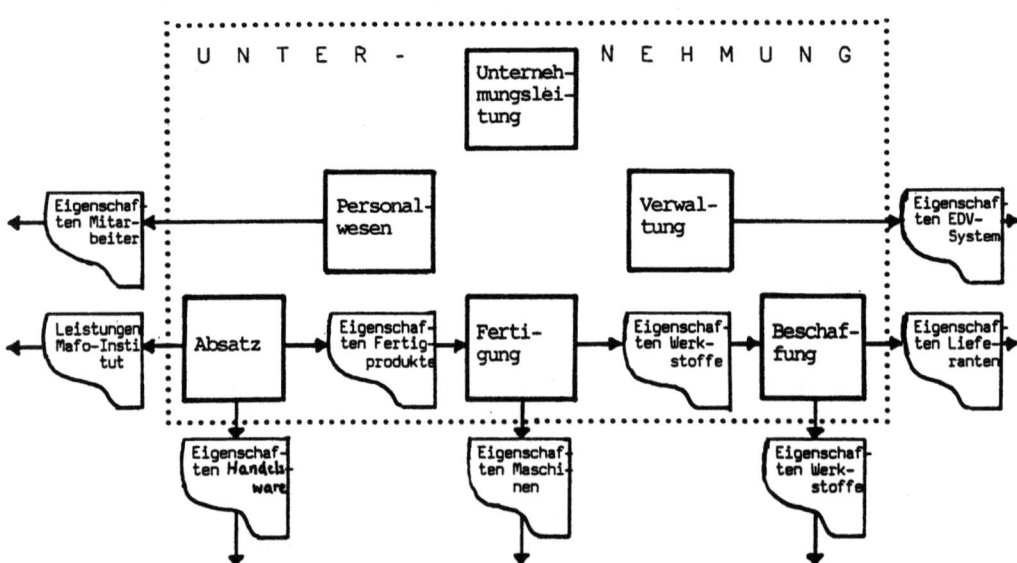

Abb. 2. Ausgewählte Einsatzmöglichkeiten von Anforderungslisten.

---

[4] Siehe z. B. Paul (1987) S. 3 ff.; Brockhoff (1981) S. 96; Selowsky/Müllmann/Höhn S. 731; Heinrich (1984) S. 21.

so der Absatzbereich zunächst erst einmal „seine Hausaufgaben macht". Selbst bei der Beschaffung hierfür notwendiger Marktforschungsinformationen durch ein entsprechendes Institut ist es eine sinnvolle Praxis, die seitens dieses Institutes zu erbringenden Leistungen bzw. Informationen vorher exakt zu definieren (siehe hierzu auch das „Management externer Ressourcen" im 3. Kapitel dieser Arbeit).

3 Die Aktivierung des Handels zur Umsetzung mittelständischer Angebotskonzepte

Viele Produktinnovationen erweisen sich bekanntlich auf der letzten und entscheidenden Innovationsstufe, der marktmäßigen Kommerzialisierung, als Flop. Dieses Risiko ist zwangsläufig mit jeder echten Neuerung verbunden und muß auch vom mittelständischen Unternehmen eingegangen werden. Speziell das mittelständische Produkt sieht sich aber darüber hinaus besonderen Schwierigkeiten gegenüber, was die Zusammenarbeit mit dem Handel anbelangt.

Hauptgrund ist natürlich auch hier die vergleichsweise schwache Marktposition, in der sich ein mittelständisches Unternehmen i. d. R. gegenüber dem Handel befindet. Große Unternehmen verfügen über alle methodischen, personellen und finanziellen Möglichkeiten, „starke" Produkte aufzubauen, d. h. über Werbung, Verkaufsförderung usw. einen hohen Bekanntheitsgrad und ein unverwechselbares Image aufzubauen; will der Händler sich nicht selbst schädigen, muß er derartige Produkte, die aufgrund der Herstellerwerbung häufig nachgefragt werden und ansehnliche Umsatz- und Gewinnpotentiale repräsentieren, führen und sogar in einem Mindestumfang ständig vorrätig haben. Wird eine derartige Strategie von einem Hersteller bewußt zur Erzielung einer hohen Distribution eingesetzt, so spricht man von einer „Pull-Strategie".[5] Sie macht ihn weitgehend unabhängig vom Wohlwollen, Entgegenkommen und von der aktiven Unterstützung durch den Handel. Große Markenartikel befinden sich seit jeher in einer solchen Position, die selbst gegenüber größeren Handelsorganisationen nur bescheidene Preis- bzw. Rabattzugeständnisse erforderlich macht.

Ganz anders stellt sich die typische Situation mittelständischer Unternehmen dar. Für eine Pull-Strategie über Massenmedien fehlen in den weitaus meisten Fällen die Voraussetzungen. Damit ist von vornherein eine weitgehende Abhängigkeit von der Förderung gegeben, die das Produkt auf der Handelsstufe erfährt. Diese Abhängigkeit beginnt schon bei der Frage der „Listung", d. h. der Aufnahme in das Sortiment des Handelsbetriebes. Da mit neuen Produkten prinzipiell ein Umsatz- und Gewinnrisiko verbunden ist, und die Regal- und Lagerfläche des Handels begrenzt ist, fällt die Sortimentsentscheidung des Handels verständlicherweise oft zugunsten etablierter, „schnelldrehender" Produkte. Dies gilt erst recht, wenn im Falle mittelständischer Produkte zwangsläufig nur begrenzte Umsatzzahlen erwartet werden können. Die Abhängigkeit setzt sich dann fort bei der Förderung, die die Produkte im täglichen Warenumschlag erfahren: Wie groß ist die zur Verfügung gestellte Regal- bzw. Präsentationsfläche; wie günstig ist sie bezüglich des Wanderverhaltens und des Wahrnehmungsbereiches der Kunden positioniert; wieweit wird durch Dis-

---
[5] Vgl. Nieschlag/Dichtl/Hörschgen (1985) S. 485.

playmaterial u. ä. zusätzliche Aufmerksamkeit und Interesse geweckt; wieweit wird im persönlichen Beratungsgespräch auf bestimmte Produkte hingewiesen; wieweit wird durch Werbung, Aktionen, Materialien eine Förderung seitens des Händlers vorgenommen usw..

In allen diesen Fragen beklagen mittelständische Unternehmen häufig eine unzureichende Förderung durch den Handel. Der Handel seinerseits beklagt wiederum das unzureichende professionelle Niveau der mittelständischen Hersteller, insbesondere was die Marketing-Konzeption anbelangt. Auf diese Weise entwickelt sich gelegentlich eine Art „Schwarzer Peter-Spiel", bei welchem beide Seiten den unbefriedigenden Geschäftserfolg jeweils einseitig auf Versäumnisse bzw. Unterlassungen der anderen Seite zurückführen. In Abb. 3 wird daher noch einmal zusammenfassend dargestellt, wie nur im einvernehmlichen Zusammenwirken beider Seiten ein optimales Ergebnis erzielt werden kann.

Abb. 3. Das Zusammenspiel Hersteller-Händler.

Insbesondere wird deutlich, daß dem Hersteller die Aufgabe obliegt, ein tragfähiges Marketing-Konzept zu entwickeln, das dann anschließend vom Handel umzusetzen ist. Die wesentlichen Elemente dieses Konzeptes sind in Abb. 3 aufgeführt: Auf der Basis ausreichender Marktforschung sind klare Entscheidungen über die anzusprechende Zielgruppe sowie den USP zu treffen; dieses Kern-Konzept ist sodann in entsprechende Werbe- und Verkaufsförderungsmaßnahmen umzusetzen, um es Händlern und Endabnehmern plausibel zu machen. Fehler und Unterlassungen in diesem letztgenannten Punkt entwerten zwangsläufig alle vorher mühselig erarbeiteten Produktvorteile, und gerade hier sind in der Tat erhebliche Unterschiede zwischen erfolgreichen und weniger erfolgreichen mittelständischen Unternehmen festzustellen. Erstere sprechen Handel und Endabnehmer mit einem Bündel phantasievoll und professionell gestalteter Werbe- und Verkaufsförderungsmaßnahmen an, von Katalogen, Prospekten, Faltblättern und Displaymaterial bis hin zu Händler-

und Verbraucherschulungen, Produktdemonstrationen, Verbraucherwettbewerben usw.. Eine derartige Aktivierung des Handels stellt somit eine entscheidende Chance für das mittelständische Unternehmen dar, womit es viele Nachteile wieder ausgleichen kann, die es ansonsten durch seine geringe Unternehmensgröße bzw. Finanz- und Marktmacht hat.

Literatur

Brockhoff, K.: Produktpolitik, Stuttgart-New York 1981.
Hayes, R. H.: Warum japanische Fabriken so erfolgreich arbeiten, in: Harvard manager 4 (1982) Nr. 2, S. 20 - 29.
Heinrich, L. J.: Mittlere Datentechnik, in: Management-Enzyklopädie, Bd. 7, 2. Aufl., Landsberg/Lech 1984, S. 15-26.
Nieschlag, R.; Dichtl, E.; Hörschgen, H.: Marketing, 14. Aufl., Berlin 1985.
Paul, J.: Planung, Steuerung und strategische Ausrichtung der Produktentwicklung, in: Moll, H. H.; Warnecke, H. J. (Hrsg.), RKW-Handbuch Forschung, Entwicklung, Konstruktion (F+E), Berlin 1976, Erg. Lfg. 1987, Kennziffer 4750, S. 1-38.
Peters, T. J.; Waterman, R. H.: Auf der Suche nach Spitzenleistungen, Landsberg am Lech 1986.
Schiefer, F.: Faktoren der internationalen Wettbewerbsfähigkeit – aufgezeigt am Vergleich USA, Japan, Deutschland, in: ZfbF 34 (1982), S. 34-51
Selowsky, R.; Müllmann, H.; Höhn, S.: Integrierte Planungsrechnung im Planungssystem des Volkswagen-Konzerns, in: Hahn, D.: Planungs- und Kontrollrechnung – PuK, 3. Aufl., Wiesbaden 1985, S. 715-789.
Vanderwicken, P.: P&G's Secret Ingredient, in: Fortune, July 1974, S. 75-79, 164 f.

3.2 Praxisbeispiele des Innovationsmanagements im Mittelstand

Praxisbeispiel III: Produktinnovation in einem Unternehmen der Nahrungsmittelindustrie

Von H. Stamer

1 Die Ausgangssituation

1.1 Das Unternehmen

Das Unternehmen wurde Ende 1984 als Kommanditgesellschaft und – zunächst – Ein-Mann-Betrieb gegründet. Es sollte nach dem Ausscheiden seines Komplementärs aus einer konzernbestimmten ehemaligen Familiengesellschaft Mitte 1984 der erste Schritt in eine neue Selbständigkeit werden.

1.2 Das Problem

Der völlige Neubeginn, ein nach dem Verlassen des früheren Unternehmens zu beachtendes zweijähriges Wettbewerbsverbot sowie die empfindliche Kapitalknappheit stellten den Versuch eines Neubeginns vor fast unüberwindliche Schwierigkeiten. Es war offensichtlich, daß Erfolg nur möglich sein konnte bei einer – trotz der begrenzten Möglichkeiten – besonders sorgfältigen Planung. Hierbei erschien vor allem wichtig

- die Planung so wenig umständlich, so straff und wirtschaftlich wie möglich zu halten,
- Fehler auf allen Planungsstufen weitestgehend auszuschließen,
- den künftig Kredit gebenden Stellen Vertrauen in das Projekt zu vermitteln und
- möglichst schnell nach Ablauf des Wettbewerbsverbotes Ende 1986 wieder auf den Markt gehen zu können.

1.3 Das Vorgehen

Da die personellen Kapazitäten in einem Ein-Mann-Unternehmen naturgemäß beschränkt sind, kam im wesentlichen nur die Nutzung externen Wissens und externer Dienstleistungen in Frage. Aus Effizienz-Erwägungen – und hier vor allem auch aus Kostengründen – wurden in erster Linie nur solche Institutionen herangezogen, die bei überschaubarem finanziellen Einsatz die Multiplikation eigenen Wissens ermöglichten.

Insgesamt war für diese erste Phase der Markterkundung ein Betrag von DM 50.000,– eingeplant. Ein Zeitraum von drei Monaten sollte nicht überschritten werden.

2 Die Suche nach Ideen

Das erste Stadium einer jeden Neuproduktentwicklung ist die Ideensuche. Die Suche sollte in dieser Phase nicht zu eng angelegt werden. Deshalb wurde alle verfügbare Literatur – vor allem Zeitschriften und Fachbücher – mit herangezogen. Darüber hinaus wurden in diesem Zusammenhang Arbeitgeberverbände, Industrie- und Handelskammern und außerdem Unternehmensberater u. ä. angesprochen.
Hierbei erwies sich insbesondere die Innovationsberatung der Industrie- und Handelskammern als ausgesprochen hilfreich. Die Mitwirkung des Innovationsberaters beschränkte sich nicht nur auf die Eingrenzung und Erkundung des Suchraumes, sondern ging bis zur Kontaktvermittlung zu anderen Unternehmen und zur systematischen Nutzungsanleitung von Datenbanken bzw. zur gemeinsamen Auswahl geeigneter Informationsbroker.

2.1 Stärken und Schwächen des Unternehmens

Zur Ordnung und Bewertung der Vielzahl von Informationen, die im Rahmen der Ideensuche anfielen, war es erforderlich, sich einen systematischen Überblick über die Möglichkeiten und Grenzen des Unternehmens zu verschaffen.
Die *Stärken* des Unternehmens lagen in folgenden Bereichen:

a) *Technologie*

- Kenntnisse in der Herstellung aller Arten von Joghurt und Fruchtjoghurt
- Kenntnisse in der Herstellung von Milchmischgetränken
- Kenntnisse in der Herstellung von Speisequark und Speisequarkzubereitungen
- Kenntnisse auf dem Gebiet der Herstellung pflegender Kosmetika

b) *Absatzmarkt*

- Kenntnisse aller Teilmärkte obengenannter milchwirtschaftlicher Produkte
- Kenntnisse eines Teilmarktes für pflegende Kosmetika
- Kontakte zu Großhandelsunternehmen im Milchfrischproduktenbereich
- Kontakte zu fast allen bedeutenden Unternehmen des Lebensmitteleinzelhandels

c) *Beschaffungsmarkt*

- Sichere Kontakte für die Beschaffung von Milch trotz zunehmender Reglementierungen des Milchmarktes (Quotenregelung)
- Kontakte zu Herstellern von Frucht- und Gewürzzubereitungen, die bereit waren, an der Entwicklung von Neuprodukten mitzuarbeiten
- Kontakte zu Grundstofflieferanten der Kosmetikindustrie, die an gemeinsamen Neuproduktentwicklungen Interesse hatten

Die *Grenzen* des Unternehmens lagen vor allem in folgenden Bereichen:

- Einsetzbares Eigenkapital nicht mehr als 2 Mio. DM
- Eingeschränkte Anziehungskraft auf gute Mitarbeiter, da diese häufig das Risiko des Neuaufbaues eines Unternehmens scheuen
- Verfügbare Zeit bis zur Inbetriebnahme nicht mehr als 2 1/2 Jahre

Eine Bewertungsmatrix half, die obengenannten Punkte in ein überschaubares und für die Gewichtung der Produktideen handhabbares System zu bringen.

Tabelle 1. Bewertungsmatrix für Produktidee „pflegende Kosmetika"

Bewertungs-gesichtspunkte	(A) Relative Gewichtung+	(B) Selbsteinschätzung des Unternehmens											Bewertung (A x B)+
		0,0	0,1	0,2	0,3	0,4	0,5	0,6	0,7	0,8	0,9	1,0	
Unternehmens-image	0,05						x						0,025
Marketingleistung	0,15							x					0,090
Voraussetzungen für Qualität von Forschung und Entwicklung	0,15									x			0,120
Qualifizierte Mitarbeiter	0,10						x						0,050
Beschaffung Milch und andere „sensible" Rohstoffe	0,10										x		0,090
Einhaltung des Zeitlimits	0,15			x									0,030
Wirtschaftlichkeit im Vergleich zu größeren Unternehmen/Rendite	0,10							x					0,060
Finanzierung	0,20								x				0,140
Insgesamt	1,00												0,605

+ 0,00 - 0,40 = unbefriedigend
0,41 - 0,69 = befriedigend
0,70 - 1,00 = gut
Mindestwert für Weiterentwicklung: 0,80

Modifiziert übernommen aus: Richman, Barry, M., „A Rating Scale for Product Innovation", Business Horizons, 1962, S. 37 ff.

2.2 Attraktive Marktfelder

Die kritische Analyse der Möglichkeiten und Grenzen des Unternehmens ließ die ursprüngliche Vielzahl der Produktideen zusammenschmelzen.

Von den allein übrig gebliebenen interessanten Marktfeldern „Kosmetika" und „Milcherzeugnisse" wurden in der Folgezeit in Zusammenarbeit mit einem externen Berater nur noch die einzelnen milchwirtschaftlichen Teilmärkte analysiert.[1] Die weitere Verfolgung der Produktidee „pflegende Kosmetika" wurde insbesondere wegen der erforderlichen längeren Entwicklungszeit aufgegeben.

2.3 Anforderungen an die neuen Produkte

Die Produktideen aus dem Bereich der Milcherzeugnisse sollten folgenden Bedingungen genügen:

Markt

- Der Teilmarkt sollte größer als 100 Mio. DM Jahresumsatz (gerechnet zu Verbraucherpreisen) sein
- Der Teilmarkt sollte trotz rückläufiger Bevölkerungszahl auch in Zukunft wachsen
- Der Teilmarkt sollte einen bestimmten prozentualen Deckungsbeitrag – gemessen am Umsatz zu Verbraucherpreisen – nicht unterschreiten
- Es mußte ein USP mit diesem Produkt zu verbinden sein, der dem Verbraucher ohne größeren Werbeaufwand zu vermitteln war (nicht mehr als 2 % vom Umsatz)
- Der mit dem Neuprodukt verbundene USP mußte auch den Groß- und Einzelhandel überzeugen können, um dort trotz der Angebotsüberflutung die Voraussetzung für eine positive Listungsbereitschaft zu schaffen

Produktion

- Es sollte eine eigene Produktionsstätte innerhalb der zur Verfügung stehenden 2 1/2 Jahre aufgebaut werden können
- Das Investitionsvolumen sollte 6 Mio. DM nicht übersteigen
- Das Produktionsverfahren sollte nicht jedermann zugänglich sein. Schutzfähigkeit war erwünscht

Beschaffung

- Die Beschaffungsmärkte durften aus Risikogründen nicht bereits von künftigen Wettbewerbern kontrolliert bzw. stark beeinflußt werden

Wirtschaftlichkeit

- Trotz des voraussichtlich zunächst kleineren Umsatzvolumens sollte die Produktentwicklung die Voraussetzungen mitbringen, mit einer Kostensituation zu arbeiten, die im Prinzip mit der auch von größeren Unternehmen konkurrieren konnte
- Die Rendite sollte mindestens dem Branchendurchschnitt entsprechen

---

[1] Siehe hierzu Praxisbeispiel I zur Portfolio-Analyse.

3 Die Endauswahl unter den Produktideen

Den obengenannten Anforderungen genügten nur Produktideen aus den Bereichen

Joghurt mit Zusätzen
und
Frischkäse bzw. Speisequark mit Zusätzen

Die Ergebnisse einer Analyse auf der Basis der in Tabelle 1 gezeigten Bewertungsmatrix veranlaßten das Unternehmen, sich in der Folgezeit nur noch mit den Produktideen aus dem Bereich „Joghurt mit Fruchtzusätzen" zu beschäftigen.

Der Fruchtjoghurtmarkt wies zu der Zeit – 1984 – auf der Basis von Verbraucherpreisen ein Volumen von ca. 1,3 Mrd. DM auf und wuchs durchschnittlich um etwa 7 % jährlich.

Tabelle 2. Umsatzentwicklung Fruchtjoghurt (Basis Verbraucherpreise) in der Bundesrepublik Deutschland (Quelle: Nielsen Marktforschung)

Jahr	Umsatz in Mio. DM	Steigerung in % gegenüber Vorjahr
1975	663	
1976	785	+ 18,4 %
1977	826	+ 5,2 %
1978	845	+ 2,3 %
1979	885	+ 4,7 %
1980	1004	+ 13,4 %
1981	1094	+ 9,0 %
1982	1149	+ 5,0 %
1983	1202	+ 4,6 %
1984	1309	+ 8,9 %

Die Expansion dieses Marktes wurde insbesondere geprägt durch die beiden Teilsortimente „Genuß" (Sahnejoghurt mit Früchten) und „Diät, Gesundheit und Natürlichkeit". Diese beiden Segmente hatten am gesamten Fruchtjoghurtmarkt bereits einen Anteil von etwa je 8 % und nahmen in den ersten 8 Monaten 1984 kontinuierlich um über 30 % gegenüber dem Vorjahr zu, während der übrige Fruchtjoghurtmarkt insgesamt stagnierte. Es erschien reizvoll, mit einer neuen Art von Sahnejoghurt (insbesondere neue Geschmacksrichtungen) oder einem neuen Diätjoghurt mit einem bisher nicht auf dem deutschen Markt befindlichen Süßstoff – gedacht war hier an Aspartame – in diese offensichtlich so aufnahmebereiten Märkte hineinzugehen.

Abgesehen davon, daß diese Märkte bereits durch eine Anzahl anderer Anbieter besetzt waren und deshalb die Gefahr nicht von der Hand zu weisen war, mit der Neuproduktentwicklung in eine me-too-Situation hineinzukommen, mußte berücksichtigt werden, daß der Fruchtjoghurtmarkt insgesamt sich durch immer raffiniertere Zusatzstoff-Kombinationen zunehmend stärker von einem Markt „natürlicher" Produkte fortentwickelte.

Keines der Neuprodukte der letzten Jahre in den schnellwachsenden Segmenten hatte auf die aktuellen Entwicklungen im sich verändernden Verbraucherbewußtsein wirklich reagiert. Mit gewissen Abstrichen ließ sich das allenfalls noch von bestimmten neu auf den Markt gekommenen Müsli-Versionen bzw. Körner-Versionen für Joghurt sagen.

Demgegenüber war jedoch festzustellen, daß inzwischen 6 % der Verbraucher nicht nur von mehr Natürlichkeit der Lebensmittel sprachen, sondern bereits konkret ihr Einkaufsverhalten danach ausrichteten.

Eine neuere Untersuchung von Gruner & Jahr bezifferte inzwischen die Zielgruppe der sogenannten progressiven natursensibilisierten Qualitätskäufer mit 7,8 Mio. bzw. 28 % der Bevölkerung zwischen 14 und 54 Jahren. Diese Werte konnten aufgrund der ohnehin schon größeren Gesundheitsorientierung der joghurtnachfragenden Zielgruppen ohne Bedenken auf diesen Teilmarkt übertragen werden. Dementsprechend mußte hier ein Marktpotential von etwa 360 Mio. DM – auf der Basis von Verbraucherpreisen – für die verschiedenen Versionen eines natürlicheren Fruchtjoghurts liegen.

Das Problem für einen „natürlicheren" Fruchtjoghurt lag jedoch darin, daß die meisten Konzeptionen für naturbelassenere Produkte darunter litten, daß die „Naturbelassenheit" in aller Regel nur der Deklaration auf der Verpackung zu entnehmen war. Sie konnte vom Konsumenten nicht deutlich und überzeugend erlebt werden. Oder anders formuliert: Eine jede dieser Produktkonzeptionen, die ein höheres Maß an Natürlichkeit zum Gegenstand hatte, die nicht überzeugend genug dargestellt werden konnte, mußte von vornherein mit einem erheblich höheren Werbeetat rechnen.

Das Unternehmen entschied sich deshalb, in die nächste Phase der Produktentwicklung für einen „natürlicheren" Joghurt nur unter der Bedingung hineinzugehen, daß es technisch und wirtschaftlich möglich war, einen Fruchtjoghurt mit ganzen Früchten (mit ganzen Erdbeeren, mit ganzen Himbeeren usw.) unter Verzicht auf den Einsatz von Konservierungsstoffen herzustellen.

4 Die Ergebnisvorausschau

4.1 Die Umsatzprognose

Die Zusammenarbeit mit Informationsbrokern und der damit gegebene Zugriff auf fast alle internationalen Datenbanken verschaffte Schritt für Schritt einen immer besseren Überblick über den Weg der Produktentwicklung.

So war es bereits drei Monate nach Beginn der grundsätzlichen Überlegungen möglich, in Gruppendiskussionen mit Verbrauchern sowie in Gesprächen mit Einkäufern (teilweise auch Unternehmensleitungen) größerer Handelsunternehmen Details des Produktkonzeptes zu erörtern. Die hieraus abgeleiteten Erkenntnisse z. B. über Konditions- und Preisgrenzen trugen maßgeblich zu einer Verfeinerung der Planungen bei. Die besondere Bedeutung dieser ersten Gespräche mit dem Handel lag auch darin, daß der Neubeginn des Unternehmens und die engen finanziellen Grenzen eine Absatzpolitik im Sinne einer „Pull-Strategie" – z. B. über intensive Verbraucherwerbung – ausschlossen.

Es war also zu ermitteln, ob das Produktkonzept überhaupt beim „Flaschenhals" Handel, den das Sortiment auf seinem Weg zum Verbraucher passieren mußte, auf ein so großes Interesse stieß, daß nicht nur die grundsätzliche Bereitschaft zur Listung daraus abgeleitet werden konnte, sondern darüber hinaus auch wirksame Ansätze für eine aktive Förderung durch den Handel; denn es war zu berücksichtigen, daß diese neuen Produkte nicht nur Eingang in die ohnehin schon mit etablierten Marken überfüllten Kühlregale der Handelsunternehmen finden mußten, sondern daß darüber hinaus auch die Frage zu beantworten war, inwieweit sich lediglich eine Substitution stehender „sicherer" Umsätze durch diese Neuprodukte ergab.

Und hier wiederum war das Kernproblem, ob die mit der eventuellen Verdrängung „sicherer" Umsätze gleichzeitig mit entfallenden Deckungsbeiträge durch das neue Produktkonzept – seinen höheren Stücknutzen und/oder seine wahrscheinlich höhere Umschlagsgeschwindigkeit – pro laufenden Meter Kühlfläche kompensiert oder gar überkompensiert werden konnten.

Die Beurteilung dieser Frage entschied über die Einstellung des Handels zu eventuellen Listungsgeldern, Werbekostenzuschüssen u. ä. als einer Art kapitalisierten Vorwegnahme evtl. künftig per Saldo geringerer Deckungsbeiträge, ergänzt um vielleicht erforderlich werdende zusätzliche Kosten der Verkaufsförderung.

Eine negative Einschätzung des Konzeptes durch den Handel hätte das Gesamtprojekt allein unter diesem Aspekt schon unfinanzierbar gemacht.

Die durchweg sehr positiven und konstruktiven Kommentare ließen die Planungen zur Positionierung des Fruchtjoghurts (bewußtere Ernährung, dennoch an tradiertes Gutes gebunden), zur Preispolitik (Verbraucherpreis nicht über 0,99 DM) und zum Umsatz relativ schnell abschließen.

Es war hiernach bei bestimmten Handelsformen ein Marktanteil von etwa 5 % unter Zugrundelegung einer straffen selektiven Absatzpolitik möglich.

Danach sollte der Absatz in der ersten Phase auf die Regionen Berlin, Norddeutschland und einen Teil von Nordrhein-Westfalen beschränkt werden und hier wiederum konzentriert bleiben auf Filialunternehmen bzw. filialähnlich geführte Unternehmen.

Diese repräsentierten 1984 in den betreffenden Gebieten etwa folgende Fruchtjoghurt-Umsätze:

Berlin	30 Mio. DM
Schleswig-Holstein und Hamburg	70 Mio. DM
Niedersachsen, Bremen und Nordrhein-Westfalen anteilig	100 Mio. DM
Insgesamt	200 Mio. DM

Das entsprach einem Planumsatz für das 1. Jahr auf der Basis von 1984 in Höhe von etwa 10 Mio. DM (gerechnet zu Verbraucherpreisen) bzw. bei Unterstellung eines konstanten jährlichen Wachstums von 7 % bis 1987 – dem Jahr der geplanten Produktionsaufnahme – einem Umsatz von etwas über 12 Mio. DM.

Für die Entwicklung der Folgejahre wurde eine Ausweitung der Distribution auf das gesamte Bundesgebiet bei einem insgesamt verlangsamten Wachstum des

Fruchtjoghurtmarktes unterstellt. In der Umsatzplanung wurde von einer Beibehaltung der selektiven Absatzpolitik und – aufgrund des vorgesehenen extrem kleinen Vertriebsapparates – von einem leicht auf 4 % in den jeweiligen Vertriebslinien abgesunkenen Marktanteil ausgegangen.

4.2 Die Kostenprognose

Vor dem Hintergrund dieser ersten noch groben Umsatzplanungen ließ sich ein „Modellbetrieb" mit den entsprechenden Mengen- und Wertansätzen kalkulieren, der deutlich machte, daß auch das Renditeziel erreicht wurde.[1]

4.3 Die Finanzierung

Diese erste systematische Planung der Investitionen, Umsätze, Kosten, Erträge, des Finanzbedarfs und der Finanzdeckung sicherte nicht nur die grundsätzliche Zustimmung der angesprochenen Banken zur anteiligen Mittelbereitstellung für die Produktentwicklung, sondern hatte darüber hinaus auch eine insgesamt positive Einstellung zur Finanzierung des Gesamtprojektes zur Folge. Hierbei war deutlich, daß alles Weitere von den Ergebnissen der Produktentwicklung – den technischen wie auch denen der Markttests – abhängen würde.

5 Die Entwicklung des Produktes

Während in dieser ersten Phase die Zeitplanung mit drei Monaten und auch der Kostenplan mit DM 50.000,– voll eingehalten werden konnten, wuchs sich der nächste Schritt – die Durchführung der Produktentwicklung – sowohl in Hinblick auf die Einhaltung der Terminziele als auch in Hinblick auf ihre Finanzierung fast zu einem kleinen Desaster aus; denn die Herstellung eines Joghurts mit ganzen Früchten machte die Entwicklung eines neuen, von dem Unternehmen in den Grundzügen bereits konzipierten Produktionsverfahrens erforderlich.

Der Innovationsberater der Industrie- und Handelskammer empfahl – sicherlich im besten Glauben – dieses Projekt zur Bezuschussung anzumelden im Rahmen der Richtlinien von „Förderungen von Forschungs- und Entwicklungsvorhaben auf dem Gebiet der Produkt- und Verfahrensinnovation" in Niedersachsen. Nach den ersten Schritten auf diesem Gebiet wurde erfreulicherweise von offizieller Seite sehr bald signalisiert, daß mit einer Bezuschussung der voraussichtlichen Entwicklungskosten in Höhe von etwas über 600.000,– DM gerechnet werden könne. Der Zuschußbetrag sollte sich auf ungefähr 200.000,– DM belaufen. Voraussetzung für die Zuschußgewährung war jedoch, daß mit der Verfahrensentwicklung erst *nach* der Erteilung der Genehmigung begonnen werden durfte.

---

[1] Siehe hierzu den Artikel „Ergebnis- und Finanzplanung mit MULTIPLAN".

Von den Banken wurde diese Mitfinanzierung des Projektes durch die öffentliche Hand verständlicherweise begrüßt und in die Finanzierungsplanung mit eingebaut.

Obwohl das Wirtschaftsministerium darauf hingewiesen worden war, wie sehr die Realisierung des Projektes unter Zeitdruck stand, zog sich das Genehmigungsverfahren immer weiter hin.

Als nach einem Jahr — nach Antragstellung — endlich vom Niedersächsischen Wirtschaftsministerium die Zusage über die beantragte Zuschußsumme eintraf, war das Verfahren trotz schwierigster Verhandlungen zur Umfinanzierung bereits fertig entwickelt; denn eine Verzögerung von mehr als acht Monaten war noch weniger finanzierbar als der Fortfall eines eventuellen Zuschußbetrages von DM 200.000,—. Von dem zur Verfügung gestellten Zuschuß konnte deshalb kein Gebrauch gemacht werden.

5.1 Die Markttests

In den Gruppendiskussionen wurden in Verbindung mit der Produktbezeichnung „Joghurt mit ganzen Früchten" am häufigsten die auch auf dem Fruchtjoghurtmarkt erfolgreichsten Sorten genannt:

Erdbeeren
Kirschen
Himbeeren
Heidelbeeren
Waldfrüchte

Diese Fruchtjoghurtsorten sollten zuerst entwickelt werden. Da aus Gründen des laufenden Zuschußantrages in der Anfangszeit der Produktentwicklung an dem Herstellungsverfahren selbst noch nicht gearbeitet werden konnte, wurde zeitlich umdisponiert und im Rahmen von größer angelegten Blindtests für jede Fruchtjoghurtsorte jeweils der „Qualitätsführer" im Markt ermittelt. Diese Qualitätsführer deckten sich zum Teil mit den Anbietern, die auch den höchsten Marktanteil hielten. Aus Kostengründen waren in diese Tests auch die unter sehr primitiven Verhältnissen entstandenen eigenen Produktmuster mit hineingegeben worden. Auf Grund einer ganzen Reihe objektiver Qualitätsmängel wurden diese Muster — obwohl sie in der Gesamtwertung gleichauf mit dem ersten Kandidaten oder kurz davor lagen — nicht so beurteilt, daß das Unternehmen unter normalen Bedingungen die Entwicklung fortgesetzt hätte.

Da jedoch vor Beginn der Tests unter den damals gegebenen Umständen für die Qualität der eigenen Muster Probleme vorhergesehen wurden, war in den Fragebögen der Interviewer die letzte Frage wie folgt formuliert:

„Das ist heute mein letztes Interview.
Ich habe zufällig von jedem Produktmuster
noch einen Becher übrig. Möchten Sie
davon einen haben? Welchen soll ich
ihnen evtl. hier lassen?"

Etwas über 90 % der Befragten baten darum, den Becher mit der Produktentwicklung des Unternehmens behalten zu dürfen. Das war die Entscheidung für die Fortsetzung der Entwicklungsarbeiten.

In der Folgezeit wurden die Sorten

Joghurt mit ganzen Erdbeeren
Joghurt mit ganzen Kirschen
Joghurt mit ganzen Himbeeren
Joghurt mit ganzen Heidelbeeren
Joghurt mit ganzen Waldfrüchten

aus Gründen der Kosten- und Zeitersparnis in einer Serie weiterer Markttests jeweils gegen die zuvor ermittelten „Qualitätsführer" getestet, und zwar wurden die eigenen Produktentwicklungen hierbei so lange modifiziert, bis diese bei allen von dem Unternehmen für wesentlich erachteten Qualitätskriterien mindestens von 80 % der Testteilnehmer als eindeutig überlegen eingestuft wurden.

5.2 Die Marke

Ursprünglich war eine landschaftsbezogene Marke geplant. Der Neubeginn des Unternehmens — ohne jeden Bekanntheitsgrad bei den Verbrauchern — und die durch Tschernobyl sichtbar gewordene Problematik von an bestimmte Regionen gebundene Markennamen legten es nahe, die durch den Mangel an jeglicher vorzeigbarer Tradition fehlende Autorität des Unternehmens und seiner Produktentwicklung durch eine Art „übertragener Autorität" zu ersetzen.

Da ein Teil der Rezepturen des Unternehmens auf der Grundlage von sehr alten Küchenrezepten eines nahegelegenen Klosters aufbaute, entschied man sich nach einer ganzen Reihe von Gestaltungsstudien für eine grundsätzliche Anlehnung an klösterliche Traditionen.

Man ging hierbei — in Übereinstimmung mit der Studie der Nestlé-Gruppe Deutschland „42 Thesen — Mensch und Ernährung 2000" — davon aus, daß in einer zunehmend technisierten Welt eine wachsende Tendenz zur Rückbesinnung auf natürliche und traditionelle Vorgaben besteht. Das heißt, die Betonung des Schlichten, Natürlichen und Traditionsbezogenen war keine Konsumbescheidenheit — ebenso wenig wie die heutige „alternative" Lebensweise. Vielmehr demonstrierte der Genuß des Einfachen — mit Tradition — ein hohes Konsumniveau.

So fiel die Entscheidung schließlich in Zusammenarbeit mit einer Werbeagentur und einem Spezialisten für Wettbewerbsrecht für das Markenzeichen „Kloster Marke". Der Verpackung fiel hierbei die Aufgabe zu, die eigentliche Produkt-Story — den Bezug zu alten klösterlichen Traditionen im Sinne von klösterlichen Rezepten — glaubwürdig und verständlich darzustellen.

Das Kloster-Marken-Joghurt-Sortiment mit ganzen Früchten wurde nach einer dreimonatigen Testphase auf den Testmärkten Nielsen I und Nielsen V und nach einer leichten Überarbeitung der Verpackung von allen großen Unternehmen des Handels gelistet.

Praxisbeispiel IV: Verfahrensinnovation in einem Unternehmen der Nahrungsmittelindustrie

Von H. Stamer

1 Das Produktkonzept

Testergebnisse hatten erkennen lassen, daß ein Joghurt mit ganzen Früchten – frei von Konservierungsstoffen – mit einer überdurchschnittlich hohen Verbraucherakzeptanz rechnen konnte. Allerdings bedeutete der Tatbestand, daß bis zu diesem Zeitpunkt in diesem Wirtschaftsbereich kein Verfahren im Einsatz war, mit dessen Hilfe sich ein solcher Joghurt produzieren ließ, eine außerordentliche Hürde. Das galt – vor dem Hintergrund der Unternehmensneugründung – nicht nur für die dadurch erforderliche Entwicklung eines neuen Herstellungsverfahrens, für die in Ermanglung eigener Mitarbeiter auf externe Spezialisten zurückgegriffen werden mußte, sondern das galt insbesondere auch für den geplanten Aufbau einer eigenen Produktionsstätte, der mit um so größeren Unsicherheiten behaftet war, je weiter die beabsichtigte Verfahrensentwicklung das Unternehmen auf technisches Neuland führte.

Verschiedene Modellkalkulationen machten jedoch deutlich, wie interessant der Markt für dieses Produktkonzept war.

2 Der Stand der Verfahrenstechnik

Zu dieser Zeit wurden praktisch alle von Fruchtjoghurt-Herstellern eingesetzten Früchte von Konfitürenfabriken in Form standardisierter Fruchtzubereitungen bezogen und in den betreffenden Produktionsbetrieben zusammen mit der Joghurtmasse abgefüllt.

Die Verfahrensprobleme, die sich hierbei dem Verarbeiten ganzer Früchte entgegenstellten, lagen weniger in der Fruchtjoghurtherstellung im engeren Sinne begründet, als vielmehr in der Schwierigkeit, die ganzen Früchte in geeigneter Form haltbar zu machen. Die Haltbarmachung wurde bis zu diesem Zeitpunkt entweder durch den Zusatz von Konservierungsstoffen und/oder durch thermische Behandlung vorgenommen.

Die für die Konservierung von Fruchtzubereitungen eingesetzten Konservierungsstoffe wie z. B. Sorbinsäure waren zwar ernährungsphysiologisch unbedenklich, sie wirkten jedoch als Antioxydantien und zerstörten damit wichtige Inhaltsstoffe der Früchte (z. B. Vitamine).

Bei Vermischen mit Joghurt hemmten die in den Fruchtzubereitungen enthaltenen Konservierungsstoffe zum Teil auch die Stoffwechselprodukte der im Joghurt erwünschten Mikroorganismen und blockierten damit deren Enzymsysteme. Sie wirkten demgemäß zwar konservierend auf die Fruchtzubereitung, senkten aber nach Einmischen in die Joghurtmasse deren physiologischen Wert.

Deshalb wurden Fruchtzubereitungen für die Herstellung von Fruchtjoghurt im wesentlichen durch Erhitzen haltbar gemacht.

Hierbei wurde die Fruchtzubereitung chargenweise in entsprechenden Behältern oder aber in Durchlaufsystemen (z. B. sogenannten Kombinatoren) auf Temperaturen von überwiegend 75°C – 92°C erhitzt. Diese Temperaturen mußten bei jedem in der Zubereitung enthaltenen Teilchen erreicht werden.

Bestand die Zubereitung aus stückigen oder sogar ganzen Früchten, so nahm die für eine Haltbarmachung erforderliche Temperatur bzw. Dauer der Temperatureinwirkung – die auch im Kern der Früchte erreicht werden mußte – überproportional zu, und es kam nicht selten nicht nur zu einer Zerstörung der Makro- und Mikrostrukturen der Früchte, sondern auch zu Aromaverlusten, Farbänderungen und Säure- bzw. Zuckerumlagerungen. Insbesondere Früchte mit weicherem Fruchtfleisch wurden hierbei teilweise vollständig zerstört und in eine Art Fruchtbrei verwandelt.

Wurde die Temperaturhöhe und -einwirkzeit abgesenkt, so konnten zwar die Früchte einigermaßen unversehrt gehalten werden, jedoch wuchsen hierbei die bakteriologischen Risiken in einem unvertretbaren Maße.

Um diesen Risiken zu begegnen, wurde nicht selten die Joghurtmasse nach Vermischen mit der Fruchtzubereitung einer zusätzlichen thermischen Behandlung unterzogen. Dabei wurden jedoch nicht nur die unerwünschten Mikroorganismen, sondern auch die wertvollen Joghurtbakterien abgetötet.

3 Die Problemlösung

Eine Analyse des technischen Standes der mit ganzen Früchten arbeitenden Fruchtkonserven-Hersteller sowie insbesondere eine Sichtung der diesbezüglichen internationalen technischen Literatur, die in Zusammenarbeit mit einem Informationsbroker herausgefiltert worden war, zeigte, daß der einzig gangbare Weg für eine Lösung dieser Probleme die Mikrowellentechnik war. Nur sie eröffnete vor dem Hintergrund des zu diesem Zeitpunkt gegebenen Wissensstandes die Möglichkeit, durch zweckentsprechenden Einsatz elektromagnetischer Felder hoher Frequenz eine gleichmäßige und praktisch gleichzeitige Erwärmung des gesamten Fruchtkörpers zu gewährleisten und damit die Temperatureinwirkzeit auf eine Fruchtzubereitung nahezu dramatisch zu verkürzen.

In der Folgezeit wurde eine Reihe von Versuchen mit einem speziellen Mikrowellenherd für Laborzwecke gefahren, die folgende für die Fortsetzung der Arbeiten wichtige Erkenntnisse brachten:

a) Die Erhitzung und damit Haltbarmachung von Früchten durch Mikrowellen war in außerordentlich kurzer Zeit und vor allem produktschonend möglich.

b) Die extrem schnelle Aufwärmung der Früchte durch Mikrowellen zeigte, daß neben grundsätzlichen anlagetechnischen Problemen Steuerungsprobleme für die Energiezufuhr auftreten würden.
c) Es wurde deutlich, daß das ursprünglich ins Auge gefaßte und in der Patentliteratur bereits beschriebene Verfahren, im Rahmen dessen Früchte in Behälter gefüllt und in einem Wasserbad seitlich und von obem mit Hochfrequenz- bzw. Ultrahochfrequenzstrahlung behandelt wurden, nicht zum gewünschten Erfolg führte; die begrenzte Eindringtiefe der Strahlen limitierte die Chargengröße und erzwang den Einsatz sehr kleiner Behälter. Das Verfahren war deshalb für diesen Zweck wirtschaftlich und technisch nicht geeignet. Das bedeutete, daß auf vorhandene Technologien in diesem Falle für die Umsetzung des eigenen Produktkonzeptes nicht zurückgegriffen werden konnte.

3.1 Der Aufbau eines Technikums

Zur Analyse und Bewertung der bisherigen Ergebnisse wurde ein Arbeitskreis freier Mitarbeiter gegründet, dem u. a. Spezialisten aus folgenden Fachgebieten angehörten:

Physik
Fruchtverarbeitung
Mikrowellentechnikanlagenbau

Es zeigte sich sehr schnell, daß für jeden einzelnen die Probleme derartig komplex waren, daß sie sich nicht mehr allein anhand theoretischer Modelle beschreiben und im Labormaßstab durch Einzelversuche nachvollziehen – und erst recht nicht lösen – ließen.

So wurde die Entscheidung gefällt, ein möglichst kostengünstiges Technikum aufzubauen, in dem alle wesentlichen neuen Verfahrensschritte für die Herstellung eines Joghurts mit ganzen Früchten entwickelt und im Produktionsmaßstab – in Hinblick auf den zu planenden neuen Betrieb – getestet werden konnten.

Dieser Schritt aus der Begrenzung des Labormaßstabes heraus erforderte zwar zusätzlich Zeit und Kapital, machte jedoch die in Anbetracht des noch nicht überschaubaren technischen Neulandes vorhandenen Probleme für die Neuentwicklung überschaubarer, grenzte die Risiken ein und half damit evtl. teurere Umwege zu vermeiden.

3.1.1 Die Terminplanung

Das wesentlichste Datum für die Planung war der Zeitpunkt der beabsichtigten Markteinführung für das neue Sortiment. Dieses war auf Anfang 1987 festgelegt worden. Unter Berücksichtigung der für die Errichtung der neuen Produktionsstätte erforderlichen Zeit einschließlich des Planungsvorlaufes standen für die Arbeiten im Technikum etwa 12 Monate zur Verfügung. Hierbei war davon ausgegangen worden, daß einige wesentliche Ergebnisse aus der Entwicklungsarbeit bereits so früh zur Verfügung standen, daß auch den Problemen der Lieferzeit besonders sensibler Anlagenteile damit Rechnung getragen werden konnte.

126   Methoden des Innovationsmanagements

Das Entwicklungsvorhaben wurde in folgende Teilvorhaben aufgegliedert:

Teilvorhaben 1:
Ziel: Die haltbar zu machenden Früchte mußten sich ohne größere Beschädigungen bearbeiten lassen. Dafür war es erforderlich, ihre mechanische Widerstandsfähigkeit zu maximieren.

Aufgabe: Auswahl und Definition der hierfür grundsätzlich geeigneten tiefgefrorenen Früchte und Erarbeiten eines Verfahrens, um die mechanische Stabilität der Früchte bereits während des Auftauprozesses nach Möglichkeit zu erhöhen.

Teilvorhaben 2:
Ziel: Die Früchte mußten sich fördern und lagern lassen, ohne sich – in Anbetracht des gegebenen Saftanteils – im weiteren Verfahren zu entmischen.

Aufgabe: Entwicklung von Rezepturen und Technologien für die Herstellung von Frucht-, Zucker- und Pektinvormischungen, um durch entsprechende Einstellung von Dichte und Viskosität die Homogenität der Gesamtmischung über längere Zeit konstant zu halten.

Teilvorhaben 3:
Ziel: Analyse der typischen Keimflora der in Teilvorhaben 2 erarbeiteten Gesamtmischungen.

Aufgabe: Ermittlung von Art und Umfang der Keimbelastung in Hinblick auf

- Ausgangskeimzahlen
- Eindämmung weiteren Keimwachstums
- Ermittlung der Bedingungen für die Keimabtötung

Teilvorhaben 4:
Ziel: Auswahl und Tests der geeigneten Mikrowellenerhitzungsanlagen.

Aufgabe: Definition von Mikrowellenerhitzungsanlagen, die nach dem Durchlauferhitzungsprinzip arbeiteten und in Hinblick auf

- homogene Energieverteilung im Mikrowellenbereich für den gesamten Rohrquerschnitt
- optimale Frequenz
- Steuerbarkeit
- Materialart des Passagerohres
- mögliche Stundenleistung
- Anschaffungskosten

optimale Bedingungen boten.

Teilvorhaben 5:
Ziel: Senkung der bei Mikrowellenerhitzung normalerweise zu hohen Energiekosten.

Aufgabe: Prüfung der Möglichkeiten, das bei der Fruchtkühlung anfallende Heißwasser in einem der Mikrowellenerhitzung vorgeschalteten Vorwärmbereich einzusetzen.

Teilvorhaben 6:
Ziel: Die Anlagenkonfiguration mußte die zuverlässige Haltbarmachung von Früchten gewährleisten.

Aufgabe: In Abhängigkeit von der Ausgangskeimbelastung (s. Teilvorhaben 3) war zu prüfen, unter welchen Bedingungen mit den verschiedenen Anlagentypen Früchte haltbar bzw. im Optimalfall steril gemacht werden konnten. Das schloß das Arbeiten bei Temperaturen von über 120°C und damit bei einem Druck von über 4 bar ein.

Teilvorhaben 7:
Ziel: Die Früchte sollten sich zuverlässig kontinuierlich mit der Joghurtmasse vermischen lassen.

Aufgabe: Es mußten Mischstrecken entwickelt werden, die unter sterilen Bedingungen die Früchte praktisch ohne mechanische Beschädigung und in zuverlässig steuerbarem Verhältnis (Joghurt : Frucht) gleichmäßig unter die Joghurtmasse rührten.

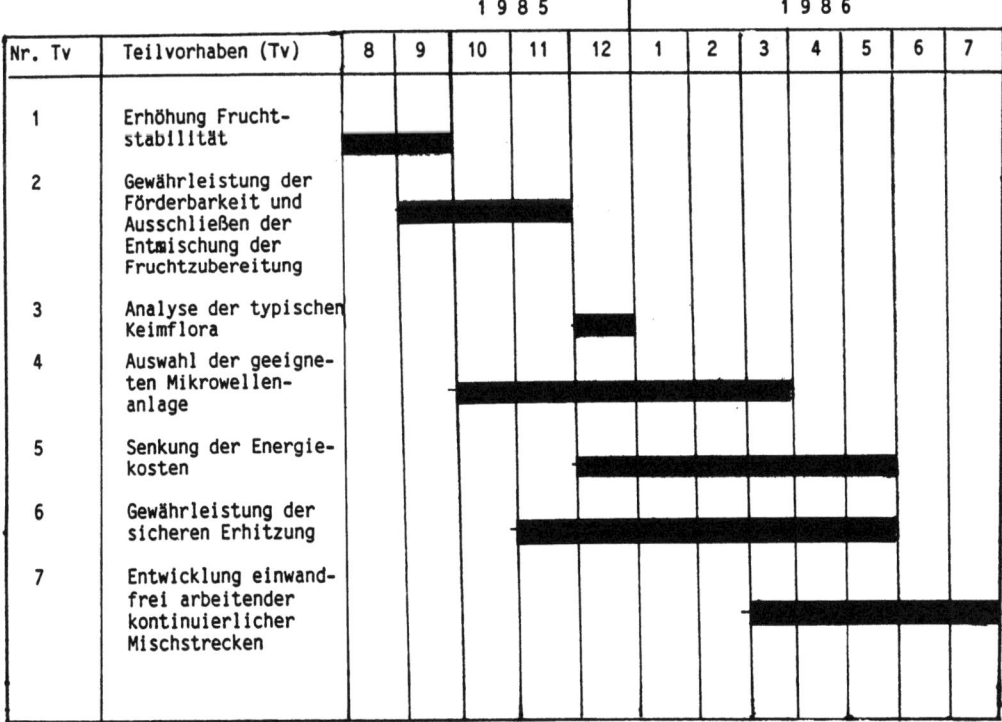

Abb. 1. Überblick Terminplanung.

128 Methoden des Innovationsmanagements

Die in dem obengenannten Arbeitskreis ausführlich definierten und zeitlich durchgeplanten Teilvorhaben wurden in Hinblick auf ihre evtl. gegenseitigen Abhängigkeiten und vor allem auch in Hinblick auf die Terminplanung zur Errichtung der Produktionsstätte noch einmal geprüft und gewichtet. Ein einfaches Balkendiagramm faßte die Terminplanung für alle Beteiligten verbindlich zusammen (siehe Abb. 1).

3.1.2 Die Kostenplanung

Eine exakte Kostenplanung war — abgesehen davon, daß sie normalerweise ohnehin bereits aus grundsätzlichen Erwägungen anzuraten ist — aus folgenden Gründen erforderlich:

● Die zur Verfügung stehenden Eigenmittel sollten für den Aufbau der künftigen Produktionsstätte möglichst ungeschmälert zum Einsatz kommen. Das bedeutete, daß Eigenmittel für die Entwicklung kaum zur Verfügung standen.
● Den angesprochenen Banken mußte im Rahmen der Finanzierung ein überzeugendes, in sich geschlossenes kostenwirtschaftliches Konzept vorgelegt werden können.
● Die eventuelle Bezuschussung im Rahmen der niedersächsischen „Förderung von Forschungs- und Entwicklungsvorhaben auf dem Gebiet der Produkt- und Verfahrensinnovation" setzte eine detaillierte Kostenplanung voraus.
● Alle Beteiligten — und vor allem die als freie Mitarbeiter eingebundenen Wissenschaftler — sollten auf einen für jeden verbindlichen Kostenrahmen „eingeschworen" werden.

Die Kosten des Gesamtprojektes wurden der besseren Interpretierbarkeit und Kontrollierbarkeit wegen einmal nach Kostenarten und zum anderen nach Teilvorhaben aufgegliedert (siehe hierzu Abb. 2 und 3).
Auf diese Weise konnten eventuelle Überschreitungen der Planansätze frühzeitig erkannt und gemeinsam mit den Verantwortlichen rechtzeitig gebremst bzw. in begründeten und gemeinsam abgestimmten Fällen auf ein finanziell akzeptables Niveau eingefroren werden.

3.1.3 Die Finanzplanung

Erste Sondierungen der in das Vorhaben einbezogenen Industrie- und Handelskammer hatten ergeben, daß dieses Projekt mit einem Zuschuß von etwa DM 200.000,— von seiten des Niedersächsischen Wirtschaftsministeriums rechnen konnte. Der Kostenrahmen von knapp DM 600.000,-- entsprach weitestgehend dem Finanzbedarf, da geplant war, alle wesentlichen Anlagegüter nur zu mieten.
Die an der Finanzierung der (im Anschluß an die erfolgreiche Durchführung des Entwicklungsvorhabens zu errichtenden) späteren Produktionsstätte interessierten Banken hatten einen Kredit für die Verfahrensinnovation in Höhe von DM 300.000,— zugesagt. Sie waren darüber hinaus bereit, den erwarteten öffentlichen Zuschuß vorzufinanzieren.

Kostenart		Menge	DM/Einh.	Kosten
1	Material			DM
1.1	Früchte	21.000 kg	4,--	84.000,--
1.2	Milch	9.000 kg	0,80	7.000,--
1.3	Reinigungs- u. Desinfektionsmittel			1.000,--
1.4	Sonstiges (Labormaterialien usw.)			2.000,--
2	Fremdleistungen			
2.1	Laboranalysen			10.000,--
2.2	Beratungsleistungen			45.000,--
2.2.1	Beratung Physik und Prozeßsteuerung			
2.2.2	Beratung Lebensmittelrecht und Chemie der Frucht			8.000,--
2.2.3	Beratung Fruchttechnologie			16.000,--
2.2.4	Beratung Anlagenbau			9.000,--
3	Personalkosten			
3.1	Milchwirtschaftliche Laborantin	12 Monate		36.000,--
3.2	Aushilfslöhne	7 Monate		14.000,--
4	Sondereinzelkosten			
4.1	Montage und Demontage der Versuchsanlagen			30.000,--
4.2	Miete der Versuchsanlagen			100.000,--
5	Gemeinkosten			
5.1	Energie			10.000,--
5.2	Raumkosten (Miete, Heizung usw.)			6.000,--
5.3	Literatur, Informationsbeschaffung			5.000,--
5.4	Post, Telefon, Versicherungen usw.			12.000,--
6	Kalkulatorische Kosten			
6.1	Kalkulatorische Abschreibungen			14.000,--
6.2	Kalkulatorische Zinsen			8.000,--
6.3	Kalkulatorischer Unternehmerlohn	12 Monate		96.000,--
7.	Sonstiges			86.000,--
			Summe	599.000,--

Abb. 2. Kostenplanung nach Kostenarten.

Dadurch wurde der verbleibende, aus Eigenmitteln zu finanzierende, Anteil in Höhe von knapp DM 100.000,- unproblematisch.

In der Folgezeit stellte sich dann allerdings heraus, daß das Niedersächsische Wirtschaftsministerium seine ursprüngliche Zusage einer sehr zügigen Abwicklung nicht einhalten konnte. Das war deswegen dramatisch, weil das Gesamtvorhaben nur für den Fall bezuschussungsfähig war, daß mit den Entwicklungsarbeiten nicht vor dem Datum der Genehmigung begonnen worden war.

Für die Zeit der Antragsbearbeitung waren in der Terminplanung 2 Monate berücksichtigt worden. Nach Ablauf dieser Zeit wurde — um ungefähr im Zeitplan zu bleiben — mit einigen kleineren Entwicklungen außerhalb des im Antrag definierten

Nr. des Tv	Teilvorhaben	Beginn	Ende	Kosten in DM
1	Erhöhung Fruchtstabilität	8/85	9/85	66.000,--
2	Gewährleisten der Förderbarkeit und Ausschließen der Entmischung...	9/85	11/85	45.000,--
3	Analyse der typischen Keimflora	12/85	12/85	62.000,--
4	Auswahl der geeigneten Mikrowellenanlage	10/85	3/86	220.000,--
5	Senkung der Energiekosten	12/85	5/86	49.000,--
6	Gewährleistung der sicheren Erhitzung	11/85	5/86	69.000,--
7	Entwicklung einwandfrei arbeitender Mischstrecken	3/86	7/86	88.000,--
			Summe	599.000,--

Abb. 3. Kostenplanung nach Teilvorhaben.

Vorhabens begonnen. Nach Ablauf von 5 Monaten und mehreren ergebnislosen Anfragen beim Ministerium wurde schließlich zur Rettung des dramatisch verkürzten Zeitplanes mit den Entwicklungsarbeiten in vollem Umfange begonnen.

Mit den Banken war zuvor abgestimmt worden, daß der ursprünglich in die Finanzierung eingeplante und nunmehr entfallende Zuschuß durch Eigenmittel ersetzt werden sollte. Allerdings wurde von seiten der Kreditinstitute dem Unternehmen in Aussicht gestellt, daß ein aus den Entwicklungsarbeiten sich evtl. ergebendes schutzfähiges Verfahren in die künftige Finanzplanung als zusätzliche Sicherheit mit einbezogen werden könne.

3.2 Das neue Verfahren

Die Zusammenarbeit mit dem obengenannten Team von Experten brachte praktisch für alle Teilvorhaben völlig neue Lösungsansätze.

Das neue Verfahren machte es möglich — ausgehend von frischen oder tiefgefrorenen freirollenden Früchten — haltbare Fruchtzubereitungen ohne Konservierungsstoffe zu produzieren in einer zuvor nicht bekannten Qualität und Wirtschaftlichkeit.

Das Verfahren wurde am 4. Oktober 1986 zum Patent angemeldet. Es wurde die Grundlage für die Verwirklichung des Produktkonzeptes „Joghurt mit ganzen Früchten ohne Konservierungsstoffe" und damit gleichzeitig für die Investitions- und Finanzierungsplanung der neuen Produktionsstätte.

4 Methoden des computergestützten Controlling

4.1 Ausgewählte Grundlagen des computergestützten Controlling im Mittelstand

Die neuen Möglichkeiten des EDV-Einsatzes im mittelständischen Unternehmen[1]

1 Die Entwicklung im Bereich der Mini- und Mikrocomputer

Eines der frappierendsten Phänomene der technisch-ökonomischen Entwicklung seit dem 2. Weltkrieg ist die rasante Verbesserung des Preis-/Leistungsverhältnisses im Computerbereich. Diese Entwicklung hat dazu geführt, daß heute Privatpersonen und Kleinbetriebe EDV-Systeme mit Leistungswerten einsetzen können, die früher einmal Großunternehmen vorbehalten schienen. Für mittelständische Unternehmen eröffnet sich damit die Chance, bisher vorhandene Wettbewerbsnachteile gegenüber Großbetrieben im Bereich der gesamten Informationswirtschaft weitgehend auszugleichen.[2] Zwei Begriffe bzw. Bereiche stehen dabei besonders im Blickpunkt, weshalb sich die folgenden Ausführungen zunächst mit ihnen beschäftigen sollen: Der Bereich der Minicomputer und der jüngere Bereich der Mikro-, insbesondere der Personalcomputer.

Zunächst sei kurz die Entwicklung bei den Minicomputern beleuchtet.[3] Sie ist zum einen sehr wesentlich geprägt worden durch schnelle EDV-Systeme aus dem technisch-wissenschaftlichen Bereich, die insbesondere als Prozeßrechner Verwendung fanden. Durch die dort erforderliche Reaktionsgeschwindigkeit weisen derartige Systeme auch eine hohe Dialogfähigkeit bei einem Einsatz im betriebswirtschaftlichen Bereich auf. Die andere historische Wurzel bilden die Anlagen der sogenannten Mittleren Datentechnik (MDT). Diese vor allem für Buchhaltungs- und Fakturieraufgaben gut geeigneten Systeme zeichneten sich durch eine direkte Dateneingabe über Tastaturen und eine weitgehend bedienerabhängige Steuerung aus. Quasi als Synthese beider Systemtypen kann heute die Klasse der modernen Minicomputer verstanden werden, für die folgende Merkmale kennzeichnend sind:[4]

---

[1] Überarbeitete Version eines Beitrages des Verfassers in „Das Musikinstrument" (1987) Nr. 10, S. 74 - 77.

[2] Vgl. Kellerwessel (1982) S. 225; zum Begriff der Informationswirtschaft siehe Link (1982) S. 262 ff.

[3] Vgl. u. a. Grupp (1983) S. 39 ff.; Heinrich (1984) S. 16 f.; Dworatschek (1986) S. 30 f.

[4] Vgl. Grupp (1983); Möller (1987) S. 101; König/Niedereichholz (1986) S. 144 ff.; Grawe (1987) S. 12; Heizmann (1987) S. 19; Kauffels (1986) S. 9; Heinrich (1984) S. 18 f.

- Leistungsvermögen 0,1 - 3 MIPS (Millionen Instruktionen pro Sekunde)
- Arbeitsspeicher bis 32 MB (Megabytes = Millionen Zeichen)
- Magnetplattenspeicher bis 160 MB, bei Wechselplatten quasi beliebige Ausweitbarkeit
- Multiprogramming (Mehrprogrammbetrieb) üblich, d. h. es können z. B. mehrere Anwender gleichzeitig ihre Programme nutzen
- Vernetzung mit anderen Rechnern, mit Peripheriegeräten sowie mit Bürogeräten verschiedener Art auf der Basis geeigneter Betriebssysteme möglich
- Sicherung gegen Datenuntergang/-verfälschung weitgehend durchführbar (spezieller Zusatzspeicher, Logbuchführung)
- Hardwarepreise 30 – 300 TDM

Besonders bekannte Anbieter in diesem Bereich sind z. B. Digital Equipment (DEC), Hewlett-Packard, Nixdorf und IBM.

Noch spektakulärer verlief die Entwicklung bei den Mikrocomputern, unter denen im folgenden vor allem die Personalcomputer interessieren. Vor etwa 10 Jahren nahm die beispiellose Entwicklung des PC-Bereiches in den USA ihren Anfang, um heute allein in der Bundesrepublik bereits zu einem Bestand von über einer halben Million Stück geführt zu haben. Die Zahl der Betriebe mit Personalcomputern überwiegt dabei bereits die Zahl der Betriebe, die Minicomputer einsetzen; nach einer Erhebung unter überwiegend mittelgroßen Markenartikel-Unternehmen (69 % hatten unter 1000 Mitarbeitern) setzen 58 % dieser Betriebe PC's ein.[5] Kennzeichnend für die derzeit in der Breite implementierten Personalcomputer sind folgende Merkmale:[6]

- Leistungsvermögen AT-Klasse ca. 0,1 MIPS (neueste Rechner bis 3 MIPS)
- Arbeitsspeicher meist bis 640 KB (Kilobytes = Tausend Zeichen; zukünftig bis 16 MB möglich)
- Magnetplattenspeicher bis 60 MB
- Einprogrammbetrieb üblich (durch neue Betriebssysteme in Zukunft steigender Anteil Mehrprogrammbetrieb)
- Zahl vernetzter PC's noch sehr gering (durch neue Betriebssysteme in Zukunft bessere Voraussetzungen)
- Sicherung gegen Datenuntergang/-verfälschung derzeit noch relativ umständlich/unvollkommen
- Hardwarepreise 3 – 30 TDM

Bedeutende Anbieter im PC-Bereich sind z. B. Apple, Commodore, Schneider und IBM.

Es wird deutlich, daß man gerade bei den Personalcomputern aufgrund des Entwicklungstempos in diesem Bereich sorgfältig zwischen dem heute typischerweise implementierten Leistungsniveau und dem zukünftig zu erwartenden Fähigkeitsprofil unterscheiden muß. So müssen, gemessen an den heute implementierten Anlagen, noch deutliche Leistungsunterschiede zwischen Minicomputern und Personalcom-

---

[5] Zu den Angaben bezüglich der PC-Entwicklung vgl. Dworatschek (1986) S. 34; Heizmann (1987) S. 15; Heide (1987) S. 248 f.

[6] Vgl. Möller (1987) S. 101 ff.; Grawe (1987) S. 12 f., 36 ff.; Dworatschek (1986) S. 400; Hoff (1985) S. 9, 39; Kauffels (1986).

putern konstatiert werden; ebenso klar ist aber auch, daß sich anhand der neuesten PC-Systeme eine weitere, erhebliche Annäherung an die Klasse der Minicomputer ablesen läßt. Eine fundierte Bewertung muß aber ohnehin im folgenden erst noch die außerordentlich wichtigen Aspekte der Anwendungs-Software sowie der Anwendungsfreundlichkeit mit einbeziehen; abschließende und konkrete Aussagen über das für ein Unternehmen jeweils optimale System müssen darüber hinaus eine Vielzahl von Gesichtspunkten im Rahmen einer umfassenden Kosten-/Nutzen-Analyse berücksichtigen, wie dies im letzten Abschnitt dieses Beitrages noch skizziert werden soll. Bei all diesen Überlegungen bleibt die dritte Klasse von EDV-Systemen, die der Universalcomputer bzw. Großrechner, ausgeklammert, da diese Systeme für mittelständische Unternehmen nicht als typisch angesehen werden können.

2 Die Bedeutung der Anwendungs-Software und Anwendungsfreundlichkeit

Unter den Fachleuten besteht Einigkeit, daß der Frage der vorhandenen Anwendungs-Software, d. h. programmierten Problemlösungen in den Bereichen Rechnungswesen, Fertigung usw., bei Mini- wie bei Personalcomputern ingesamt eine deutlich größere Bedeutung zukommt als der Frage der Hardware. Für die „klassischen" Einsatzbereiche der EDV — also Finanzbuchhaltung, Kostenrechnung, Lohnbuchhaltung, Arbeitsvorbereitung und Bestandsführung — existiert zwar ein zunächst kaum überschaubares Angebot an Standardsoftware; bei näherer Betrachtung werden aber bestimmte Problempunkte sichtbar, auf die bei der System- und Software-Entscheidung zu achten ist:[7]

Bei Minicomputern liegen die Preise für Standardprogramme je nach Komplexität des Aufgabengebietes und der Qualität der gebotenen Problemlösung meist im Bereich 5 — 50 TDM, bei Personalcomputern im Bereich 2 — 15 TDM. Daraus ergibt sich, daß bei mehreren Aufgabengebieten erhebliche Zusatzinvestitionen zur Hardwareanschaffung hinzukommen. Die gebotene Qualität weist ähnlich große Schwankungen wie die Preise auf; dies erfordert vom Anwender eine sehr sorgfältige Analyse z. B. der Anpassungsfähigkeit, Anpassungskosten, Verwendungsbreite, Methodenqualität, Bedienungsfreundlichkeit usw. . Es kommt hinzu, daß konzeptionelle Zusatzbedingungen zu beachten sind, die sich entweder aus bereits vorhandenen Systemen oder aber aus dem zur Erzielung voller Wirtschaftlichkeit zukünftig erforderlichen weiteren Systemausbau in Richtung zusätzlicher Aufgabengebiete ergeben. Vor allem bei kleineren Unternehmen ist als Alternative zum Kauf eigener Hard- und Software immer auch die Abwicklung außer Haus in Erwägung zu ziehen, während wieder andere Unternehmen u. U. anstelle von Standardprogrammen die Alternative von Individualprogrammen mit einbeziehen sollten.

Eine ganz spezielle Form der Individualprogrammierung hat im Bereich der Personalcomputer große Bedeutung gewonnen, da sie mit wesentlich geringeren Kosten und Programmieranforderungen verbunden ist als die „konventionelle" Individualprogrammierung. Dies ist möglich durch die sogenannte Basissoftware, zu der im wesentlichen Datenbanksysteme, Kalkulationsprogramme und Mehrzweckprogram-

---

[7] Vgl. Grupp (1983) S. 66 ff.; Hoff (1985) S. 59 ff.; Horváth/Petsch/Weihe (1986); Heizmann (1987) S. 26.

me gezählt werden; am Beispiel der Kalkulationsprogramme sei das Prinzip verdeutlicht:[8] Bekanntlich spielen Tabellen bei der Darstellung von Ausgangswerten und Ergebnisdaten in der betriebswirtschaftlichen Praxis eine beherrschende Rolle. Eine Tabellenstruktur bildet daher die Grundlage derartiger Programme. Der Benutzer braucht lediglich einzugeben, nach welcher Formel sich die Werte in bestimmten Zeilen, Spalten oder Feldern der Tabelle berechnen sollen, wobei auf Ausgangswerte in anderen Zeilen, Spalten oder Feldern zurückgegriffen wird. Auf diese Weise lassen sich Abrechnungsstrukturen des Rechnungswesens ebenso darstellen wie Investitions- und Finanzrechnungen der Unternehmensplanung oder Umsatzstatistiken des Marketingbereiches. Die Namen bekannter Tabellenkalkulationsprogramme sind Multiplan, Lotus 1-2-3 und Supercalc.

Neben den oben erwähnten Programmen der Basissoftware spielen insbesondere Textverarbeitungs- und Graphikprogramme eine große Rolle im PC-Bereich. Wie auch die Kalkulationsprogramme können sie für vielfältige Anwendungszwecke in allen Funktionsbereichen Verwendung finden; man nennt sie deshalb auch ,,anwendungsoffene" oder — sofern man die Funktionsbereiche als vertikale Säulen des Unternehmens sieht — ,,horizontale" Programme, in Abgrenzung zu den bereits besprochenen Fachgebiets- bzw. vertikalen Programmen.[9] Mehrzweckprogramme bzw. Integrierte Systeme wie Open Access, Framework oder Symphony fassen mehrere derartige Programme zusammen, um die gleichen Daten unterschiedlichen Anwendungen (Berechnung, graphische Darstellung, Kommentierung) unterwerfen zu können,und um für alle Programme einheitliche Kommandos und Tastenbelegungen verwenden zu können. Man bezeichnet dies dann als eine ,,einheitliche Benutzeroberfläche", was an sich bereits zu einer höheren Anwendungsfreundlichkeit beiträgt. Hinzu kommt aber, daß hier wie bei vielen anderen PC-Programmen versucht wird, die Gestaltung des Bildschirms so übersichtlich und verständlich wie möglich vorzunehmen. Hierzu gehört z. B. eine Bedienerführung über Hilfsinformationen, das Anbieten unterschiedlicher Handlungsmöglichkeiten (Menü-Technik), die Möglichkeit der Markierung derartiger Handlungsmöglichkeiten mittels einer sogenannten ,,Maus" usw.. Ähnlich komfortabel arbeiten auch Softwaresysteme wie Windows, GEM und Topview, bei denen der EDV-Nutzer für seine Zwecke bestimmte Anwendungsprogramme unter einer einheitlichen Benutzeroberfläche zusammenfassen kann. Die Preise für ,,horizontale" Programme, wie auch für Programmiersprachen-Software, liegen schwerpunktmäßig im Bereich 0,2 – 2 TDM.

In Kombination mit der jederzeitigen Verfügbarkeit des Personalcomputers für seinen Nutzer, mit der Verwendung einfach zu erlernender Programmiersprachen, mit der unkomplizierten Handhabung ,,horizontaler" Programme wie der Tabellenkalkulationsprogramme, mit der relativ einfachen Bedienbarkeit der PC-Hardware und anderen Merkmalen mehr wurde damit im PC-Bereich eine Anwendungsfreundlichkeit erreicht, wie sie bislang weder gewohnt noch vorstellbar war. Mit welch unterschiedlichem Anspruchsniveau nun Personalcomputer wie Minicomputer für betriebliche Zwecke eingesetzt werden können, soll der nächste Abschnitt verdeutlichen.

---

[8] Siehe im einzelnen z. B. Hoff (1985) S. 44 ff.; Dworatschek (1986) S. 469 ff.; Grawe (1987) S. 129 ff.

[9] Siehe hierzu im einzelnen Dworatschek (1986) S. 466.

3 Überblick über Möglichkeiten des EDV-Einsatzes mit unterschiedlichem Anspruchsniveau

Analysiert man einmal die vielen Dutzend Einsatzbereiche von EDV-Anlagen in der Unternehmung etwas näher, so stellt man fest, daß sie eine ganz unterschiedliche Zwecksetzung und Komplexität des EDV-Einsatzes aufweisen. In Anlehnung an Mertens sollen folgende Arten rechnergestützter Systeme unterschieden werden:[10]

- Administrationssysteme dienen der Rationalisierung der Massendatenverarbeitung und entlasten damit die Mitarbeiter von Routineabläufen.
- Dispositionssysteme übernehmen oder unterstützen die Lösung relativ einfacher („gut strukturierter") Probleme und dienen damit vorwiegend operativen Planungsaufgaben.
- Planungssysteme übernehmen oder unterstützen Teilkomplexe der Lösung komplexer („schlecht strukturierter") Probleme und dienen damit vorwiegend strategischen Planungsaufgaben.
- Informationssysteme unterstützen Planungs- und Kontrollprozesse durch Bereitstellung von Informationen über die Unternehmung und ihre Umsysteme; hierzu ist ein Datentransfer mit den anderen Arten rechnergestützter Systeme erforderlich.

Abb. 1 führt einige Beispiele aus unterschiedlichen Einsatzbereichen der EDV auf.

Anhand des Marketingbereiches soll die unterschiedliche Zwecksetzung und Komplexität des EDV-Einsatzes noch näher verdeutlicht werden. Abb. 2 gibt einen Überblick über die wichtigsten Einsatzgebiete von Mini- und Personalcomputern im Marketingbereich; dabei ist eine Differenzierung sowohl nach den oben dargestellten Arten rechnergestützter Systeme als auch nach den zentralen Aufgabenbereichen des Marketing vorgenommen worden. Geht man die Tabelle in Abb. 2 einmal von links nach rechts – d. h. nach Spalten bzw. Arten rechnergestützter Systeme – durch, so sind folgende Punkte hervorhebenswert:

Bei den Administrationssystemen finden speziell die „horizontalen" Anwendungsprogramme des PC-Bereiches überaus vielfältige Einsatzmöglichkeiten vor. Wo es um die anschauliche Aufbereitung und Darstellung zahlenmäßiger Ergebnisse geht, kommen Graphikprogramme zum Einsatz; wo es um die Kommentierung derartiger Ergebnisse in Gestalt von Bild-Text-Berichten oder um briefliche Kontakte mit Interessenten, Käufern oder zu befragenden Personen geht, können Textverarbeitungsprogramme eingesetzt werden; wo es um die optisch ansprechende und professionell umgesetzte Gestaltung von Anzeigen, Verpackungen oder Drucksachen wie Katalogen, Prospekten, Handzetteln oder Fragebögen geht, stehen heute leistungsfähige PC-Programme für das sogenannte Desktop Publishing (druckfertige Aufbereitung von Texten und Bildern) zur Verfügung.

Bei den Dispositionssystemen treten naturgemäß rechnerische Aufgaben in den Vordergrund, die aber ebenfalls sehr weitgehend auch mit PC-Programmen abgewickelt werden können. So geht es z. B. bei der Angebotserstellung häufig darum, Spezifikationen des Kunden nach bestimmten Berechnungsroutinen/Parametern in Produktvarianten umzusetzen, Kapazitätsbedarf und -verfügbarkeit sowie die Ko-

---

[10] Vgl. Mertens (1986) S. 6 ff.

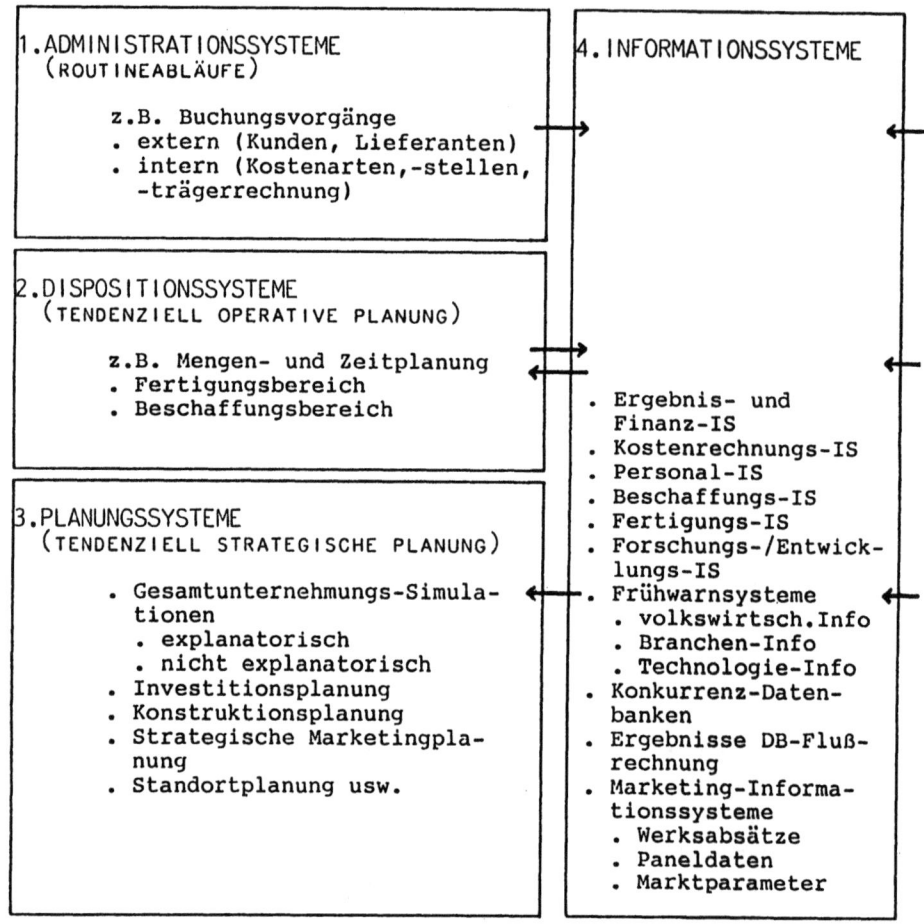

Abb. 1. Die Arten rechnergestützter Systeme.

sten zu berechnen und daraus ein auch in Text und Bild überzeugendes Angebot zu gestalten. Hier könnte z. B. ein Integriertes System mit Tabellenkalkulation, Business-Graphik und Textverarbeitung hervorragende Dienste leisten. Tabellenkalkulationsprogramme können auch sehr gut für einige andere aufgeführte Dispositionssysteme Verwendung finden.

Informationssystemen kommt an sich im Marketing – vom Grundgedanken des Marketing her – eine zentrale Bedeutung zu. Gerade im Bereich mittelständischer Unternehmen wird aber der sorgfältigen, systematischen und kontinuierlichen Marktbeobachtung noch viel zu wenig an Aufmerksamkeit und Anstrengung gewidmet. Erst recht gilt dies für den Aufbau rechnergestützter Systeme, obwohl doch z. B. ein Werksumsatz-Segment mit nur wenig Zusatzaufwand, nämlich quasi als „Abfallprodukt" der Fakturierung, aufgebaut werden kann. Neue Möglichkeiten im Bereich der Sekundärforschung bieten externe Datenbanken, deren Anbieter – z. Zt. weltweit knapp 3000 – zu drei Viertel in den USA, zu 20 % in Europa und zu

	ADMINISTRATIONSSYSTEME	DISPOSITIONSSYSTEME	INFORMATIONSSYSTEME	PLANUNGSSYSTEME
MARKT-FORSCHUNG	.Fragebogengestaltung .Erhebungs-Begleitschreiben .Auswertung .Ergebnis-Graphiken	.Stichprobenbildung für Erhebungen	.Werksumsatz-Segment .Panelsegmente .Ankopplung externe Datenbanken	.Clusteranalyse .Faktorenanalyse .MDS
MARKETING-CONTROLLING	.Ergebnisermittlung .Ergebnis-Graphiken .Kommentierung/Berichterstattung	.Kurzfristige Optimierung Umsatzstruktur .Kostenplanung .Operative Ergebnisplanung	.Branchen-u.gesamtwirtschaftliche Daten .Quantitative Prognosen .Ergebnisrechnungen/-analysen	.Investitionsplanung .Portfolio-Analyse .Programm- und Ergebnis-Simulationen
PRODUKTPOLITIK	.optische Produkt- und Packungsgestaltung	.Projektablaufplanung und -steuerung .parametergesteuerte Produktvariation	.Produkt-Reklamationen .Produkt-Rezepturen/-konstruktionspläne .Kostenstrukturen .Warenzeichen	.Beurteilung Produkteinführung/-elimination .Computer aided design (CAD)
PREISPOLITIK	.Preislistenerstellung .Erstellung Kundenverträge	.Kostenorientierte Preisfestlegung .kundenklassenorientierte Preisfestlegung	.Preis-/Mengen-Strukturen im Handel	.Modellgestützte Preisplanung
WERBUNG	.Anzeigengestaltung .Gestaltung Werbedrucksachen .Werbeausgabenverbuchung	.Werbebudgetsteuerung	.Werbungsausgaben-Übersichten Konkurrenz	.Mediaplanung .Zielgruppenauswahl Direktwerbung .Modellgestützte Werbeetatplanung
VERTRIEB	.Auftragserfassung .Versandabwicklung .Fakturierung .Kunden-Anschreiben	.Auftragsannahme .Lagerhaltung .Außendienststeuerung	.Kundenanfragen .Außendienst-Berichte .Kundenprofile	.Planung Absatzsystem .Standortplanung .Tourenplanung

Abb. 2. Einsatzgebiete der EDV im Marketing.

knapp 7 % in der Bundesrepublik sitzen; schon mittels eines Personalcomputers und weniger Zusatzeinrichtungen ist der Zugriff auf derartige externe Informationssysteme möglich.[11]

Auch sehr anspruchsvolle EDV-Anwendungen, wie sie für Planungssysteme charakteristisch sind, können zunehmend leichter von mittelständischen Unternehmen realisiert werden. Ein Beispiel sind die Methoden der Clusteranalyse und der Faktorenanalyse; auf sie kann mittlerweile im Rahmen der PC-Version des bekannten Statistikprogrammes SPSS zugegriffen werden. Ein weiteres Beispiel ist das Vordringen von CAD-Systemen auch im PC-Bereich. Als drittes sei hier auf die Möglichkeit verwiesen, mit dem PC auch interaktive Mediaplanungsprozesse auf der Basis mehrer MB großer Datenbestände durchzuführen.[12]

4 Vorgehensweise bei der Systemauswahl

Die bisherigen Ausführungen haben bereits verdeutlicht, daß die Entscheidung über die Implementierung eines EDV-Systems als relativ schwierig einzustufen ist und die Einbeziehung sehr vieler Fachkenntnisse und Auswahlgesichtspunkte erfordert. Für ein mittelständisches Unternehmen stellt sich naturgemäß in besonderem Maße die Frage, ob und wie das erforderliche Know-how bereitgestellt werden kann. Natürlich wären zahlreiche Hardware- und Software-Anbieter bereit, jede erforderliche Hilfe zu leisten. Da dies allein aber noch keine neutrale, alle Alternativen einbeziehende Beratung sicherstellt, ist es unerläßlich, daß die Unternehmensinteressen eigenständig definiert und vertreten werden. Hierzu muß es zum einen im Unternehmen selbst mindestens einen Mitarbeiter geben, der soviel Grundkenntnisse in EDV und Organisation hat, daß er als Gesprächspartner für die Hard- und Software-Anbieter qualifiziert ist; zum anderen sollten die Interessen des Unternehmens bei zentralen Punkten in den Verhandlungen mit den Anbietern auch durch anbieterunabhängige, neutrale Berater vertreten werden, sofern unternehmensintern die notwendigen Fachkenntnisse fehlen.[13] Auch Industrie- und Handelskammern, Wirtschaftsverbände, Hochschulen oder Stellen für Technologietransfer können u. U. Unterstützung leisten.

Die Komplexität des Entscheidungsprozesses macht es aber außerdem auch erforderlich, diesen Prozeß gedanklich und organisatorisch in einzelne Phasen aufzugliedern und Phase für Phase sorgfältigst abzuarbeiten. Es wäre überflüssig, die in der einschlägigen Literatur oftmals und hinlänglich beschriebenen Phasen mit ihren zahlreichen Unterpunkten und Entscheidungsaspekten hier erneut im einzelnen abzuhandeln; im folgenden sollen daher nur einige wichtige Punkte exemplarisch herausgegriffen werden:[14]

---

[11] Siehe im einzelnen Grawe (1987) S. 54 ff.; Kmuche (1987).
[12] Siehe Grawe (1987) S. 172 ff.
[13] Ähnlich Grupp (1983) S. 82 ff.
[14] Vgl. im folgenden z. B. Hoff (1985) S. 100 ff.; Grupp (1983) S. 79 ff.; Heinrich (1984) S. 19 ff.; Wente (1980) S. 68 ff.; Link (1978) S. 79 ff., 231 ff.; Kellner/Link (1979) S. 39 ff.

- Die Mitarbeiter des Unternehmens sollten rechtzeitig über geplante Änderungen in der Ablauforganisation informiert werden, wobei den speziell Betroffenen nach Möglichkeit interessante Perspektiven entweder im Rahmen der neuen Strukturen oder aber in anderen Bereichen aufgezeigt werden sollten. Hierdurch und durch damit u. U. verbundene Schulungsmaßnahmen kann Verunsicherung und Widerständen entgegengewirkt bzw. Motivation und Initiative geweckt werden.

- In der Phase der Problemanalyse geht es sodann darum, die derzeitige organisatorische Ausgangssituation des Unternehmens zu analysieren, etwaige Schwachstellen festzustellen, und daraus Anforderungen an ein künftiges, verbessertes System abzuleiten. Da hierbei die Auskünfte und Anregungen der Mitarbeiter eine große Rolle spielen, kann sich ihre oben angesprochene Einbindung hier bereits positiv bemerkbar machen.

- Es folgt die Ausarbeitung einer Grobkonzeption, in der die auf EDV umzustellenden Aufgabengebiete, die dort jeweils mit EDV zu erzeugenden Ausgabedaten, die dazu notwendigen Stamm- und Bewegungsdaten usw. festgehlten werden. Auch erste Kosten-/Nutzen- sowie Terminabschätzungen gehören dazu.

- Auf dieser Basis kann dann das Pflichtenheft erstellt werden, das die Unternehmensmerkmale, die wesentlichen Ergebnisse der Problemanalyse und Grobkonzeption sowie möglichst konkrete Aussagen über die zu erreichenden Ziele und bestehenden finanziellen, personellen, räumlichen und zeitlichen Restriktionen enthalten sollte. Ergänzt wird das Pflichtenheft um einen Katalog von Fragen zur Leistungsfähigkeit und -bereitschaft der Hardware- und Software-Anbieter, an die das Pflichtenheft zwecks Angebotseinholung verschickt wird.

- Die Auswahlentscheidung für ein bestimmtes Angebot fällt dann auf der Basis einer Kosten-/Leistungsbeurteilung der angebotenen Problemlösungen unter Berücksichtigung sowohl der schriftlichen Darlegungen und Antworten auf die gestellten Fragen als auch der anschließenden Verhandlungsergebnisse und -abläufe. Bei diesen Verhandlungen kommt es insbesondere darauf an, die für das Projekt vorgesehenen Mitarbeiter des Anbieters, die bereits bei anderen Unternehmen vorliegenden Erfahrungen mit dem Anbieterkonzept, die Gründe für signifikante Unterschiede zwischen den Angeboten usw. kennenzulernen. Wichtige Verhandlungsergebnisse sollten schriftlich fixiert und als Vertragsbestandteile ausgewiesen werden. Letzte Tätigkeit vor der endgültigen Bindung an einen Vertragspartner ist die Feinbewertung der in die engere Wahl gezogenen Angebote mittels beispielsweise einer Nutzwertanalyse.

Literatur

Dworatschek, S.: Grundlagen der Datenverarbeitung, 7. Aufl., Berlin-New York 1986.
Grawe, H.: Effizientes Marketing mit Personal Computing, Wiesbaden 1987.
Grupp, B.: Die Wahl des richtigen Minicomputers, 2. Aufl., Grafenau 1983.
Heide, G.: Entwicklung des Personal Computer Einsatzes in Markenartikel-Unternehmen (Schwerpunkt Marketing- und Vertriebsabteilungen). Ergebnisse einer empirischen Studie, in: Angewandte Informatik (1987), S. 248 - 256.
Heinrich, L. J.: Mittlere Datentechnik, in: Management-Enzyklopädie, Bd. 7, 2. Aufl., Landsberg/Lech 1984, S. 15 - 26.
Heizmann, U.: Computer-Kompaß, München 1987.
Hoff, H.: Personal Computer für Kleinbetriebe, Köln 1985.

Horváth, P.; Petsch, M.; Weihe, M.: Standard-Anwendungssoftware für das Rechnungswesen, 2. Aufl., München 1986.

Kauffels, F. J.: Personal Computer und lokale Netzwerke, Haar bei München 1986.

Kellerwessel, P.: Grundlegende Probleme des EDV-Einsatzes, in: Pfohl, H.-Ch. (Hrsg.), Betriebswirtschaftslehre der Mittel- und Kleinbetriebe, Berlin 1982, S. 225 - 246.

Kellner, J.; Link, J.: Perspektiven für die Informationswirtschaft der Unternehmung, in: Harvard manager 1 (1979) Nr. 1, S. 39 - 45.

Kmuche, W.: Umgang mit externen Datenbanken, Planegg/München 1987.

König, W.; Niedereichholz, J.: Informationstechnologie der Zukunft, Heidelberg-Wien 1985.

Link, J.: Computergestützte Fertigungswirtschaft, Wiesbaden 1978.

Link, J.: Die methodologischen, informationswirtschaftlichen und führungspolitischen Aspekte des Controlling, in: ZfB 52 (1982), S. 261 - 280.

Mertens, P.: Industrielle Datenverarbeitung, Bd. 1, Administrations- und Dispositionssysteme, 6. Aufl., Wiesbaden 1986.

Möller, K.-D.: Personal-Computer 1987, in: Fortschrittliche Betriebsführung und Industrial Engineering 36 (1987) Nr. 3, S. 100 - 110.

Wente, K. W.: Angewandte Informatik in der Betriebswirtschaft, Stuttgart 1980.

Einsatzmöglichkeiten von Tabellenkalkulationssystemen im Rechnungswesen mittelständischer Betriebe*

Von P. Haun

1 Aufbau und Arbeitsweise von Tabellenkalkulationssystemen

Tabellenkalkulationsprogramme (TKP) sind vielleicht die bekannteste Form von Werkzeugen für die individuelle Datenverarbeitung auf dem Personal Computer. Das TKP stellt dem Benutzer zu Beginn einer Dialogsitzung ein leeres elektronisches Arbeitsblatt (Spreadsheet) zur Verfügung, das wie eine Matrix in sehr viele Felder unterteilt ist. Die einzelnen Felder sind durch ihre Zeilen- (ROW) und Spaltennummer (COLUMN) gekennzeichnet (vgl. Abbildung 1).

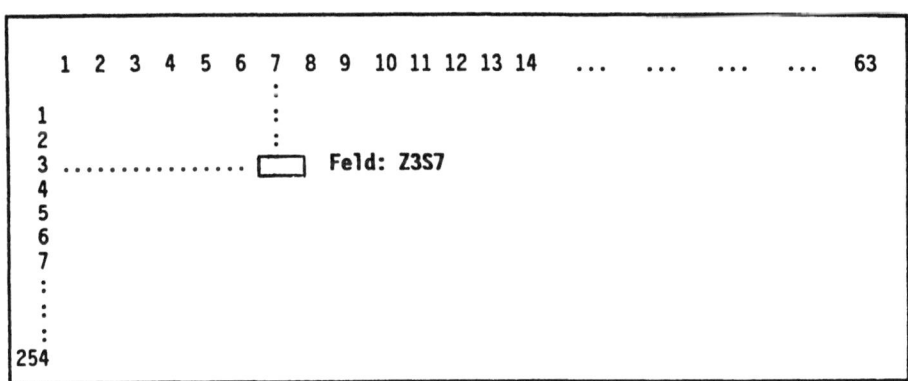

Abb. 1. Leeres Elektronisches Arbeitsblatt.

Der Benutzer kann nun am Bildschirm einen beliebigen Ausschnitt des Arbeitsblattes betrachten und in jedes Feld der Matrix wahlweise Text, Zahlen oder Rechenanweisungen eingeben. Alle numerischen Felder sind untereinander verknüpfbar. Soll das Feld R3C7 beispielsweise das Produkt aus den beiden davorstehenden Werten errechnen, so ist die Formel „R3C5 * R3C6" einzugeben. Der Computer merkt

---

* Überarbeitete Version eines Beitrages des Verfassers in „Kostenrechnungspraxis" (Sonderheft 1985), S. 71 - 78.

sich die Formel, führt die Multiplikation aus und zeigt das Ergebnis an der Stelle R3C7 an. In Abbildung 2 ist eine einfache Umsatz- und Ergebnisplanung auf einem elektronischen Arbeitsblatt dargestellt. Die vom Computer berechneten Felder sind fett gedruckt und die dahinter stehenden Verknüpfungen angegeben.

	1	2	3	4	5
1		Artikel A	Artikel B	Artikel C	Gesamt
2					
3	Absatzmenge	4000,00	4500,00	6000,00	**14500,00**
4	Absatzpreis	2,50	2,80	3,10	
5	Umsatz	**10000,00**	**12600,00**	**18600,00**	**41200,00**
6	Stückkosten(var)	1,80	1,90	2,00	
7	Var. Kosten	**7200,00**	**8550,00**	**12000,00**	**27750,00**
8	Fixkosten	2400,00	2600,00	2800,00	**7800,00**
9	Gesamtkosten	**9600,00**	**11150,00**	**14800,00**	**35550,00**
10	Gewinn	**400,00**	**1450,00**	**3800,00**	**5650,00**

Verknüpfungsregeln: Zeile 5 = Zeile 3 * Zeile 4
Zeile 7 = Zeile 3 * Zeile 6
Zeile 9 = Zeile 7 + Zeile 8
Zeile 10 = Zeile 5 - Zeile 9
Spalte 5 = Spalte 2 + Spalte 3 + Spalte 4

Abb. 2. Umsatz- und Ergebnisplanung im Spread-Sheet.

Das Beispiel zeigt, daß sich der Eingabeaufwand für eine einmalige Berechnung nicht lohnt. Die eigentliche Stärke der TKP liegt in der Untersuchung der Auswirkungen von Veränderungen in den Ausgangszahlen. Will man z. B. ermitteln, wie sich eine Preissenkung um 0,10 DM bei Artikel A auf den Gewinn auswirkt, wenn dadurch 200 Stück mehr abgesetzt werden können, so sind dazu nur die beiden neuen Ausgangszahlen bei Artikel A einzugeben. Der Computer berechnet alle abhängigen Felder neu und präsentiert in Sekundenschnelle das geänderte Ergebnis (vgl. Abbildung 3). Auf diese Weise kann man, wenn das Modell einmal erstellt ist, in kürzester

	1	2	3	4	5
1		Artikel A	Artikel B	Artikel C	Gesamt
2					
3	Absatzmenge	<u>4200,00</u>	4500,00	6000,00	**14700,00**
4	Absatzpreis	<u>2,40</u>	2,80	3,10	
5	Umsatz	**10080,00**	12600,00	18600,00	**41280,00**
6	Stückkosten(var)	1,80	1,90	2,00	
7	Var. Kosten	**7560,00**	8550,00	12000,00	**28110,00**
8	Fixkosten	2400,00	2600,00	2800,00	7800,00
9	Gesamtkosten	**9960,00**	11150,00	14800,00	**35910,00**
10	Gewinn	**120,00**	1450,00	3800,00	**5370,00**

Die geänderten Ausgangsdaten sind <u>unterstrichen</u>, alle vom Computer neu berechneten Felder **fett** gedruckt.

Abb. 3. Umsatz- und Ergebnisplan mit geänderten Daten.

Zeit die Auswirkungen sehr vieler unterschiedlicher Szenarien auf die Ergebniszahlen durchspielen. Am Ende der Dialogsitzung besteht die Möglichkeit, das ganze Modell zusammen mit den Daten durch einen einfachen Befehl auf einer Diskette zu speichern und so für erneute Untersuchungen aufzuheben.

2 Besondere Merkmale

TKP bieten regelmäßig eine Reihe von Funktionen, die das Erstellen und Verändern der Modelle auf dem Arbeitsblatt vereinfachen. So wäre bei einem Umsatzplan für zehn Artikel die Eingabe der Formeln für die Summenspalte besonders lästig. Durch den Befehl „SUM(R3C1-R3C10)" kann man sich die Formel „R3C1 + R3C2 + R3C3 + R3C4 + R3C5 + R3C6 + R3C7 + R3C8 + R3C9 + R3C10" ersparen. Anschließend kopiert man die Summenformel in die Felder R5C11 und R7C11 bis R10C11, wo sie völlig analog gebraucht wird. Bei diesem „relatives Kopieren" genannten Vorgehen ändert der Computer automatisch die Feldbezeichnungen, so daß z. B. in Zeile R7C11 steht „SUM(R7C1-R7C10)". Weiterhin gibt es Befehle zum Einfügen, Löschen und Vertauschen von Zeilen bzw. Spalten oder beispielsweise zum Verändern der Spaltenbreite. Vor allen Dingen die neueren TKP enthalten schließlich über die Grundrechenarten hinaus eine Reihe sehr mächtiger Befehle, die die Programmierung komplexerer betriebswirtschaftlicher Modelle stark vereinfachen, z. B. Exponentialfunktion, Lineare Regression, Abzinsung, Kapitalwert oder Konsolidierung mehrerer Spreadsheets.

Eine besondere Stärke der TKP liegt in der Art der Benutzerführung. Die der Umgangssprache entlehnten Befehle werden üblicherweise am oberen oder unteren Rand des Bildschirms als Menü angezeigt (vgl. Abbildung 4). Der ungeübte Benutzer

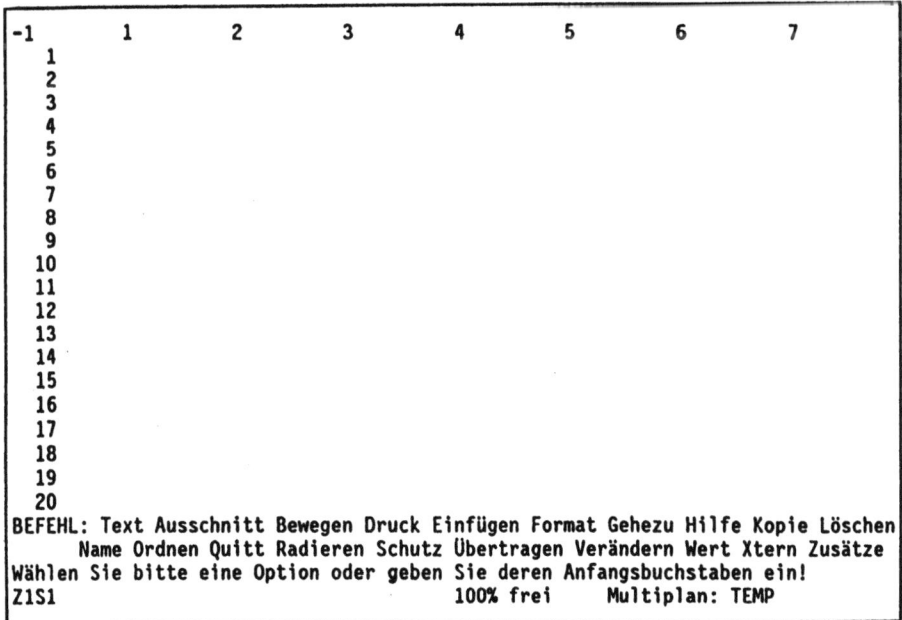

Abb. 4. Befehlsmenü von Multiplan.

kann einen Befehl aus dem Menü auswählen und bekommt daraufhin ein weiteres Menü mit den zu diesem Befehl gehörenden Optionen angezeigt. Der vollständige Befehl wird dann sofort ausgeführt, so daß der Anwender das Ergebnis am Bildschirm kontrollieren kann. Auf diese Weise ist es möglich, ein erstes, einfaches Modell ohne langwieriges Studium des Benutzerhandbuchs in wenigen Stunden zu erstellen. Zur weiteren Erleichterung dienen Einführungsdisketten (sogenannte Tutorials) und die Möglichkeit, während des Arbeitens Hilfstexte auf den Bildschirm zu rufen.

3 Einsatzgebiete und Einsatzformen von Tabellenkalkulationsystemen im Rechnungswesen und angrenzenden Gebieten

Abbildung 5 enthält eine Liste von Anwendungsideen für Tabellenkalkulationsprogramme.[1] Wie erwartet, liegt der Schwerpunkt der Vorschläge auf Anwendungen im planerisch-analytischen Bereich. Die Einsatzgebiete Kalkulation, Deckungsbeitrags-/Ergebnisrechnung und Investitions-/Wirtschaftlichkeitsrechnung sind dabei für den TKP-Einsatz besonders prädestiniert, weil dort die Struktur der Rechenmodelle stark von individuellen, betrieblichen Gegebenheiten geprägt wird, was den Einsatz von Standardprogrammen weitgehend unmöglich macht. Außerdem sind in diesen Bereichen häufig „What-if"- und „How-to-achieve"-Fragestellungen zu beantworten, wozu Veränderungen der besonders unsicheren Parameter in Alternativrechnungen untersucht werden müssen. Daneben eignen sich Tabellenkalkulationsprogramme aber auch beispielsweise dazu, ein komplettes System zur Plankostenrechnung für kleinere Unternehmen zu realisieren.[2]

Außerhalb der ursprünglichen Einsatzgebiete Finanzplanung und Rechnungswesen findet man vor allem Vorschläge für Planungsmodelle im Marketing[3] und neuerdings auch im Personalwesen.[4] Eine geradezu idealtypische Anwendung liegt in der Abbildung des Rechenschemas für eine Nutzwertanalyse auf einem elektronischen Arbeitsblatt.[5] Infolge der verbesserten Möglichkeiten zur Anbindung des Personal Computers an die zentrale DV-Anlage wird sich in Zukunft ein neuer Einsatzschwerpunkt für Tabellenkalkulationsprogramme und insbesondere Integrierte Systeme, die auch eine Grafikkomponente umfassen, bei der Aufbereitung von operativen Daten der Bereiche Produktion, Materialwirtschaft und Logistik zu Kennzahlen und Grafiken (also im Controlling im weiteren Sinne) bilden.

Wenn man nach dem besonderen Nutzen des TKP-Einsatzes fragen will, muß man verschiedene Einsatzformen berücksichtigen. Zunächst ist zu unterscheiden, ob die Entwicklung eigener Modelle (wie oben beschrieben) angestrebt wird oder ob der Einsatz vorgefertigter Modelle (sog. Standard-Templates) geplant ist. Letzteres zielt vor allem auf den absolut DV-unkundigen Endbenutzer, der aus TKP und Stan-

---

[1] Vgl. Haun (1988).
[2] Nastansky (1984) S. 73 - 97.
[3] Vgl. Aufgut (1984), S. 238 ff.; Heide, (1986).
[4] Vgl. Scholz (1987), S. 74 - 88.
[5] Vgl. Seidl (1985) sowie Scholz (1986), S. 70 - 71.

BEREICH:	BEISPIELE:
Betriebsabrechnung	- Betriebsabrechnungsbogen - Plankostenrechnung mit Soll-Ist-Vergleich
Ergebnisrechnung	- Betriebsergebnisrechnung - Kostenträger-Erfolgsrechnung - Produktgruppen-Erfolgsrechnung - Stufendeckungsbeitragsrechnung

Deckungsbeitrags-
rechnung
	- eindimensional: DB je Stück, DB je Sorte,
	  DB je Vertreter, DB je Kunde
	- zweidimensional: DB je Artikelgruppe/Kunden-
	  gruppe

Kalkulation	- Zuschlagskalkulation - Kalkulation mit Solldeckungsbeiträgen
Investitions-/Wirt- schaftlichkeitsrechnung	- Kostenvergleich zwischen Kauf und Leasing - Amortisationsrechnung - Kapitalwert, Interner Zins - Break-Even-Analyse
Bilanzen	- Bilanzplanung - Bilanzanalyse mit Kennzahlen
Finanzplanung und -analyse	- Finanzplan - Bewegungsbilanz - Cash-Flow-Planung und -Analyse
Budgetplanung und -kontrolle	- Absatz-/Umsatzplanung mit Soll-Ist-Vergleich - Gemeinkostenplanung
Sonstiges	- ABC-Analyse des Umsatzes - Steuerberechnungen / Steuerplanung - Kontrolle von Fremdwährungsforderungen und -verbindlichkeiten - Nutzwertanalysen - Diverse Kennzahlen

Abb. 5. TKP-Anwendungen im Rechnungswesen.

dard-Template eine schlüsselfertige Lösung zusammengestellt bekommt. Eine weitere Differenzierung danach, ob das TKP in mittleren und größeren Betrieben neben einer vorhandenen EDV-Buchhaltung und -Kostenrechnung eingesetzt wird oder in Kleinbetrieben, die sonst keine oder nur minimale EDV haben, führt zu den in Abbildung 6 dargestellten vier Einsatzformen.

	Zusätzlich zu EDV-gestütztem Rechnungswesen	In Betrieben ohne EDV-gestütztes Rechnungswesen
Aufbau von eigenen Modellen	1	2
Eisatz von Standard-Templates	3	4

Abb. 6. Einsatzformen von Tabellenkalkulationsprogrammen.

Die Felder 1 und 2 kennzeichnen die Anwendungsgebiete, für die TKP ursprünglich entwickelt worden sind. Als Nutzeffekte sind zu sehen:

1. Man kann betriebswirtschaftliche Modelle in einer leicht zu erlernenden Sprache schnell programmieren und einfach ändern.
2. Man kann die Auswirkungen unterschiedlicher Datenkonstellationen in kürzester Zeit untersuchen, wobei der Computer im Gegensatz zum Menschen keine Fehler mehr macht, wenn das Modell einmal ausgetestet ist.
3. TKP unterstützen bestimmte betriebswirtschaftliche Fragestellungen (z. B. Kapitalwert, Konsolidierung) durch mächtige Befehle besonders wirkungsvoll.
4. Für Feld 1 gilt schließlich auch, daß TKP auf dezentralen PC in den Fachabteilungen dauernd verfügbar sind und unbegrenzt genutzt werden können.

Die Grenzen der Tabellenkalkulationsprogramme liegen in der eingeschränkten Speicherkapazität der PCs und in den gegenüber einem Großrechner relativ langen Bearbeitungszeiten größerer Modelle. Vom Konzept her ungeeignet sind sie für die prozedurale Verarbeitung umfangreicher Datenmengen, wie es z. B. das Aufbereiten und Drucken mehrerer 100 Rechnungen aus einer Auftragsdatei darstellt.

Mit dem Erscheinen der TKP wurde ein neuer Geschäftszweig für Softwarehäuser und Programmierbüros geboren, nämlich das Entwickeln und Verkaufen von fertigen Modellen für standardisierbare Anwendungen (Einsatzfelder 3 und 4). Ein Musterbeispiel für solche Standard-Templates ist das Bilanzkennzahlenmodell von Braune/Streck,[6] das zusammen mit einem Buch über Bilanzanalyse für etwas über 200 DM im Buchhandel vertrieben wird. Das Modell errechnet aus (max.) 177 einzugebenden Positionen des aktuellen Jahresabschlusses und weiteren 103 Positionen des Vorjahres 103 verschiedene Kennzahlen von der Vermögens- und Kapitalstruktur über Cash-flow und Bewegungsbilanz bis hin zu Rentabilitätskennzahlen. Darüber hinaus gibt es heute eine relativ große Anzahl von Angeboten, die allerdings in der Regel Lotus 1-2-3 oder Symphony als Basissoftware verwenden. Interessante Beispiele sind die Bücher mit Diskette zu den Themen Liquiditäts-, Finanz- und Bilanzplanung von Gabele/Sahm,[7] das Investitionsrechnungspaket INVEST vom Werk-

---

[6] Braune, Streck (1984).

[7] Gabele/Sahm (1986a) und Gabele/Sahm (1986b).

Einsatzmöglichkeiten von Tabellenkalkulationssystemen   149

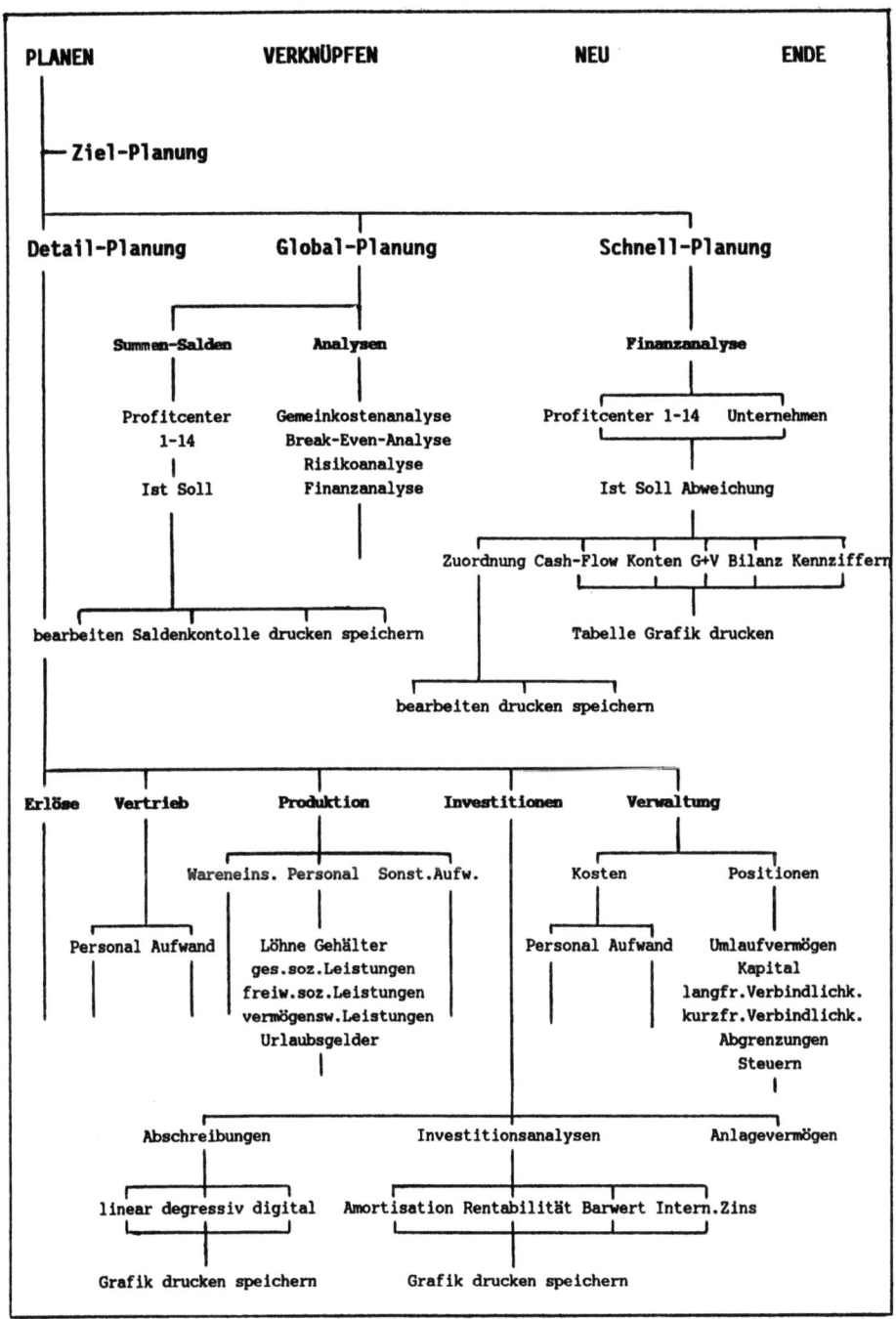

Abb. 7. Überblick über die Funktionen von MEM Control.

150 Methoden des computergestützten Controlling

zeugmaschinenlabor der TH Aachen [8] oder sehr umfangreiche (und entsprechend teure) Planungs- und Abrechnungssysteme wie MEMControl von der Firma MEM Consult[9] – siehe Abb. 7

Je nach dem Anwendungsgebiet können Standard-Templates unverändert eingesetzt werden, oder der Anwender muß sie an seine spezielle Situation (z. B. Kostenarten und Kostenstellen im BAB) anpassen, was wiederum bei Kenntnis des zugrunde liegenden TKP sehr leicht möglich ist.

Eine Besonderheit bildet Einsatzfeld 4. Wenn ein Betrieb noch gar kein EDV-gestütztes Rechnungswesen hat, kann sich die Anschaffung von Standard-Templates für die traditionellen Einsatzgebiete Betriebsabrechnung und Kalkulation allein deshalb lohnen, weil damit der Kauf eines speziellen Kostenrechnungsprogramms vermieden wird. Auf solche Betriebe zielt z. B. der von Nastansky[10] veröffentlichte Vorschlag einer kompletten Plankostenrechnung auf TKP-Basis.

4 Anwendungsbeispiele für spezielle Funktionen von Tabellenkalkulationsprogrammen

Im folgenden werden vier Anwendungen von Tabellenkalkulationsprogrammen näher beschrieben, die jeweils zeigen, wie man bestimmte Funktionen von TKP besonders geschickt einsetzen kann.

4.1 Produktgruppenerfolgsrechnung

Abbildung 8 zeigt eine typische Produktgruppenerfolgsrechnung auf der Basis stark verdichteter Zahlen, wie sie z. B. ein Controller als Bericht für die Sitzung der Geschäftsleitung aufbereiten würde.[11] Auf der Grundlage des vorgelegten Berichts entbrennt eine Diskussion darüber, wie man das schlechte Ergebnis der Produktgruppe A verbessern könne. Im Laufe des Gesprächs werden folgende Beschlüsse zur Senkung der Kosten gefaßt:

- Einsparung Konstruktionsprojekt X durch Rücknahme der Fremdvergabe   DM 100.000
- Senkung der Vertriebskosten durch Kürzung der Spesensätze   DM 30.000
- Senkung der Verwaltungskosten durch Personaleinsparung   DM 16.000
- Senkung der Produktionskosten um 5 %   DM 100.000

---

[8] O. V. (1987a), S. 39 - 40 sowie o. V. (1987b), S. 43 - 44. Das Programm wird vertrieben von der Firma AGIT mbH, Geschäftsbereich II, Jülicher Straße 336, 5100 Aachen.
[9] Das Programm wird vertrieben von der Firma MEMConsult in 8901 Kutzenhausen.
[10] Nastansky (1984).
[11] Leicht modifiziert entnommen aus: Widmer (1984), S. 20 - 23.

	1	2	3	4	5	6	7	8	9
1	Produktgruppen-Erfolgsrechnung IST 1.01.87 - 31.06.87 (in TDM)								
2	-----								
3		PG A	PG B	PG C	Indus.	Sonst	Gesamt	Budget	Diffe
4		Masch	Werkz	Zubeh	Umsatz	Prod.			renz
5	-----								
6	Umsatz	3345	2560	2888	8793	253	9028	8500	528
7	Erlösmind.	175	150	130	455	20	475	300	175
8	Nettoumsatz	3170	2410	2758	8338	215	8553	8200	353
9	Standardkosten								
10	der verk. Prod.	2234	1120	1150	4504	165	4669	5000	-331
11	Preisabweichung	87	12	10	109		109	30	79
12	Verbr.Abweichung	95	8	9	112		112	30	82
13	Div.Berichtigung.	25	10		35		35	5	30
14	Summe Kosten	2441	1150	1169	4760	165	4925	5065	-140
15	Bruttomarge	729	1260	1589	3578	50	3628	3135	493
16	- in % v. NU	23	52	58	43	23	42	38	
17	=====								
18	Konstr.Kosten	215	121	100	436		436	400	36
19	Vertriebskosten	240	160	20	420		420	450	-30
20	Verwaltungsko.	156	77	56	289		289	220	69
21	=====								
22	Betriebsergebn.	118	902	1413	2433	50	2483	2065	418
23	Zinsen	24	26	11	61		61	60	1
24	-----								
25	Nettoergebnis	94	876	1402	2372	50	2422	2005	417
26	- in % v. NU	3	36	50	28	23	28	24	
27	-----								

Abb. 8. Produktgruppen-Erfolgsrechnung (IST).

Zusammen mit den aktualisierten Umsatzplanzahlen errechnet der Computer daraus im Handumdrehen die Planerfolgsrechnung für das zweite Halbjahr und eine Vorschau auf das Jahresergebnis als Summe aus erstem und zweitem Halbjahr. Nach jedem Vorschlag präsentiert der Controller die geänderten Planzahlen, solange bis die Geschäftsleitung mit dem Planergebnis zufrieden ist. Das beschlossene Kostensenkungsprogramm wird am Fuß der Tabelle dokumentiert, und jeder Teilnehmer bekommt einen Ausdruck der verabschiedeten Pläne.

Technisch gesehen liegt die Besonderheit in der Verknüpfung von zwei komplexen Tabellen zu einer dritten, die sich durch Anwenden des relativen Kopierens in kurzer Zeit programmieren läßt. Wenn die Tabellen so groß sind, daß sie nicht mehr zusammen auf ein Arbeitsblatt passen, hat man auch die Möglichkeit, mit der Funktion Konsolidieren mehrere gleich aufgebaute Arbeitsblätter feldweise in ein Summenblatt zu addieren. Dabei handelt es sich natürlich nicht um eine betriebswirtschaftliche Konsolidierung im engeren Sinn, sondern um eine mathematische Operation. Allerdings kann man auf der Basis dieser Funktion auch eine TKP-Anwendung zur Bilanzkonsolidierung aufbauen, indem man beispielsweise die Konsolidierungsbuchungen in die betroffenen Bilanz- bzw. G+V-Positionen auf einem besonderen Arbeitsblatt eingibt und dieses mit aufsummieren läßt.

4.2 Betriebsabrechnungsbogen

Obwohl wir den Einsatzbereich der Anwendung Betriebsabrechnungsbogen oben schon auf kleinere Betriebe eingeschränkt haben, soll sie hier doch noch detailliert beschrieben werden, weil gerade diese Betriebe dadurch die Möglichkeit bekommen, mit relativ geringem Aufwand an Zeit und Geld eine Betriebsabrechnung zu installieren.

Es empfiehlt sich, den Betriebsabrechnungsbogen in zwei getrennte Bereiche aufzuteilen.[12] Im Eingabeteil trägt der Anwender die Ausgangszahlen aus der Buchhaltung und ggf. die Abgrenzungsbeträge ein. Außerdem muß er die Verteilung der Kostenarten und die Umlage der Hilfskostenstellen festlegen. Dazu gibt es zwei Strategien. Entweder gibt er die Anteile der Kostenstellen an der zu verteilenden Summe schon als Prozentzahlen an. Dann kann der Computer die Zahlen auf ihre logische Richtigkeit überprüfen, indem er die Eingaben aufsummiert und einen Fehlerhinweis ausgibt, wenn die Summe nicht 100 Prozent ergibt. Man kann aber auch absolute Zahlen als Umlageschlüssel eingeben und dem Computer die Berechnung der prozentualen Anteile übertragen. In diesem Fall entfällt die Plausibilitätsprüfung.

Ein typisches kostenrechnerisches Problem entsteht, wenn Kostenstellen bei der Innerbetrieblichen Leistungsverrechnung gegenseitig Leistungen austauschen. Die meisten TKP erkennen solche Zirkularitäten und bieten Funktionen zu ihrer Lösung an. Bei Multiplan heißt diese Funktion „Iteration". Dabei verteilt das Programm Schritt für Schritt die Kosten der Hilfskostenstellen und überprüft jedesmal, ob sich der Betrag in einem umgelegten Feld wieder verändert. Wenn das der Fall ist, wird die Umlage wiederholt, solange bis sich die Werte bei der geforderten Rechengenauigkeit nicht mehr verändern. Nastansky beschreibt ein extremes Beispiel mit 50 Kostenstellen, bei dem der Gleichgewichtszustand in Pfennig-Genauigkeit nach etwa 40 Iterationen (= ca. 5 Minuten Rechenzeit auf einem einfachen IBM-PC) erreicht wird.[13]

Der eigentliche BAB läßt sich ohne Schwierigkeiten vom Papier auf den Rechner übertragen. Allerdings wird das Modell in allen Fällen so groß sein, daß am Bildschirm nur ein Ausschnitt zu sehen ist. Für diesen Fall enthält das TKP die Möglichkeit, einen Rand- und einen Überschriftenbereich zu definieren (vgl. Abbildung 9). Beim „Blättern" nach unten hält das Programm die Bereiche 1 und 2 fest, so daß die Kostenstellennummern und -bezeichnungen nicht verloren gehen. Entsprechend bleiben, wenn man das Bildschirm-Fenster nach rechts oder links bewegt, die Kostenarten im Randbereich 3 als Zeilenbezeichnungen erhalten.

4.3 Deckungsbeitragsoptimierung in Verkaufsverhandlungen

Als ein Beispiel dafür, wie man das Iterationen-Konzept bewußt für die Entscheidungsvorbereitung einsetzen kann, dient folgende Situation: Eine Fahrradfabrik hat im nächsten Monat noch 40 Stunden Kapazität auf der Engpaßmaschine frei, für die zwei Aufträge in Frage kommen. Auftrag 1 über 100 Sport-Fahrräder zu je 345,- DM bringt bei den üblichen Konditionen (3 % Rabatt, 2 % Skonto) einen Deckungsbei-

---

[12] Vgl. Seidl (1985). [13] Nastansky, (1984), S. 89.

Einsatzmöglichkeiten von Tabellenkalkulationssystemen   153

	1	2	3	4	5	6	7
1	**1**		Allgem.	Hilfskst.	FKS	2	FKSt 3
2			4500	4700	**2**	12	4713
3	1201	Gemeinkostenlöhne	3575	4335	2055	3280	1410
4	1221	L en	2860	3468	1644	2624	1128
5	1300	aterial	2103	3682			2736
6	1401	**3**	258	416		**4**	1903
7	1402		74	81			136
8	1411	V	48	72			125
9	1510	Kalk. Abschreibungen	132	421	1935	1798	2309
10	1520	Kalk. Zinsen	26	84	386	562	462
11	....	....	...	...	...	...	...

Abb. 9. Fenstertechnik im Betriebsabrechnungsbogen.

trag von 10.887,70 DM (siehe Abbildung 10). Daneben steht das Unternehmen noch mit einem anderen Kunden in Verhandlung, der mind. 150 Standard-Fahrräder „oder etwas mehr" Standard-Fahrräder zum Stückpreis von 185,- DM abnehmen will, wenn er einen größeren Mengenrabatt eingeräumt bekommt.

Der Verkäufer möchte nun wissen, welche Mengen bei verschiedenen Rabattsätzen mindestens verkauft werden müssen, damit der Auftrag 2 einen größeren Deckungsbeitrag bringt als Auftrag 1. Dazu benutzt er das *Arbeitsblatt Deckungsbeitragsrechnung* (vgl. Abb. 10) und gibt in das Feld R4C3 eine Formel ein, die bewirkt, daß das TKP die Verkaufsmenge jeweils um eine Einheit erhöht und das ganze Arbeitsblatt neu berechnet, solange bis der Deckungsbeitrag von Auftrag 2 in Feld R13C3 größer als der von Auftrag 1 ist. Außerdem läßt er sich in Feld R15C3 berechnen, wie groß der Deckungsbeitrag bei der maximal möglichen Menge von 200 Stück wird.

	1	2	3	4	5
1		Auftrag 1	Auftrag 2		
2		Sport	Standard		
3	---------------------------------------				
4	Menge	100,00	150,00		
5	Listenpreis	345,00	185,00	Rabattsatz	
6	Br-Umsatz	34500,00	27750,00	3,00	
7	Rabatt	1035,00	832,50		
8	Ne-Umsatz	33456,00	26917,50		
9	Skonto	669,30	538,35		
10	Ne-Erlös	32795,70	26379,15		
11	Var Ko/Stk	219,08	111,00		
12	Var Kosten	21908,00	16500,00		
13	Deckungsb.	10887,70	9879,15		
14	---------------------------------------				
15	DB max		12972,20		

Abb. 10. Arbeitsblatt Deckungsbeitragsrechnung.

154 Methoden des computergestützten Controlling

Durch schrittweises Erhöhen des Rabattsatzes um jeweils 0,5 Prozentpunkte mit anschließendem Iterationslauf kann er z. B. erkennen, daß bei einem Rabatt von 6 Prozent mindestens 184 Fahrräder verkauft werden müssen, damit der Betrieb nicht schlechter gestellt ist als bei Auftrag 1. Wenn es ihm aber gelingt, bei diesem Rabattsatz die Maximalmenge von 200 Fahrrädern abzusetzen, beträgt der Deckungsbeitrag 11.884,40 DM.

	1	2	3	4	5	6	7
1	EINGABETEIL						
2	Anschaffgsko	140.00		Mindest-Eigenkapital-			
3	Laufzeit	5.00		rentabilität			0.20
4	Eigenkapital	40.00		Mindestentnahme			10.00
5	Opp-Zinssatz	0.10		Steuersatz (%)			49.00
6	Startumsatz	240.00		Kreditlimit			80.00
7	Startkosten	170.00					
8	Darlehen	20.00					
9	---						
10	ZEITACHSE	T0	T1	T2	T3	T4	T5
11	---						
12	Absatz-Wachstum	0.00	1.00	1.09	1.30	1.10	0.92
13	Kostensteigerung	0.00	1.00	0.99	0.97	0.95	0.95
14	Sollzinssatz	0.00	0.14	0.13	0.12	0.11	0.10
15	Habenzinssatz	0.00	0.07	0.07	0.08	0.09	0.09
16	Darlehensz-satz	0.00	0.10	0.10	0.00	0.00	0.00
17	Tilgung	0.00	0.00	20.00	0.00	0.00	0.00
18	Sonstige Zahlung	0.00	-10.00	-5.00	0.00	0.00	0.00
19	---						
20	VERARBEITUNGSTEIL						
21	---						
22	Umsatz	0.00	240.00	261.60	340.08	374.09	344.16
23	Kosten	0.00	170.00	183.45	231.33	241.74	211.28
24	KK-Bestand	80.00	52.41	35.88	0.00	0.00	0.00
25	KK-Zinsen	0.00	11.20	6.81	4.31	0.00	0.00
26	Guthaben	0.00	0.00	0.00	21.10	93.29	169.06
27	Gut-Zinsen	0.00	0.00	0.00	0.00	1.90	8.40
28	Darlehen	20.00	20.00	0.00	0.00	0.00	0.00
29	Dar-Zinsen	0.00	2.00	2.00	0.00	0.00	0.00
30	Entnahmen	0.00	10.00	10.00	10.00	10.00	10.00
31	Abschreibung	0.00	28.00	28.00	28.00	28.00	28.00
32	Steuerbemessg.	0.00	18.80	36.34	76.45	106.25	113.28
33	Steuerlast	0.00	9.21	17.81	37.46	52.06	55.51
34	Zahlungsstrom	0.00	27.59	16.53	56.98	72.19	75.77
35	---						
36	AUSGABETEIL						
37	---						
38	Finanzierungssaldo	0.00	0.00	0.00	0.00	0.00	0.00
39	Wert d.Opport.	40.00	34.00	27.40	20.14	12.15	3.37
40	Pay-Off	-140.00	-106.41	-63.28	0.97	81.14	169.06
41	Endwert	169.06			Endwert-Differenz		165.69
42	Eigenkap-Rent.	33.41	Prozent				
43	---						

Abb. 11. Vollständiger Finanzplan (Investitionsrechnung).

4.4 Investitionsrechnung

Die Investitionsrechnungen stellen ein bedeutendes Anwendungsgebiet von TKP dar, weil in diesen Modellen viel Rechenarbeit zu leisten ist. Es existieren von Unternehmen zu Unternehmen unterschiedliche Form- und Berechnungsvorschriften für Investitionsanträge, die sich meist in entsprechenden Formularen niedergeschlagen haben. Diese Formulare können nun ohne weiteres mit dem TKP auf dem Personal Computer abgebildet werden, so daß man nur noch die Ausgangszahlen einzugeben braucht und alle Berechnungen anschließend automatisch ablaufen.

Abbildung 11 zeigt ein Investitionsrechnungsmodell. Es basiert auf der Methode der vollständigen Finanzpläne, die den Vorzug aufweist, alle Annahmen über die Finanzierung der Investition bzw. über die Anlage von Überschußbeträgen explizit im Modell auszuweisen und zu berücksichtigen.[14] Das Arbeitsblatt gliedert sich in den Eingabeteil, einen Verarbeitungsteil für die Berechnung von Zwischenergebnissen und den Ausgabeteil. Der Eingabeteil nimmt in Zeile 1 bis 8 die Daten auf, die für das Investitionsprojekt als Ganzes gelten; von Zeile 12 bis Zeile 18 sind die jährlich veränderlichen Zahlen einzugeben. In dem hier abgebildeten Modell werden Umsätze und Kosten in den einzelnen Jahren nicht direkt vorgegeben, sondern über Umsatz-/Kostenveränderungsfaktoren aus dem Ausgangsbetrag errechnet. Es ist darauf zu achten, daß in Zeile 7 nur zahlungswirksame Kosten angegeben werden. Die nur für die Ermittlung der Steuerbemessungsgrundlage notwendigen Abschreibungsbeträge errechnet sich das Programm im Verarbeitungsteil selbst.

Der Ausgabeteil beginnt mit einer Zeile Finanzierungssaldo. Da alle Zahlungsüberschüsse zur Tilgung des Kontokorrentkredits bzw. später zum Aufbau eines Guthabenbestandes verwendet werden, muß in dieser Zeile immer 0 stehen. Darauf folgt eine Reihe von Kennzahlen zur Beurteilung der Investition. Der „Wert der Opportunität" entspricht der Entwicklung eines Kontos, auf dem das Eigenkapital unter Berücksichtigung der Mindestentnahmen mit dem Opportunitätszinssatz verzinst wird. Zeile 40 (PAY-OFF) zeigt, in welchem Zeitraum die Investitionssumme aus den Zahlungsüberschüssen (ohne Berücksichtigung der Entnahmen und der Tilgung) wieder zurückfließt. Die Eigenkapital-Rentabilität entspricht dem Zinssatz, zu dem das Eigenkapital angelegt werden müßte, um den Endwert der Investition zu erreichen (Interner Zins).

Das dargestellte Beispiel nutzt eine weitere interessante Funktion, die ebenfalls von neueren TKP angeboten wird. Vereinbarungsgemäß sollen die Zahlungsüberschüsse in Zeile 34 zunächst dazu verwendet werden, den Kontokorrentkredit zu tilgen; anschließend wird mit ihnen ein Guthabenbestand aufgebaut. Um dies auf dem Arbeitsblatt korrekt abzubilden, muß der Computer in jeder Periode prüfen, ob der Kontokorrentkredit schon abgebaut ist, und den Zahlungsüberschuß in Abhängigkeit von dem Ergebnis dieser Prüfung unterschiedlich verwenden. Dies erreicht man durch eine Anweisung der Form: „WENN eine Bedingung erfüllt ist, DANN tue...".

In Abbildung 11 ist die einfachste Form einer solchen Investitionsrechnung dargestellt. Bei Bedarf sind an mehreren Stellen Erweiterungen möglich:

---

[14] Vgl. Grob (1984), S. 16 - 23.

1. Man kann die Ausgangsparameter Umsatz und Kosten in ihre Einflußgrößen (z. B. Preis, Menge, var. Stückkosten, Fixkosten) auflösen, was die Untersuchung unterschiedlicher Annahmen über Preise und Absatzmengen ermöglicht.
2. Bei der Berechnung der Steuern sind Verfeinerungen in Form degressiver Abschreibung mit optimalem Übergang zur linearen oder unterschiedliche Grenzsteuersätze für wichtige Steuerarten denkbar.
3. Schließlich kann man auch die Zinsen noch exakter ausrechnen, indem man den Zinssatz auf den mittleren Kontostand der Periode statt auf den Anfangsbestand bezieht. Die dabei entstehende Zirkularität (der Endbestand des Kreditkontos ist von der Höhe der Zinsen abhängig, diese aber ihrerseits von dem unbekannten Endbestand!) ist durch Iterationen zu lösen.

5 Entscheidungen bei Auswahl und Einsatz von Tabellenkalkulationsprogrammen

Wenn man sich entschließt, ein Tabellenkalkulationsprogramm zu kaufen, stellt sich zunächst die Frage, welches der angebotenen Programme ausgewählt werden soll. Die Entscheidung ist deshalb etwas kompliziert, weil es neben dem hier beschriebenen, auf Tabellenkalkulation spezialisierten Programm Multiplan noch sogenannte „Integrierte Pakete" gibt, die zusätzliche Funktionen wie Grafik, Datenbank, Textverarbeitung o. ä. anbieten. Der Vorteil solcher Integrierter Pakete ist, daß man relativ einfach von einer Anwendungsform zur anderen wechseln kann. So wird es z. B. möglich, aus den im TKP-Teil berechneten Ergebnissen eine Grafik zu erzeugen und anschließend mit der Textverarbeitungsfunktion einen kleinen Bericht einschließlich Zahlen und Grafik zusammenzustellen. Dagegen steht als Nachteil, daß man länger braucht, bis man die größere Anzahl von Befehlen so beherrscht, um zügig damit arbeiten zu können. Vor allem der gelegentliche Benutzer wird sich darüber ärgern, daß er immer wieder den Aufbau der Befehle nachschlagen bzw. ihre Wirkung ausprobieren muß.

Abbildung 12 zeigt den Funktionsumfang der bekanntesten TKP und Integrierten Pakete. Es ist naturgemäß schwierig, eine eindeutige Reihenfolge unter ihnen auf-

PROGRAMM	Kalkulation	Grafik	Datenbank	Textbearbeitung	Kommunikation	Desk Manager
Able One	+	+	+	+	+	
Access Four	++	+	+	+		++
Enable	++	+	++	++	+	
Farsight	++		+	++		+
Framework II	+	+	+	+	+	
KnowledeMan	+	+	++	+	*	
Lotus 1-2-3	++	+	+			
Open Access II	++	++	++	+	+	+
SuperCalc 4	++	+	+			
Symphony	++	+	+	+	+	

+ = vorhanden, ++ = Schwerpunkt, * = Zusatzprodukt pc/db-link

Abb. 12. Leistungsumfang bekannter Integrierter Systeme.

zustellen, weil zum einen der Funktionsumfang der Programme in neuen Versionen noch laufend verbessert wird und zum anderen die Wertschätzung der angebotenen Funktionen je nach den Problemen, die ein Anwender mit dem Produkt bearbeiten will, unterschiedlich ausfällt.

Die Leistungsfähigkeit der Teilanwendungen eines Integrierten Systems hängt oft von der Spezialisierung der Softwarehersteller auf bestimmte Produkte ab. So haben Hersteller, die mehr von der Datenbankseite kommen, vergleichsweise starke Datenverwaltungsmodule in ihren Programmpaketen installiert (z. B. Knowledge Man). Im allgemeinen ist jedoch festzustellen, daß die Tabellenkalkulation die dominierende Komponente der integrierten Software ist. Sie ist hinsichtlich Funktionsvielfalt und maximaler Größe der Arbeitsblätter vergleichbaren Spreadsheet-Systemen ebenbürtig. Insoweit gilt für den Tabellenkalkulationsteil das oben aufgeführte. Häufig sind jedoch die anderen Komponenten (vor allem die Datenbank und die Textverarbeitung) weniger leistungsfähig als spezialisierte Einzelprodukte.

Ein weiteres Merkmal der Integrierten Software ist die gemeinsame Benutzeroberfläche der Programmkomponenten. Darunter fällt nicht nur das äußere Erscheinungsbild, sondern auch eine einheitliche Kommando- und Menüstruktur. Dadurch wird eine leichte Erlernbarkeit der Kommandos gewährleistet. Es existieren jedoch auch Softwarepakete, die eine solche gemeinsame Struktur nicht besitzen. Hierbei handelt es sich oft um eine nachträgliche Integration von ursprünglich selbständigen Programmen. Die einzelnen Komponenten sind deswegen auch getrennt zu erwerben. Ein aus Einzelprogrammen zusammengesetztes Paket ist z. B. Open Access von SPI. Erst in der 1986 auf den Markt gekommenen Version Open Access II wurde die Benutzeroberfläche vereinheitlicht.

Neben den oben genannten Merkmalen zeichnen sich die Integrierten Systeme durch die mehr oder weniger stark ausgeprägte Fähigkeit aus, Kommando- und Funktionsfolgen abzuspeichern und bei Bedarf mit wenigen Tastendrücken zu starten. Diese sogenannten *Makros* erlauben eine automatische Abfolge von Arbeitsschritten. Teilweise sind auch Schleifen, Unterprogrammaufrufe, Verzweigungen und logische Vergleiche unter Einbeziehung aller Funktionen des Programmpakets möglich, so daß sogar automatisch ablaufende Anwendungen aufgebaut und komplizierte Probleme programmiert werden können. Beispiele hierzu finden sich bei Symphony und Open Access II. Neuerdings wird Makro-Programmierung auch zunehmend für einfache Tabellenkalkulationsprogramme (z. B. Multiplan 3.0) angeboten.

Etwas aus dem Rahmen fällt Framework II, bei dem mehrere Teilanwendungen als Frames auf den Bildschirm geholt und ohne Mühe miteinander verknüpft werden können, so daß komplexe Anwendungen als Menge von kleinen überschaubaren Tabellen darstellbar sind. Außerdem enthält es eine vollwertige integrierte Programmiersprache (FRED), die den sonst üblichen Makrobefehlen sowohl im Funktionsumfang als auch hinsichtlich der Verständlichkeit deutlich überlegen ist. Dem steht als Nachteil gegenüber, daß es fast keine vordefinierten Funktionen im Tabellenkalkulationsteil gibt.

Diese kurzen Kommentare zu den einzelnen Produkten können die individuelle Auswahl des optimalen TKP natürlich nicht ersetzen. Detailliertere Informationen über die verschiedenen Programme findet man vor allem in den gängigen PC-Zeitschriften. Man sollte bei der Entscheidung allerdings darauf achten, daß die in diesem Aufsatz herausgestellten Funktionen wie relatives Kopieren, Erkennen und Lösen von Zirkularitäten, Iterationen, bedingte Anweisungen usw. vorhanden sind. Für ein effizientes Arbeiten sind darüber hinaus vor allem Handbücher in deutscher Sprache und ein kompetenter Ansprechpartner beim Händler (wenn man mal nicht mehr weiter weiß) von Bedeutung. Eine Checkliste, welche Punkte bei der Auswahl von TKP und Integrierten Paketen noch beachtet werden können, bietet der Aufsatz von Siol.[15]

Bleibt die Frage nach dem Preis. Multiplan 3.0 ist für weniger als 1000 DM erhältlich. Der Markt der Integrierten Systeme zerfällt in zwei deutlich unterscheidbare Preisklassen. Able One, Access Four und Farsight werden als „Preisbrecher" zur Zeit für weniger als 500 DM angeboten. Hierfür müssen allerdings einige spezifische Nachteile in Kauf genommen werden. Bei Able One arbeiten die Datenbank und die Grafik nicht immer fehlerfrei; außerdem ist das Handbuch nicht ausreichend. Access Four ist nicht besonders gut integriert, aber sonst relativ leistungsfähig. Bei Farsight fehlen schließlich die Bereiche Grafik und Kommunikation vollständig. Die etablierten Produkte kosten (mit Ausnahme von Lotus) alle zwischen 2.000 und 2.500 DM. Es ist jedoch fraglich, ob sich dieser große Preisunterschied auf Dauer halten läßt. Schließlich gibt es auch noch das Angebot des Verlages Markt und Technik, der z. Zt. ältere Versionen bekannter PC-Software in der sogenannten Junior-Reihe für ebenfalls unter 500 DM anbietet.

Wenn mit dem TKP auch der Personal Computer neu angeschafft werden soll, ist dessen Konfiguration festzulegen. Integrierte Systeme benötigen heutzutage mindestens 256, zum Teil sogar 512 KB Hauptspeicher. Für ein komfortables Arbeiten ist darüber hinaus eine Festplatte von 20 MB zu empfehlen. Wenn man die Grafik-Komponenten nutzen will, muß der PC grafikfähig sein und einen entsprechend teureren Bildschirm aufweisen. Schließlich kommt noch ein Nadeldrucker hinzu. Der Preis einer solchen Konfiguration liegt zur Zeit bei ca. 7.500 DM (billige Anbieter wie z. B. Commodore) bis 10.000 DM (IBM PS/2). Nicht zuletzt ist zu beachten, daß es für Klein- und Mittelbetriebe einige Förderprogramme des Bundes und der Länder gibt, über die zinsgünstige Kredite zur Anschaffung von PC-Systemen bereitgestellt und Teile der Beratungskosten erstattet werden. Kontaktadressen für die verschiedenen Branchen sind bei Nastansky aufgelistet.[16]

Literatur

Aufgut; H.: Mikrocomputer: Den Mikro für die Werbeplanung nutzen, in: Marketing Journal (1984), S. 238 ff.
Braune, G.; Streck, B.: Praktische Methoden der Bilanzanalyse und Bilanzkritik mit dem Personal Computer, Verlag Moderne Industrie, Landsberg 1984.
Gabele, E.; Sahm, B.: Finanz- und Bilanzplanung FIBIP/K für Kapitalgesellschaften nach neuem Recht mit Lotus 1-2-3, Verlag Moderne Industrie, Landsberg 1986a.
Gabele, E.; Sahm, B.: Liquiditätsplanung LIQUIDAS mit Lotus 1-2-3, Verlag Moderne Industrie, Landsberg 1986b.
Grob, L.: Investitionsrechnung auf der Grundlage vollständiger Finanzpläne – Vorteilhaftigkeitsanalyse für ein einzelnes Investitionsobjekt, in WISU 1984, Heft 1, S. 16 - 23.

---

[15] Siol (1984), S. 48 - 50.
[16] Nastansky/Hildebrandt, (1985).

Haun, P.: Planungssprachen und Tabellenkalkulationssysteme als Hilfsmittel für die Individuelle Datenverarbeitung (Einführung und Überblick), in: Haun, P.; Zeuch, K. (Hrsg.), Planungssprachen und Tabellenkalkulationssysteme als Hilfsmittel für die Individuelle Datenverarbeitung, erscheint Anfang 1988 voraus. im CW-Verlag München.

Heide, G.: PC's in Marketing und Vertrieb, Haar bei München 1986.

Nastansky, L.: Interaktive Kostenplanung und -kontrolle mit Tabellenkalkulationsprogrammen auf Personal Computern, in: Kilger, W. und A.-W. Scheer (Hrsg.), Rechnungswesen und EDV, 5. Saarbrücker Arbeitstagung, Physika-Verlag, Würzburg-Wien 1984, S. 73 - 97.

Nastansky, L.; Hildebrandt, B.: Personal Computer in kleineren und mittleren Unternehmen, WIOR-Arbeitspapiere 85/3, Universität Paderborn, Warburger Str. 100, 4790 Paderborn.

O. V.: Beurteilung und Auswahl komplexer Systeme (Teil 1), in: VDMA Nachrichten 1987a, H. 5, S. 39 - 40.

O. V.: Veröffentlichung über das Investitionsrechnungsprogramm INVEST (Teil 2), in: VDMA Nachrichten 1987b, H. 6, S. 43 - 44.

Scholz, B.: Entscheidungshilfe für PCM-Investitionen, in: Computerwoche vom 10. Oktober 1986, S. 70 - 71.

Scholz, Ch.: Personalmanagement mit dem Personal Computer, in: Zeitschrift für betriebswirtschaftliche Forschung 39 (1987), H. 1. S. 74 - 88.

Seidl, L.: Aufbereitung einiger betriebswirtschaftlicher DV-Anwendungen für Tabellenkalkulationsprogramme auf einem IBM-PC, Studienarbeit Informatik, Universität Erlangen, März 1985.

Siol, St.: Checklisten: Computerleistung am Arbeitsplatz, in: ÖVD/Online 1984, Heft 10, S. 48 - 50.

Widmer, E.: Flexible Management-Informationssysteme und der Faktor Zeit, in: Thexis, Heft 3/84, S. 20 - 23.

Die Deckungsbeitrags-Flußrechnung als Controllinginstrument im Mittelstand[1]

1 Zweck und Aufbau einer DB-Flußrechnung

Deckungsbeitrags-Flußrechnungen knüpfen – wie bereits aus dem Begriff ersichtlich – an das in Wissenschaft und Praxis seit langem fest etablierte Instrument der Deckungsbeitragsrechnung an. Ihre Anwendung in der betrieblichen Praxis setzt dementsprechend jeweils die Existenz einer Deckungsbeitragsrechnung voraus; ihr Zweck liegt nicht im Ersetzen, sondern im Ergänzen der vorhandenen Deckungsbeitragsrechnung. Während letztere dem Manager z. B. die Information liefert, daß für seine Produktgruppe A nach Abzug der proportionalen Kosten im Jahr 1982 ein Betrag (Deckungsbeitrag) von 50 TDM, im Jahr 1983 nur noch von 30 TDM verblieben ist, beschäftigt sich die Deckungsbeitrags-Flußrechnung ausschließlich mit der Differenz von ./. 20 TDM. Es wird der Frage nachgegangen, worauf diese Differenz im einzelnen zurückzuführen ist. Oder auch der Frage, warum der IST-Deckungsbeitrag 1983 um 40 TDM hinter dem PLAN-Deckungsbeitrag 1983 zurückgeblieben ist. Dies sind zweifellos Fragen, die sich jeder Manager stellt und stellen muß, wenn er sich nicht von vornherein der Chance berauben will, aus der Entwicklung der Vergangenheit wertvolle Erkenntnisse gewinnen und richtige Schlüsse ziehen zu können.

Diese Methode gehört von Zwecksetzung und Aufbau her zu den in der deutschsprachigen Literatur bislang nur vereinzelt behandelten Formen der Abweichungsanalyse, die die Kosten- und Erlösseite gleichermaßen einschließen.[2] Die Beschäftigung mit derartigen Methoden erfolgte aber offensichtlich um so intensiver in der betrieblichen Praxis:

- Im letzten Jahrzehnt ist es zu einer Reihe einschlägiger Veröffentlichungen von Autoren gekommen, die sich aus der betrieblichen Praxis heraus mit der Implementierung derartiger Systeme befaßt haben.[3]

---

[1] Überarbeitete Version eines Beitrages des Verfassers im „Harvard manager" (1984) Nr. 2, S. 14-18.

[2] Insbesondere Matz (1954) S. 234 ff.; Käfer (1957) S. 33 f.; Wille (1961) S. 230 ff.; Groll (1969); Deyhle (1971) S. 352 ff.; Chmielewicz (1973) S. 206 ff; siehe in diesem Zusammenhang auch die Feststellung bei Mertens/Wedekind (1982) S. 520.

[3] Vgl. Blings (1978); Link (1979a); Suffel (1980); Weixler (1980); Brunner/Kunz (1982); Powelz/Leib (1982); Angele (1983).

Die Deckungsbeitrags-Flußrechnung

- Eine Erhebung des Verfassers führte 1985 zu dem Ergebnis, daß von den 144 antwortenden Unternehmen 70 % eine derartige Abweichungsanalyse regelmäßig (49 %) oder gelegentlich (21 %) einsetzen.[4]

Dabei ist es von besonderer Bedeutung, daß bei der zuletzt genannten Erhebung die Anwendungsquote auch in der Betriebsgrößenklasse 500-999 Mitarbeiter noch 69 % betrug; bei den Unternehmen mit weniger als 500 Mitarbeitern scheint dann allerdings eine erheblich geringere Anwendungsquote vorzuliegen.[5] Haupthindernis für alle die größeren oder kleineren Unternehmen, die heute noch nicht mit der Methode arbeiten, ist das Fehlen entsprechender Sachkenntnisse hinsichtlich des Aufbaus und der Anwendung der Methode; fast die Hälfte der Nicht-Anwender beklagte, in den Unternehmen gäbe es ,,noch zu wenige, die die Methode kennen und verstehen". Dies ist mit ein wesentlicher Grund dafür, daß die Deckungsbeitrags-Flußrechnung im folgenden noch einmal ausführlich dargestellt werden soll; ihre besonderen Merkmale – und z. T. gleichzeitig Hauptunterschiede zu ähnlichen Ansätzen – liegen in folgenden Punkten:

- Eindeutigkeit und Stringenz des Berechnungsverfahrens; wie unlängst verdeutlicht, genügt z. B. die kumulative Abweichungsanalyse diesem Postulat nicht.[6]
- Plausibilität und Konsistenz der Berechnungsergebnisse; auch in diesem Punkt wurde die Überlegenheit der ,,symmetrischen" gegenüber der kumulativen und der differenzierten Methode anhand von Testzahlen nachgewiesen.[7]
- Geschlossenheit des Zahlenwerkes, d. h. allen Positionen einer Deckungsbeitragsrechnung müssen entsprechende Positionen der DB-Flußrechnung gegenüberstehen, und sämtliche Artikel eines Geschäftsbereiches müssen einbezogen sein.
- Periodizität des Einsatzes, d. h. es handelt sich um ein Analyseinstrument, welches nicht fallweise, sondern regelmäßig zum Einsatz kommt und bei jeder Erstellung einer Deckungsbeitragsrechnung quasi routinemäßig aktiviert wird.

Die beiden letztgenannten Punkte bedingen unter den normalen Gegebenheiten der betrieblichen Praxis i. d. R. den Einsatz der EDV. Gerade für die mittelständischen Unternehmen ist es daher von besonderer Bedeutung, daß im nachfolgenden Abschnitt 4.2 dieser Arbeit eine Möglichkeit vorgestellt wird, die DB-Flußrechnung mit einem relativ geringen Aufwand auf einem Personalcomputer zu realisieren. Damit wird de facto allen Unternehmen, sofern sie nur eine Deckungsbeitragsrechnung haben, der Zugang zur DB-Flußrechnung eröffnet.

Gleichzeitig ist aber das im folgenden vorgestellte Rechenverfahren so einfach, daß es auch manuell jederzeit nachvollzogen bzw. angewandt werden kann. Dies ist vor allem deshalb wichtig, weil andernfalls Mißtrauen, Widerstände und sonstige Akzeptanzprobleme die Anwendung der Methode belasten können (siehe hierzu auch die Ausführungen zum Methodendesign im Kapitel über die mittelstandsorientierte Betriebswirtschaftslehre). Basis des Rechenverfahrens ist die symmetrische Methode; das Wesentliche dabei ist, daß die Veränderung eines jeden Faktors von der

---

[4] Siehe im einzelnen Link (1988).
[5] Es ist zu berücksichtigen, daß die Stichprobe für diese Betriebsgrößenklasse aus bestimmten Gründen recht klein war – siehe im einzelnen Link (1988).
[6] Vgl. Link (1987) S. 785.
[7] Vgl. Link (1987) S. 784 ff.

162   Methoden des computergestützten Controlling

Periode 1 auf die Periode 2 unter der Annahme analysiert wird, daß die übrigen Faktoren einen „neutralen" Wert, nämlich den Durchschnittswert für die Gesamtperiode 1 + 2, aufweisen. Auf welchen Überlegungen und Modellprämissen dies im einzelnen beruht, ist unlängst an anderer Stelle ausführlich dargestellt worden.[8]

2 Fallbeispiel RONDA

Die Notwendigkeit der Ergänzung des Zahlenwerks einer „normalen" Deckungsbeitragsrechnung um eine DB-Flußrechnung und die dabei zu verwendenden Rechentechniken seien nun im folgenden anhand eines Fallbeispiels demonstriert:

Das Management der RONDA-Werke steht vor der Situation, daß der Deckungsbeitrag des RONDA-Sortimentes im Jahr 1983 relativ unerwartet um ein Drittel gegenüber 1982 zurückgegangen ist; die Zahlen sind im einzelnen aus Tabelle 1 zu entnehmen. Es sei an dieser Stelle noch einmal darauf verwiesen, daß hier anstelle eines IST-IST-Vergleiches ebenso gut ein PLAN-IST-Vergleich als Demonstrationsbeispiel für die DB-Flußrechnung hätte zur Anwendung kommen können; die Rechentechnik wäre genau die gleiche.

Tabelle 1. Deckungsbeitragsrechnung der RONDA-WERKE

	RONDA-Sortiment	
	1982	1983
Menge (t)	300	310
Umsatz (TDM)	880	850
Rabatte	130	125
Herstellkosten	600	625
DB	150	100

t = Tonnen
TDM = 1000 DM

	RONDAMAT		RONDALIT		RONDASIL	
	1982	1983	1982	1983	1982	1983
Menge (t)	65	65	135	190	100	55
Umsatz (TDM)	100	120	270	380	510	350
Rabatte	0	0	20	50	110	75
Herstellkosten	80	105	220	325	300	195
DB	20	15	30	5	100	80

---

[8] Siehe Link (1987) S. 786 ff.

Der Leser sei an dieser Stelle zu dem Versuch aufgefordert, aus dem Zahlenwerk von Tabelle 1 bereits zu eigenen Hypothesen über die Ursachen des Deckungsbeitrags-Rückganges um 50 TDM zu kommen; diese Hypothesen können dann ja anhand der weiteren Ausführungen und Rechenergebnisse gut auf ihre Stichhaltigkeit überprüft werden. Selbst wenn es gelingen sollte, aus dem Nebeneinander von gestiegenen RONDA-Gesamtmengen, gesunkenen RONDA-Umsätzen und -Rabatten sowie den spezifischen Entwicklungen bei den einzelnen Produkten die tatsächlichen ursächlichen Faktoren herauszufinden, so bleibt dann immer noch jeweils das Problem der quantitativ richtigen Größenordnungen des Einflusses dieser Faktoren. Es sei denn, der Leser beherrsche — bewußt oder unbewußt — bereits die Denkweise und Rechentechnik der DB-Flußrechnung, weshalb nunmehr auf diese methodischen Fragen näher eingegangen werden soll.

2.1 Der Einflußfaktor ,,Menge''

Als erstes wird i. d. R. die Frage gestellt bzw. untersucht, ob bei eingetretenen Deckungsbeitragsveränderungen Einflüsse seitens des Faktors ,,Menge'' wirksam gewesen sind. Dies scheidet im vorliegenden Fall hinsichtlich des Produktes RONDAMAT von vorneherein aus, da hier Mengenkonstanz gegeben ist. Das Produkt RONDALIT hat eine Mengenzunahme von 55 Tonnen zu verzeichnen; Frage ist, welche Auswirkung auf den Deckungsbeitrag dem zuzurechnen ist. Grundsätzlich lautet die Antwort, daß die Zunahme in Tonnen zu multiplizieren ist mit dem Deckungsbeitrag je Tonne. Welchen DB/t aber nimmt man nun im vorliegenden Fall? Nimmt man den Wert von 1982, der 0,22 TDM/t beträgt, so ergäbe sich eine Mengenauswirkung von 55 t x 0,22 TDM/t = 12,1 TDM. Wählt man statt dessen den Wert von 1983, so lautet der Rechengang 55 x 0,026 = 1,4 TDM. Für beide Vorgehensweisen lassen sich gute Argumente finden. Die bessere (und unter allen unkomplizierten Lösungen beste) Alternative liegt allerdings darin, den Mittelwert aus den beiden DB/t-Werten zu verwenden, wobei es der Leser nachsehen möge, daß hier keine Offenlegung und Diskussion der vielfältigen Aspekte erfolgen kann, die zu dieser Aussage und damit dem Grundprinzip der symmetrischen Methode hinführen.[9] Daraus ergibt sich also ein Mengeneinfluß auf den Deckungsbeitrag von 55 x 0,123 = 6,8 TDM. Für RONDASIL ergibt sich entsprechend ./. 45 x 1,227 = ./. 55,2 TDM. Somit liegt bereits das in Tabelle 2 dargestellte erste Teilergebnis der DB-Flußrechnung vor.

---

[9] Siehe im einzelnen Link (1987).

Tabelle 2. Mengeneinflüsse auf den Deckungsbeitrag

	RONDA-Sortiment 1983 : 1982
Mengeneinfluß (TDM)	./. 48,4

	RONDAMAT	RONDALIT	RONDASIL
	1983 : 1982	1983 : 1982	1983 : 1982
Mengeneinfluß (TDM)	0	+ 6,8	./. 55,2

2.2 Der Einflußfaktor „Struktur"

Nun wird der eine oder andere Leser sich bereits Gedanken gemacht haben, wieso denn für das RONDA-Sortiment beim Mengeneinfluß ein derart negatives Ergebnis herauskommen konnte, wo doch mengenmäßig ein klarer positiver Trend (Anstieg von 300 auf 310) verzeichnet werden kann. Bei näherer Betrachtung offenbart sich aber, daß sich der Mengenrückgang bei dem sehr deckungsbeitragsintensiven RONDASIL (DB/t = 1,23 TDM !) natürlich wesentlich stärker auswirkt als die an sich sogar höhere Mengenausweitung bei dem DB-schwachen RONDALIT (DB/t = 0,123 TDM). Das Verhältnis der DB/t - Werte zeigt, daß eine Tonne RONDASIL zehn Tonnen RONDALIT aufwiegt. Es handelt sich also hier um das Beispiel einer sehr deckungsbeitragsrelevanten Verschiebung in der Mengenstruktur des Sortimentes. Um dieses Phänomen — „Struktureffekt" genannt — in seiner Auswirkung exakt zu erfassen, ist es notwendig, vorher den „reinen" Mengeneffekt zu berechnen, also die Deckungsbeitragsveränderung, die die Mengenausweitung um 10 t bei unveränderter bzw. konstanter Mengenstruktur gehabt hätte. Dabei beinhaltet die Annahme einer unveränderten Struktur konkret, daß sich alle Produktmengen in der gleichen Richtung und in gleichem Verhältnis verändern würden wie die RONDA-Gesamtmenge, also im Verhältnis 310 : 300 = + 3,33 %; dies entspricht + 2,17 t bei RONDAMAT, + 4,5 t bei RONDALIT und + 3,33 t bei RONDASIL. Nach Multiplikation dieser Werte mit den bereits verwendeten Mittelwerten der DB/t 1982-83 errechnet sich gemäß Tabelle 3 ein „reiner" Mengeneffekt von + 5,2 TDM.

Tabelle 3. Berechnung des „reinen" Mengeneffektes

	3,3 % Mengen- zunahme	Mittelwert DB/t aus 1982-83	DB-Auswirkung Mengenzunahme um 3,3 %
RONDAMAT	2,17	x 0,27	= 0,5859
RONDALIT	4,5	x 0,123	= 0,5535
RONDASIL	3,33	x 1,23	= 4,0959
RONDA	10,0		5,2353

Die Mengenzunahme von 10 t hätte also bei unveränderter Mengenstruktur des Sortimentes zu einem DB-Zuwachs von 5,2 TDM geführt. Durch die tatsächlich eingetretene Strukturverschiebung ist es aber – wie im vorangegangenen Abschnitt errechnet – zu einer Deckungsbeitragsreduzierung in Höhe von ./. 48,4 TDM gekommen. Der Differenzbetrag von ./. 53,6 TDM (Differenz zwischen + 5,2 TDM und ./. 48,4 TDM) ist also allein auf den Struktureffekt zurückzuführen.

Es ist daher nunmehr möglich, den in Tabelle 2 für das RONDA-Sortiment ausgewiesenen Mengeneinfluß aufzuspalten in einen Wert für den „reinen" Mengeneinfluß und einen Wert für den Struktureffekt. Dies geschieht in Tabelle 4, wobei allerdings die oberste Zeile „gesamter Mengeneinfluß" in Tabelle 5 einfach weggelassen werden wird; von nun an bezeichnet in Tabellen die Zeile „Mengeneinfluß" also immer ausschließlich den „reinen" Mengeneffekt. Durch Summation dieses Wertes mit dem Strukturwert kann der „gesamte Mengeneinfluß" jedoch jederzeit reproduziert werden.

	RONDA-Sortiment 1983 : 1982
gesamter Mengen-einfluß (TDM)	./. 48,4
davon a. reiner Men-geneinfluß	+ 5,2
b. Struktur-einfluß	./. 53,6

Tabelle 4. Zur Aufspaltung des Mengeneinflusses

2.3 Der Einflußfaktor „Preis"

Wie kann nun der DB-Einfluß etwaiger Preisbewegungen berechnet werden? Der Preis für eine Tonne RONDAMAT betrug 1,538 TDM in 1982 und 1,846 TDM in 1983. Dieser Anstieg um 0,308 TDM/t wirkt sich auf die Jahrestonnage von 65 t mit 0,308 x 65 = + 20 TDM aus. Bei RONDALIT ist überhaupt kein Preisanstieg zu verzeichnen; dagegen liegen bei RONDASIL die Verhältnisse etwas komplizierter: Der Anstieg des Preises je Tonne beträgt 1,264 TDM. Hier bestünde nun erneut die Wahlmöglichkeit, diesen Wert entweder mit der „alten" Menge (von 100 t) oder der „neuen" Menge (von 55 t) zu multiplizieren; auch hier wird als Lösung der Mittelwert (von 77,5 t) gewählt,[10] woraus sich zunächst ein DB-Einfluß von 77,5 x 1,264 = 98 TDM errechnet. Nun schlagen allerdings diese 98 TDM Erlöszuwachs nicht voll auf den Deckungsbeitrag durch, wenn – wie es in der Praxis eine verbreitete Methode ist – die Rabatte als Prozentsätze auf der Basis der Erlöse berechnet und von diesen abgezogen werden. Aus den für RONDASIL vorliegenden Zahlen ergibt sich, daß der Rabattsatz dort bei 21,5 % liegt, d. h. auch von den 98 TDM Erlöszuwachs werden automatisch 21,5 % Rabatt entsprechend 21 TDM in Abzug gebracht. Als Preiseffekt verbleiben damit + 77 TDM.

Die hier errechneten Werte finden sich in Tabelle 5 wieder, in der ein Gesamtüberblick über alle Einflußgrößen gegeben wird.

---

[10] Entsprechend dem Grundprinzip der symmetrischen Methode – siehe im einzelnen Link (1987).

166 Methoden des computergestützten Controlling

2.4 Der Einflußfaktor „Rabatte"

Einflüsse auf den Deckungsbeitrag durch Änderung des Rabattsatzes liegen vor allem bei RONDALIT vor. Der Rabattsatz betrug 7,4 % im Jahr 1982 und 13,2 % in 1983. Die Erhöhung um 5,8 Prozentpunkte ist natürlich deckungsbeitragswirksam im negativen Sinn; bezieht man sie auf 325 TDM als dem Mittelwert der Erlöse beider Jahre, so ergibt sich ein DB-Einfluß von ./. 18,9 TDM. Bei RONDASIL errechnet sich (0,1 Prozentpunkte x 430 t) ein positiver DB-Effekt von 0,4 TDM.

2.5 Der Einflußfaktor „Herstellkosten"

Bei RONDAMAT betrugen die Herstellkosten je Tonne 1,23 TDM in 1982 und 1,615 TDM in 1983. Der Anstieg um 0,385 TDM/t führt, bezogen auf die Menge von 65 t, zu einer Deckungsbeitragsminderung von 25 TDM. Analog errechnen sich die Werte für RONDALIT (Tonnage-Mittelwert 162,5 x 0,08 = 13 TDM) und RONDASIL (77,5 x 0,545 = 42,2 TDM), die ebenfalls in Tabelle 5 Berücksichtigung finden.

3 Gesamtauswertung der DB-Flußrechnung

Das Gesamtergebnis unseres Rechenganges für das Fallbeispiel RONDA wird zunächst in Tabelle 5 dargestellt.

Tabelle 5. Gesamtergebnis DB-Flußrechnung RONDA-WERKE

	RONDA-Sortiment 1983 : 1982
Menge	+ 5,2
Struktur	./. 53,6
Preise	+ 97,0
Rabatte	./. 18,5
Herstellkosten	./. 80,2
Saldo	./. 50,1

	RONDAMAT 1983 : 1982	RONDALIT 1983 : 1982	RONDASIL 1983 : 1982
Menge	0	+ 6,8	./. 55,2
Preise	+ 20,0	0	+ 77,0
Rabatte	0	./. 18,9	+ 0,4
Herstellkosten	./. 25,0	./. 13,0	./. 42,2
Saldo	./. 5,0	./. 25,1	./. 20,0

Es ist erstaunlich, daß diese bewußt einfach konzipierte Berechnungsvariante der DB-Flußrechnung doch immerhin so genau arbeitet, daß per saldo im vorliegenden Fall ein kumulierter „Erklärungsfehler" von ./. 0,1 TDM auftritt: In Tabelle 1 wird für das RONDA-Sortiment ein DB-Rückgang von exakt ./. 50,0 TDM ausgewiesen, während sich in Tabelle 5 als Saldo aller berechneten Einflußgrößenwerte ./. 50,1 TDM ergibt; eine derartige Abweichung kann immer allein schon durch die zahlreichen, im Interesse relativ glatter Werte durchgeführten Rundungen bedingt sein.[11]

Es sei nun noch verdeutlicht, in welcher Form die Ergebnisse einer solchen DB-Flußrechnung dem Management zweckmäßigerweise dargeboten werden sollten, um auch rein visuell bereits eine größtmögliche Erklärungswirkung zu erzielen. Es sollten sinnvolle Gruppierungen von Positionen vorgenommen werden, um den Überblick zu erleichtern; ausgehend von der zu erklärenden Gesamtabweichung von ./. 50 TDM sollte eine pyramidenförmige Erklärungsstruktur gemäß Abb. 1 gewählt werden, die durch weitgehende Zusammenfassungen von Positionen auf den oberen Stufen und zunehmende Detaillierungen auf den unteren Stufen gekennzeichnet ist. Alle Werte sind auf sinnvolle bzw. entscheidungsrelevante Größenordnungen zu runden.

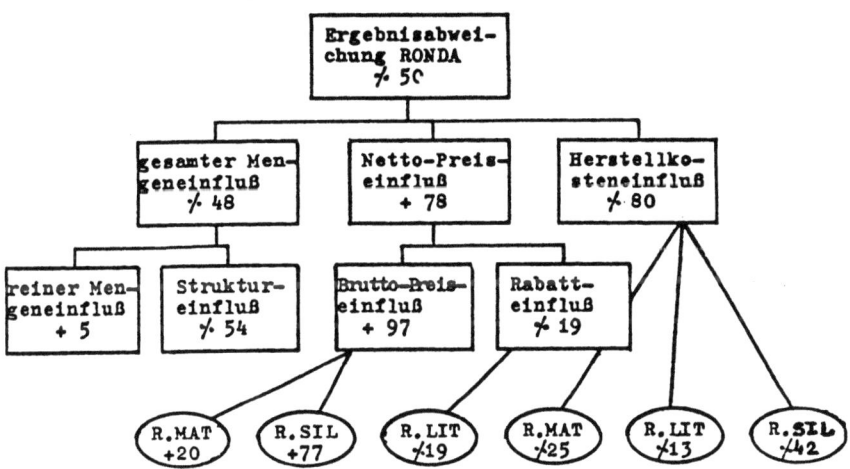

Abb. 1. Darstellungsbeispiel einer DB-Flußrechnung.

Außerdem ist eine verbale Erläuterung bzw. Interpretation vorzunehmen. So wäre hier u. a. darauf zu verweisen, daß die Ursachen der Deckungsbeitragsverschlechterung von 1982 auf 1983 weniger in ungünstigen Kosten-/Preisrelationen zu suchen sind. Es ist dem Management durchaus gelungen, die Steigerungen in den Herstellkosten (mit einer DB-Auswirkung von ./. 80 TDM) fast vollkommen durch Netto-Preiserhöhungen (mit einer DB-Auswirkung von + 78 TDM) aufzufangen. Entscheidend wirkte sich in dieser Situation vielmehr die Verschlechterung der Sor-

---

[11] Zu den genaueren Werten siehe das Kapitel zur DB-Flußrechnung mit Open Access; siehe auch Link/Laufner (1988).

timentsstruktur aus: Obwohl die Gesamtmenge von RONDA gesteigert werden konnte, führte die Mengenverschiebung zwischen RONDALIT und RONDASIL zu einem Deckungsbeitragseffekt von ./. 54 TDM.

Literatur

Angele, L.: Gewinnorientierte Verkaufssteuerung und Erfolgskontrolle mit EDV, in: Kilger, W.; Scheer, A.-W. (Hrsg.), Rechnungswesen und EDV, Würzburg-Wien 1983, S. 397-415.
Blings, H.: Die Vertriebserfolgsrechnung im Controlling-System, in: Controller Magazin, o. Jg. (1978) Nr. 4, S. 163-166.
Bohn, M.: Konzeption einer Produkterfolgsrechnung für Planung und Kontrolle, Frankfurt a. M.-Bern 1982.
Brunner, M.; Kunz, R.: Integriertes System der Kosten-, Erlös- und Finanzrechnung für mittelständische Unternehmen, in: ZfbF 34 (1982), S. 177-197.
Chmielewicz, K.: Betriebliches Rechnungswesen, Bd. 2, Erfolgsrechnung, Reinbek bei Hamburg 1973.
Deyhle, A.: Gewinnmanagement, 3. Aufl., München 1971.
Diller, H.: Preispolitik, Stuttgart-Berlin-Köln-Mainz 1985.
Glaser, H.: Zur Erfassung von Teilabweichungen und Abweichungsüberschneidungen bei der Kostenkontrolle, in: Kostenrechnungspraxis, o. Jg. (1986) Nr. 4, S. 141-148.
Groll, K.-H.: Die Bruttogewinnanalyse, in: BFuP 21 (1969), S. 447-461.
Hahn, D.: Planungs- und Kontrollrechnung – PuK, 3. Aufl., Wiesbaden 1985.
Heinen, E.: Kostenanalyse, in: Grochla, E.; Wittmann, W. (Hrsg.) HWB, 4. Aufl., Stuttgart 1975, Sp. 2290-2303.
Hulbert, J. M.; Toy, N. E.: A Strategic Framework for Marketing Control, in: Journal of Marketing 41 (1977) April, S. 12-19.
Käfer, K.: Die Planungsrechnung als Mittel zur Gestaltung des Produktionsprogramms, in: AGPLAN; ZfB (Hrsg.), Planungsrechnung und Unternehmensführung in europäischer Sicht, Wiesbaden 1957, S. 9-48.
Kilger, W.: Der theoretische Aufbau der Kostenkontrolle, in: ZfB 29 (1959), S. 457-468.
Kilger, W.: Flexible Plankostenrechnung und Deckungsbeitragsrechnung, 8. Aufl., Wiesbaden 1981.
Kloock, J.: Erfolgsrevision mit Deckungsbeitrags-Kontrollrechnungen, in: Betriebswirtschaftliche Forschung und Praxis 39 (1987), S. 109-126.
Kloock, J.; Bommes, W.: Methoden der Kostenabweichungsanalyse, in: Kostenrechnungspraxis, o. Jg. (1982) Nr. 5, S. 225-237.
Kosiol, E.: Analyse der Kostenabweichungen, in: Kosiol, E. (Hrsg.), HWR, Stuttgart 1970, Sp. 907-929.
Laßmann, G.: Die Kosten- und Erlösrechnung als Instrument der Planung und Kontrolle in Industriebetrieben, Düsseldorf 1968.
Lingenfelder, M.; Thomas, U.: Die Deckungsbeitragsflußrechnung als Analyseinstrument im Marketing, in: Wirtschaftswissenschaftliches Studium (1987), S. 531 - 536.
Link, J.: Die automatisierte Deckungsbeitrags-Flußrechnung als Instrument der Unternehmungsführung, in: ZfB 49 (1979a), S. 267-280.
Link, J.: Die Deckungsbeitrags-Flußrechnung, in: Der Schweizer Treuhänder 53 (1979b) Nr. 10, S. 26-31.
Link, J.: Deckungsbeitrags-Flußrechnung, in: Harvard manager 6 (1984) Nr. 2, S. 14-18.
Link, J.: Schwachpunkte der kumulativen Abweichungsanalyse in der Erfolgskontrolle, in: ZfB 57 (1987), S. 780 - 792.
Link, J.: Verbreitung und Einsatzformen der Deckungsbeitrags-Flußrechnung in der Industrie, in: Die Betriebswirtschaft 48 (1988).
Link, J./Laufner, W.: Deckungsbeitrags-Flußrechnung – Einsatz und Rechentechnik (in Vorbereitung für 1988).
Männel, W.: Zur Gestaltung der Erlösrechnung, in: Chmielewicz, K. (Hrsg.), Entwicklungslinien der Kosten- und Erlösrechnung, Stuttgart 1983, S. 119-150.

Matz, A.: Plankostenrechnung, Wiesbaden 1954.

Mertens, P.; Wedekind, H.: Entwicklung und Stand der Betriebsinformatik, in: ZfB 52 (1982), S. 510-525.

Powelz, H.; Leib, P.: Ein Programm zur Umsatzanalyse als Beitrag zum Gewinn-Marketing, in: Marketing 4 (1982) Nr. 1, S. 5-14.

Streitferdt, L.: Entscheidungsregeln zur Abweichungsauswertung, Würzburg-Wien 1983.

Suffel, W.: Das Planungssystem der deutschen Nestlé-Gruppe, in: Fuchs, J.; Schwantag, K. (Hrsg.), Agplan-Handbuch zur Unternehmensplanung, Berlin 1970, Erg.-Lfg. XII.80, Kennzahl 4558, S. 1-79.

Weixler, K.: Die Plankosten- und Deckungsbeitragsrechnung als Führungsinstrument, in: Kilger, W.; Scheer, A.-W. (Hrsg.), Plankosten- und Deckungsbeitragsrechnung in der Praxis, Würzburg-Wien 1980, S. 26-38.

Wilkens, K.: Kosten- und Leistungsrechnung, 5. Aufl., München 1985.

Wille, F.: Fortschrittliche Kosten- und Erfolgsrechnung, Stuttgart 1961.

Computergestützte Isoquantentechnik als heuristisches Hilfsmittel der Marketing-Planung

− Erfahrungen und Überlegungen −

Vorbemerkung: Für das Verständnis der nachfolgenden Methode erscheint es wichtig, zuvor die Ausführungen zur Wirtschaftlichkeit des Methodendesigns, speziell auch zur Strategie der anwendungsfreundlichen Benutzeroberfläche, im dritten Kapitel dieser Arbeit gelesen zu haben; es wird deutlicher, welche grundsätzlichen Vorteile von dieser Methode auch für Großunternehmen erwartet werden können.

1 Ausgangssituation

Es sei angeknüpft an den Artikel „Herausforderungen an die Marketingwissenschaft", den Simon unlängst in MARKETING • ZFP publiziert hat.[1] Das Bild, das er hinsichtlich des Beitrages der Marketingwissenschaft zur Verbesserung der Entscheidungen durch quantitative Methoden und Modelle aufzeichnete, muß aus der Sicht der Praxis enttäuschen. Selbst in Großunternehmen mit einem ausgesprochen hohen Marketing-Standard sind in den seltensten Fällen anspruchsvolle quantitative Methoden und Modelle zur Marketing-Mix-Optimierung im Einsatz. Vor allem aber die mittelständischen Unternehmen mußten bislang den Eindruck gewinnen, daß ihre speziellen Probleme und Möglichkeiten von der Marketingwissenschaft kaum gesehen und für sie anwendbare Methoden und Modelle daher auch nur in minimalem Umfang entwickelt und propagiert werden.

Es ist schon oft darauf hingewiesen worden, daß dies auf bemerkenswerte Weise mit dem Stand der Theorie kontrastiert. Dies gilt bekanntlich insbesondere hinsichtlich der mikroökonomisch beeinflußten Preistheorie, in der das Preisoptimum auf der Basis von Preis-Absatz-Funktionen durch Marginalanalyse bestimmt wird. Die Prämissen, auf denen diese Preistheorie fußt, sind in der Vergangenheit bereits zur Genüge kritisiert worden.[2] Es genügt daher, an dieser Stelle zu konstatieren, daß es in der Praxis auf größte Schwierigkeiten stößt, Preisentscheidungen marginalanalytisch auf der Basis von Preis-Absatz-Funktionen zu treffen. Nichtsdestoweniger hat es immer wieder Versuche gegeben, Preis-Absatz-Funktionen für bestimmte Produkte empirisch exakt zu ermitteln; als Beispiel sei in Abb. 1 eine Reihe von Preis-

---

[1] Siehe im einzelnen Simon, 1986.
[2] Zur Kritik der klassischen Preistheorie siehe im einzelnen z. B. Schneider, 1966; Weinberg/Behrens/Kaas, 1974; Nieschlag/Dichtl/Hörschgen, 1985, S. 284 ff., 296; Meffert, 1986, S. 323 ff.

Computergestützte Isoquantentechnik 171

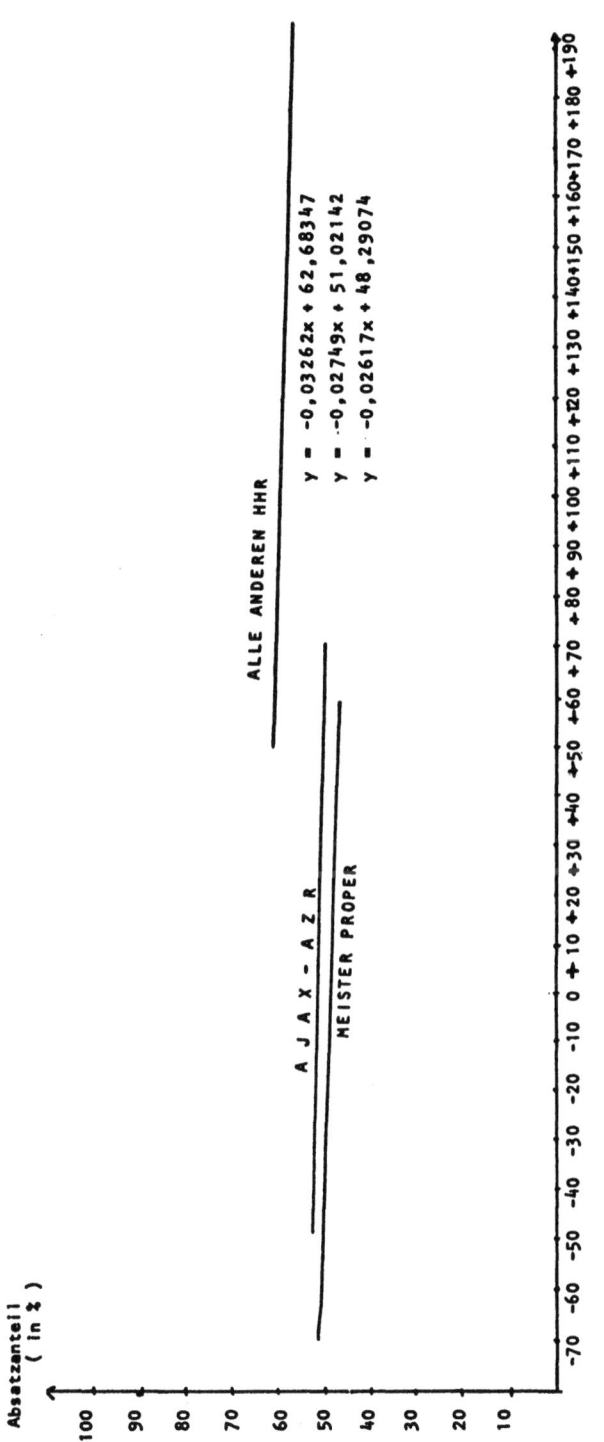

Abb. 1. Preis-Absatz-Funktionen „Der General" im Paarvergleich.
Quelle: Stölzel/Köhler, 1976, S. 64.

Absatz-Funktionen angeführt, die in den 70er Jahren für das Produkt „Der General" erhoben worden sind. Diese Preis-Absatz-Funktionen, ebenso wie die Maßeinheiten auf den Achsen, beziehen sich jeweils auf einen Paarvergleich des General gegen bestimmte Konkurrenzprodukte.

Auch das Konzept des „Decision Calculus" hat für die betriebliche Praxis bislang keine grundsätzliche Veränderung bewirken können.[3] Preis- und andere Marketing-Mix-Entscheidungen müssen daher heute nach wie vor als methodisch weitgehend ungestützte Entscheidungen in der Praxis charakterisiert werden. In der Regel wird eine Reihe diskreter, als plausibel und aussichtsreich angesehener Kombinationen von Aktionsparametern (Preis, Werbung usw.) und Erfolgsgrößen (Stückzahlen) mittels der Deckungsbeitragsrechnung durchgerechnet; je nach Zielsystem wird die Kombination mit dem größten Deckungsbeitrag, Marktanteil o. ä. ausgewählt. Dieses Vorgehen läßt sich durch das Fehlen jeglicher Algorithmen oder zumindest heuristischer Regeln als ungestützte Enumeration charakterisieren; für mittelständische Unternehmen stellte dies bisher praktisch die einzige Möglichkeit der Preisplanung dar.

2 Die Umstrukturierung des p-x-Koordinatenfeldes

Auf der Basis der vorstehenden Ausführungen soll nun ein Vorschlag entwickelt werden, der die Preis- und andere Marketing-Mix-Entscheidungen wenigstens in einem bestimmten Umfang zu heuristisch gestützten und damit ergebnismäßig konvergierenden Entscheidungen macht. Ausgangspunkt sei das Koordinatenfeld, wie es sich in einem herkömmlichen Preis-Mengen-Achsenkreuz zur Darstellung von Preis-Absatz-Funktionen darbietet (siehe im folgenden Abb. 2). Die Fülle der theoretisch denkbaren p-x-Kombinationen muß durch geeignete Evaluierungshilfen auf einen möglichst kleinen Lösungsraum für die Finalauswahl reduziert werden; gesucht sind diejenigen x-p-Kombinationen, die im Markt realisierbar und gleichzeitig ökonomisch optimal sind. Bei diesem Suchprozeß sollten nun in der mikroökonomisch orientierten Preistheorie als Evaluierungshilfen die Linien der marktmäßigen Realisierbarkeit dienen, wie sie durch die Preis-Absatz-Funktionen gegeben seien. Sofern nun als Zielgröße lediglich die Gewinnmaximierung und als Aktionsparameter lediglich der Preis angesehen würden, könnte sich der optimale Preis auf die bekannte, in Abb. 2 unter Punkt (A) angedeutete, marginalanalytische Weise bestimmen lassen.

Steht nun die Preis-Absatz-Funktion aus den bereits oft besprochenen Gründen in der Praxis nicht zur Verfügung, so mußte bislang, wie bereits ausgeführt, auf Evaluierungshilfen im wesentlichen verzichtet werden; das daraus resultierende Vorgehen war oben bereits als ungestützte Enumeration auf Basis der progressiven (i. S. v. vorwärtsschreitenden) Deckungsbeitragsrechnung gekennzeichnet worden (B in Abb. 2).

Unter Punkt (C) von Abb. 2 wird nun symbolhaft verdeutlicht, welche neue Evaluierungshilfe in Gestalt der Isoquantentechnik geboten werden soll. Es kommt zu einer Umstrukturierung des p-x-Koordinatenfeldes: Wenn auch die Linien der

---
[3] Vgl. Kellner/Link, 1979, S. 44; Mertens/Griese, 1984, S. 116 ff.; Simon, 1986, S. 207.

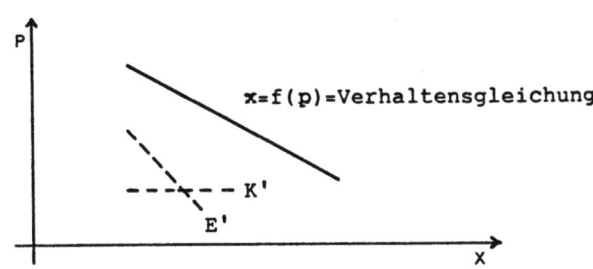

Abb. 2. Zur Umstrukturierung des Koordinatenfeldes bei der Evaluierung von Marketing-Mix-Alternativen.

marktmäßigen Realisierbarkeit von p-x-Kombinationen nicht zur Verfügung stehen, so können aber sehr wohl die entscheidungsrelevanten Linien ökonomischer Vorteilhaftigkeit von p-x-Kombinationen aufgezeigt werden.

Es ist nämlich mittels der retrograden (i. S. v. rückwärtsschreitenden) Deckungsbeitragsrechnung möglich, Deckungsbeitrags-Isoquanten für ein Spektrum unterschiedlicher Deckungsbeiträge eines Produktes zu errechnen. Wie dies konkret aussieht, wird im folgenden anhand realer Zahlen noch deutlich werden; an dieser Stelle sei zunächst eine Deckungsbeitrags-Isoquante so definiert, daß darunter der geometrische Ort aller Preis-Mengen-Kombinationen verstanden werden soll, die zum jeweils gleichen Deckungsbeitrag führen. Je weiter eine Deckungsbeitrags-Isoquante vom Koordinatenursprung entfernt ist, desto höher ist zwangsläufig ihr Deckungsbeitrag. Liegen derartige Isoquanten vor, so kann unter ökonomischen Kriterien z. B. in Abb. 2 eine exakte Reihung der Punkte X, Y und Z erfolgen. Es ist leicht einsichtig, daß auf diese Weise die Effizienz des Suchprozesses erheblich gesteigert werden kann. Dies soll nun im folgenden anhand des in Abb. 1 bereits angesprochenen Fallbeispieles „Der General" weiter verdeutlicht werden.

3 Isoquantentechnik im Fallbeispiel

3.1 Marketing-Planung mittels Soll- und Ist-Deckungsbeiträgen

In Abb. 3 wird zunächst verdeutlicht, wie – ausgehend von einer bestimmten Plan-Rentabilität – Plan-Deckungsbeiträge abgeleitet werden können. In Tabelle 1 sind sodann jene Zahlen enthalten, die wir – basierend auf den Angaben der unter Tab. 1 angegebenen Fallstudie – zur Verdeutlichung der nachfolgenden Überlegungen heranziehen wollen. Dabei wurden aus Gründen der besseren Veranschaulichung die Zeiträume 1973 und 1974 uminterpretiert in „Ist 1986" und „Plan 1987".

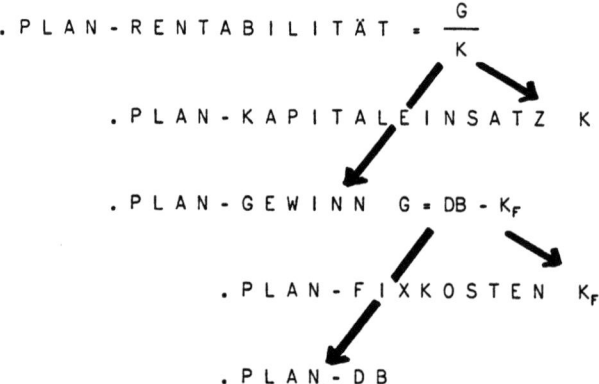

Abb. 3. Die Deduktion von Plan-Deckungsbeiträgen.

Tabelle 1. Deckungsbeitragsrechnung „Der General"

	1970	1971	1972	(1973) =IST 86	(1974) =PLAN 87
Gesamtmarktvolumen (Tt)	40	44	50	55	58
Marktanteil (%)	0,5	0,5	18	20	24
Absatzmenge (t)	200	220	9000	11000	13920
Bruttoerlös pro t (DM)	2500	2500	2300	2300	2300
Bruttoerlös I (TDM)	500	550	20700	25300	32016
– Aktionsetat (TDM)	60	66	2484	3036	3842
Herstellkosten pro t (DM)	1500	1500	1200	1200	1200
– Herstellkosten insges. (TDM)	300	330	10800	13200	16704
DB I	140	154	7416	9064	11470
– Werbeetat (TDM)	660	700	8000	7000	8000
– andere Etats (TDM)	400	250	1600	600	600
DB II	−920	−796	−2184	+1464	+2870
DB II kumuliert	−920	−1716	−3900	−2436	+434

1970-72 Ist-Werte, ab 1973 Plan-Werte
Quelle: Stölzel/Köhler, 1976 (Veränderungen siehe Text).

Maßgeblich für unsere folgenden Überlegungen sind nun aus Tabelle 1 insbesondere die in der Zeile „DB I" für das „Ist 1986" und den „Plan 1987" gemachten Zahlenangaben von rund 9000 bzw. 11500 TDM. Aus diesen Deckungsbeiträgen lassen sich nun entsprechende Isoquanten gemäß der folgenden Formeln entwickeln:

$$DB = x \left[p \left(1 - \frac{r}{100}\right) - k_p \right]$$

$$p = \frac{1}{1 - \frac{r}{100}} \left(\frac{DB}{x} + k_p \right) \qquad r = \text{Rabattsatz (\%)}$$
$$k_p = \text{proportionale Stückkosten}$$

In dem zuletzt angeführten Formelausdruck müssen nun lediglich die konkreten Werte für r, DB sowie k_p eingesetzt werden, um für ein beliebiges x jeweils den zugehörigen Wert für p zu erhalten. Die sich daraus ergebenden Isoquanten des Ist-Deckungsbeitrages 1986 sowie des Plan-Deckungsbeitrages 1987 sind in Abb. 4 dargestellt.

3.2 Suchstrategien bei mehrdimensionalen Ziel- und Mittelentscheidungen

Ausgangspunkt für die Planungsüberlegungen ist die Ist-Situation 1986, wie sie durch die untere DB-Isoquante in Abb. 4 und insbesondere den darauf befindlichen Punkt A gegeben ist; der Punkt A repräsentiert die Preis-Mengen-Kombination, wie sie in 1986 (entsprechend den Annahmen von Tab. 1) vorgelegen und zu dem DB I von 9000 TDM geführt hat. Das zu erreichende Ziel wird durch die „höhere" Isoquante mit dem deduktiv abgeleiteten (siehe Abb. 3) Plan-DB von 11500 TDM repräsentiert; die bereits in der letzten Spalte von Tabelle 1 eingetragenen konkreten Preis- und Mengenangaben können nur als einer von vielen möglichen Wegen zu diesem Plan-DB verstanden werden und sind für die folgenden Überlegungen irrelevant. In der für Abb. 4 charakteristischen Gegenüberstellung von Ist- und Soll-Zustand sowie in der Art der Ermittlung von letzterem liegt ein wesentlicher Unterschied zu einer ähnlichen, an anderer Stelle dargestellten Entscheidungshilfe (Kilger, Deyhle).[4] Der erste Schritt besteht nun darin, zunächst die irrelevanten Suchbereiche zu definieren. Als irrelevant für den Suchprozeß müssen zum einen alle jenen p-x-Kombinationen angesehen werden, die unterhalb der Ist-DB-Isoquante liegen, da sie mit einem absolut zurückgehenden Deckungsbeitrag verbunden sind. Zum anderen erscheinen aber auch alle jene p-x-Kombinationen als irrelevant, die – vom Punkt A aus gesehen – gleichzeitig höhere Mengen und höhere Preise repräsentieren, denn dies ist – ceteris paribus – in der Regel nicht realisierbar.

Der zweite Schritt besteht in der Einschätzung von Kunden- und Konkurrenten-Reaktionen, die sich bei einer Preisveränderung um einen bestimmten Betrag ver-

---

[4] Vgl. Kilger, 1976, S. 394 ff.; Deyhle, 1968, S. 328 ff.; erst Jahre nach der Implementierung „seines" Systems stieß der Verfasser auf diese beiden Quellen, was wieder einmal dafür spricht, daß bei isolierter, aber praxisorientierter Beschäftigung mit bestimmten Problemen nicht selten eine Konvergenz der Lösungsvorschläge zu beobachten sein wird.

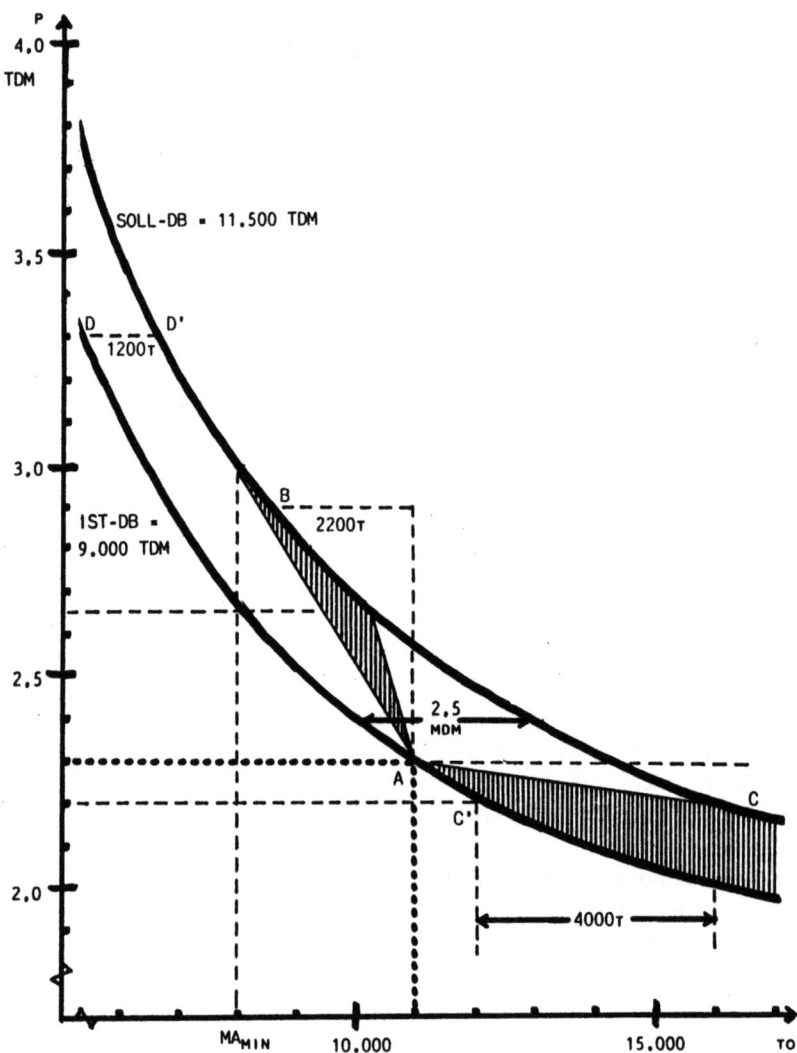

Abb. 4. Isoquantentechnik im Fallbeispiel.

mutlich ergeben werden. Ausgehend von Punkt A (p = 2,3, x = 11000) ist also beispielsweise zu fragen, welcher Mengenrückgang vermutlich mit einer Preiserhöhung um 0,6 TDM verbunden sein wird. Liegt dieser Mengenrückgang bei nicht viel mehr als 2000 Tonnen, so ergibt sich eine Preis-Mengen-Kombination entsprechend Punkt B, der auf der höheren Isoquante liegt und damit dem gewünschten Plan-Deckungsbeitrag für 1987 entsprechen würde. Ähnlich ist zu fragen, welcher Mengenzuwachs aus einer Preissenkung um 0,1 resultieren würde; nur, wenn dieser Zuwachs bei mindestens 5000 Tonnen liegen würde, würde Punkt C und damit die Plan-Isoquante erreicht. Höhere Mengenrückgänge bei einer Preiserhöhung bzw. geringere Mengenzuwächse bei einer Preissenkung würden jeweils zu Preis-Mengen-Kombinationen zwischen den beiden Isoquanten führen, d. h. einen Deckungsbeitragszuwachs in geringerem als dem erwünschten Umfang repräsentieren. Auch dies kann, wie die nachfolgenden Überlegungen zeigen werden, bei bestimmten Nebenzielen durchaus als zufriedenstellend angesehen werden.

Neben dem Ziel der Deckungsbeitrags- bzw. Gewinnmaximierung können in der Unternehmenspraxis auch andere Ziele eine hohe Relevanz besitzen. So kann beispielsweise bei einem Produkt, für das sich starke Präferenzen gezeigt haben, das Ziel einer preislich und imagemäßig höheren Positionierung verfolgt werden; eine Preiserhöhung kann aber auch angestrebt werden, wenn es sich um auslaufende Produkte mit relativ unelastischer Nachfrage (z. B. Ersatzteilbedarf für ausgelaufene PKW-Modelle) handelt, für die eine Abschöpfungspreispolitik verfolgt werden soll. In diesen beiden Fällen ist als Suchfeld vor allen Dingen jener schraffierte Bereich zu sehen, der sich zwischen den Punkten A und B erstreckt. Auf der anderen Seite wird in der Praxis sehr häufig das Ziel einer Marktanteilsmaximierung neben dem Deckungsbeitragsziel verfolgt. Zugunsten dieses Ziels werden häufig erhebliche Abstriche beim Deckungsbeitragsziel hingenommen, so daß von daher der gesamte, schraffierte Suchbereich zwischen den Punkten A und C relevant wäre; ähnliches ergibt sich, wenn als Nebenziel die Destabilisierung bzw. Verdrängung konkurrierender Grenzanbieter beabsichtigt ist.

Das Isoquantenschema in Abb. 4 erlaubt aber nicht nur eine Evaluierung rein preispolitischer Alternativen, sondern auch die Einbeziehung anderer Aktionsparameter. Grundsätzlich sind nämlich auch Maßnahmen im Bereich der Werbung oder Produktqualität geeignet, den Übergang von der Ist-Isoquanten zur Plan-Isoquanten zu realisieren; da diese beiden Instrumente vor allem mit den subjektiv empfundenen bzw. objektiv vorhandenen Produkteigenschaften verbunden sind, seien sie – im Gegensatz zum „quantitativen" Preisinstrument – als „qualitative" Instrumente bezeichnet. Bestimmte Überlegungen legen nun den Schluß nahe, daß es in Abb. 4 einen Bereich gibt, der besonders günstige Voraussetzungen für einen Einsatz dieser qualitativen Instrumente bietet; dieser „qualitative" Bereich wäre in etwa zwischen den Punkten B und D anzusiedeln: Man benötigt nur 1200 Tonnen Mengenzuwachs, um vom Punkt D auf den Punkt D' überzugehen, was mit einem DB-Zuwachs von 2500 TDM verbunden ist; kostet die hierfür erforderliche qualitative Maßnahme beispielsweise 1000 TDM, so bleiben als DB-Gewinn also immer noch 1500 TDM übrig. Vollzieht man die gleiche Überlegung dagegen zwischen den Punkten C' und C, d. h. im unteren Bereich der Isoquanten, so ist ein Mengenzuwachs von immerhin 4000 Tonnen notwendig, um den gleichen ökonomischen Effekt zu erzielen.

4 Leistungsstufen der computergestützten Isoquantentechnik

Die Isoquantentechnik kann in der betrieblichen Praxis in vier unterschiedlichen Leistungs- bzw. Komplexitätsstufen implementiert werden (siehe Abb. 5).

Stufe I ist dadurch charakterisiert, daß ein monistisches Zielsystem (Gewinnmaximierung) und ein univariables Marketing-Mix (reine Preispolitik) vorliegen; außerdem ist noch kein echter Dialog mit dem Rechner gegeben. Der Rechner kann vielmehr auf zweierlei Weise dienende Funktionen im Rahmen der Isoquantentechnik übernehmen. Die erste Möglichkeit besteht darin, daß auf Anforderung auf dem Bildschirm jeweils sämtliche Werte-Paare (p-x-Kombinationen) spezifiziert werden,

178 Methoden des computergestützten Controlling

	ZIELSYSTEM	MARKETING-MIX	MANIPULATIONS-TECHNIK
STUFE I	monistisch	univariabel	rechnergestützt
STUFE II	pluralistisch	univariabel	rechnergestützt
STUFE III	pluralistisch	multivariabel	rechnergestützt
STUFE IV	pluralistisch	multivariabel	Mensch-Maschine-Dialog

Abb. 5. Leistungsstufen der computergestützten Isoquantentechnik.

die zu einer bestimmten DB-Isoquanten gehören. Die Aufgabe der graphischen Umsetzung gemäß Abb. 4 liegt dann noch beim Entscheidungsträger bzw. Benutzer des Systems. Diese Stufe hat der Verfasser seinerzeit in einem Großunternehmen realisiert. Eine gewisse Steigerung der Rechnerfunktion kann natürlich dadurch erreicht werden, daß die Werte-Paare durch ein entsprechendes Graphik-Programm auch als Isoquante auf dem Bildschirm sichtbar gemacht und auf einem Plotter ausgedruckt werden können.

In der Stufe II werden in die Überlegungen bzw. Suchprozesse auch Nebenziele wie Marktanteils- oder Positionierungsziele einbezogen. Zusätzlich beinhaltet dann in Stufe III das Maßnahmenspektrum auch den „qualitativen" Bereich, wie er oben dargestellt worden ist.

Die praktischen Erfahrungen, die der Verfasser bei Entwicklung und Einsatz der Isoquantentechnik in der Industrie gesammelt hat, lassen sich an dieser Stelle wie folgt zusammenfassen, bevor dann noch ein kurzer Ausblick auf die Weiterentwicklungsmöglichkeit hin zur Stufe IV gegeben werden soll:

● Wie bei allen innovativen und damit noch ungewohnten Planungsinstrumenten steht und fällt der Erfolg bzw. Nutzen mit der erfolgreichen Bewältigung bestimmter Akzeptanzprobleme. Dies beginnt bereits mit der Konsultation der Benutzer vor und während der Entwicklungsarbeiten.

● Eine sorgfältige Einweisung und Schulung der Benutzer ist gerade im vorliegenden Fall unumgänglich, wie bereits die Erläuterungen zu Abb. 4 unschwer erkennen lassen. Im Idealfall soll der Entscheidungsträger mit Hilfe des Benutzerhandbuches selbst in der Lage sein, zu beliebigen Zeitpunkten beliebige Fragen am Bildschirm abzuklären.

● Von zentraler Bedeutung ist hier — wie bekanntlich auch bei allen anderen vergleichbaren Methodeninnovationen — die Unterstützung seitens der vorgesetzten Führungskräfte der Benutzer. Nur wenn eine solche Planungsmethode auch von dieser Seite akzeptiert oder sogar regelmäßig gefordert wird, kann es zu einer Penetration auf breiter Front kommen.

In Stufe IV schließlich übernimmt der Rechner eine aktivere Rolle im Entscheidungsprozeß, indem es zu einem Mensch-Maschine-Dialog kommt. Das System erfragt hierbei vom Benutzer bestimmte Parameter, mit deren Hilfe es den Suchprozeß des Entscheidungsträgers zielgerecht steuern kann. Das Beispiel, welches in Abb. 6 dargestellt ist, lehnt sich an die Daten aus Tab. 1 an und kann bei dem derzeitigen Stand jederzeit auch beispielsweise auf einem relativ kleinen Mikrocomputer realisiert werden. Ideal wäre es, wenn die in Abb. 6 angesprochenen Preis-Mengen-Kombinationen auch jeweils auf einem daneben angeordneten Graphik-Bildschirm vom System optisch hervorgehoben werden würden. Eine weitere Steigerung wäre natürlich dadurch möglich, daß — entsprechend dem „Decision Calculus-Konzept" — der

SYSTEM	BENUTZER
. WELCHES PRODUKT?	. GENERAL
. WELCHE IST-BASIS?	. 2.ÜBERPRÜFUNG 1986
. WELCHE PLAN-BASIS?	. PLAN Y 1987
. ZIEL-STRATEGIE?	. WACHSTUM
. MENGEN-/MARKTANTEILSZIEL?	. 14000 T
. ZIELERREICHUNGSGRADE/-GEWICHTUNGEN?	
. GEWINNZIEL	. 75%
. MARKTANTEILSZIEL	. 95%
. MINDESTENS ERFORDERLICHE PREISSENKUNG FÜR MENGENSTEIGERUNG 3000T ?	. 0,7 TDM
. ZUSÄTZLICH ERFORDERLICHER WERBEETAT FÜR MENGENSTEIGERUNG 3000T ?	. 900 TDM
. ES EMPFIEHLT SICH DER EINSATZ DER WERBUNG; ERREICHTER DB= 10600 TDM = ZIELERREICHUNG 92%	
H I N W E I S : ZUSÄTZLICH VORGESEHENE WERBUNG FÜR PLAN Y 1987 NUR 600 TDM. 900 TDM DENNOCH REALISIERBAR ?	. NEIN
. ERREICHBARE MENGENSTEIGERUNG BEI 600 TDM ZUS. WERBUNG ?	. 1500T
. ZIELERREICHUNG:	
. GEWINN 10250 TDM = 89%	
. MARKTANTEIL 12500 = 89%	
VERBESSERUNGSVORSCHLAG GEWÜNSCHT ?	. JA
. MENGENEFFEKT PREISSENKUNG UM 0,2 TDM ?	. 850T
. ZIELERREICHUNG:	
. GEWINN 8800 TDM = 76%	
. MARKTANTEIL 13350 = 95%	
VERBESSERUNGSVORSCHLAG GEWÜNSCHT ?	. NEIN
. DIALOG ENDE	

Abb. 6. Einfaches Dialogbeispiel in Ergänzung Isoquantentechnik.

Rechner aus den Antworten bzw. Eingaben des Benutzers dessen internes Markt-Reaktions-Modell errechnet und auf dieser Basis auch zu weitergehenden Empfehlungen in der Lage wäre.

Auf längere Sicht wäre es auch vorstellbar, daß ein derartiges System die Zugriffsmöglichkeit auf die umfangreichen Datenbestände bekäme, wie sie in den Marketing-Informationssystemen bestimmter Großunternehmen zur Verfügung stehen.[5] Hier ist insbesondere gedacht an Haushaltspaneldaten, Handelspaneldaten, Mediennutzungsdaten, demoskopische Daten usw.. Wenn man z. B. berücksichtigt, wieviele interessante Schlußfolgerungen sich bei der Einführung eines neuen Produktes aus der Entwicklung von Erst- und Wiederkaufsraten sowie dem Verhältnis dieser Daten zueinander und zu anderen, obengenannten Datenbeständen ziehen lassen, so wird vor allem folgende Frage interessant: Lassen sich die bei einer derartigen Datenanalyse verwendeten Evaluierungsregeln und Schlußfolgerungen klar und präzis formulieren, so daß sie einer Programmierung zugänglich sind? Für nicht wenige der dem Verfasser aus Theorie und Praxis des Marketing bekannten Evaluierungsregeln und Schlußfolgerungen kann diese Frage bejaht werden. Insofern erscheint auch für das Marketing auf längere Sicht der Weg zu bestimmten Ausprägungen von Expertensystemen nicht grundsätzlich verschlossen, wie sie von Mertens, Allgeyer und Däs unlängst vorgestellt worden sind.[6]

Literatur

Cabus, E. (1977): Ansätze für ein Marketing-Informationssystem (MIS). In: Haedrich, G. (Hrsg.), Operationale Entscheidungshilfen für die Marketingplanung, Berlin/New York 1977, S. 269-279.

Deyhle, A. (1968): Gewinn-Management. 2. Aufl., München 1968.

Kellner, J./Link, J. (1979): Perspektiven für die Informationswirtschaft der Unternehmung. In: Harvard manager, 1. Jg. (1979), Heft 1, S. 39-45.

Kilger, W. (1976): Einführung in die Kostenrechnung, Opladen 1976.

Krautter, J./Scholz, P. (1978): Entwicklung computergestützter Marketing-Informations-Systeme. In: Die Betriebswirtschaft, 38. Jg. (1978), Heft 2, S. 231-243.

Link, J. (1979): Die automatisierte Deckungsbeitrags-Flußrechnung als Instrument der Unternehmungsführung. In: ZfB, 49. Jg. (1979), Heft 4, S. 267-280.

Meffert, H. (1986): Marketing. 7. Aufl., Wiesbaden 1986.

Mertens, P./Griese, J. (1984): Industrielle Datenverarbeitung. Bd. II, Informations- und Planungssysteme. 4. Aufl., Wiesbaden 1984.

Mertens, P./Allgeyer, K./Däs, H. (1986): Betriebliche Expertensysteme in deutschsprachigen Ländern. In: ZfB, 56. Jg. (1986), Heft 9, S. 905-941.

Nieschlag, R./Dichtl, E./Hörschgen, H. (1985): Marketing. 14. Aufl., Berlin 1985.

Schneider, D. (1966): Die Preis-Absatz-Funktion und das Dilemma der Preistheorie. In: Zeitschrift für die gesamte Staatswissenschaft, 122. Bd. (1966), S. 587-628.

Sihler, H. (1972): Marktorientierte Unternehmensführung mit Computern. In: IBM-Nachrichten, 22. Jg. (1972), S. 389-395.

---

[5] Als Beispiel für solche Marketing-Informationssysteme mit besonders hohem Leistungspotential sei hier das in der Literatur recht ausführlich dokumentierte System der Henkel KGaA, Düsseldorf, angeführt; siehe im einzelnen z. B. Sihler, 1972; Sihler/Schulz, 1974; Cabus, 1977; Krautter/Scholz, 1978; Link, 1979; Mertens/Griese, 1984, S. 109 ff.

[6] Vgl. Mertens/Allgeyer/Däs, 1986, S. 908 f.

Sihler, H./Schulz, R. (1974): Marketing-Informations-Systeme. In: Marketing-Enzyklopädie. Bd. 2, München 1974, S. 513-527.

Simon, H. (1986): Herausforderungen an die Marketingwissenschaft. In: MARKETING ● ZFP, 8. Jg. (1986), Heft 3, S. 205-213.

Stölzel, A./Köhler, R. (1976): DER GENERAL. Fallstudie zur Entwicklung, Einführung und Erfolgskontrolle eines neuen Produktes. Aachen 1976.

Weinberg, P./Behrens, G./Kaas, K.P. (Hrsg.) (1974): Marketingentscheidungen. Köln 1974, S. 52-58.

4.2 Praxisbeispiele/-Konzepte des computergestützten Controlling im Mittelstand

Praxisbeispiel V: Ergebnis- und Finanzplanung mit MULTIPLAN in einem Unternehmen der Nahrungsmittelindustrie

Von H. Stamer

1 Die Ausgangssituation

Wiederholte Analysen der Wirtschaftlichkeit des erfolgreich getesteten Produktkonzeptes „Joghurt mit ganzen Früchten" hatten in Verbindung mit dem geplanten neuen Verfahren zum schonenden Haltbarmachen ganzer Früchte − unter Verzicht auf Konservierungsstoffe − gezeigt, daß der auf dieser Basis geplante Aufbau eines neuen Unternehmens eine interessante Investition war.

Von den angesprochenen Banken war grundsätzliche Bereitschaft signalisiert worden, sich an der Finanzierung zu beteiligen. Diese war jedoch auf Grund eines verständlichen Interesses an einer Erhöhung der haftenden Mittel abhängig gemacht worden von entsprechenden öffentlichen Fördermaßnahmen.

Die einzigen Fördermittel, die in Anbetracht des Finanzbedarfs von etwas mehr als 5 Mio. DM von Bedeutung sein konnten, waren im wesentlichen Kredithilfen bzw. Zuschüsse und Zulagen der regionalen Wirtschaftsförderung. Da letzten Endes eine jede Förderung dieser Art jedoch bestimmte Standortnachteile kompensieren sollte, wurde es erforderlich, die einzelnen Standortalternativen nicht nur hinsichtlich ihres Einflusses auf die Finanzierung, sondern auch z. B. auf die Höhe der Transportkosten, der Beschaffungskosten von Milch, Früchten usw. zu prüfen − und das jeweils für einen Prognosezeitraum von 5 Jahren.

Die dadurch fast ins Unüberschaubare ausufernde Fülle der Einflußgrößen und Zahlen zwang entweder zu einer drastischen − und teilweise willkürlichen − Straffung aller Daten und damit zu einer extrem weitgehenden Abstraktion der Planrechnungen, oder aber zur systematischen Aufbereitung aller für die Wirtschaftlichkeitsprognosen relevanten Zahlen per EDV.

Da zudem nicht nur eine möglichst realistische Bewertung der Investitionsalternativen, sondern auch die Möglichkeit einer sehr schnellen Anpassung dieser Zahlen und ihrer Auswertungen an künftige Veränderungen beabsichtigt war, entschied sich das Unternehmen für die Installation eines leistungsfähigen PC.

Mit Hilfe des für derartige Aufgaben der Unternehmensplanung gut geeigneten Programmpaketes „MULTIPLAN" wurde dann ein Planungsmodell entwickelt, das sich gerade in der Gründungsphase des Unternehmens − sowohl für unternehmensinterne Zwecke als auch zur Verdeutlichung der eigenen Planungen gegenüber Dritten (öffentliche Hand, Finanzierungsinstitute usw.) – als wertvoll erwies.

Im folgenden wird dieses Planungsmodell in etwas modifizierter Form an Hand der Investitionsalternative „Berlin" dargestellt. Die Entscheidung war für diesen Standort gefallen, da durch die Kooperation mit einem anderen, dort gerade errichteten Unternehmen der Nahrungsmittelindustrie sich nicht nur das Investitionsvolumen, sondern auch eine Reihe anderer Kostenarten drastisch reduzieren ließen. Die verschiedenen Berliner Förderungsmaßnahmen kompensierten verbliebene Standortbedenken.

2 Die Planung des Finanzbedarfs

Die durch einen über 10 Jahre laufenden – verlängerbaren – Kooperationsvertrag abgesicherte Zusammenarbeit ließ die ursprüngliche, mit etwas über 2 Mio. DM geplante Position „Grundstücke und Gebäude" drastisch schrumpfen. Es verblieben noch 400.000,-- DM als Mietereinbauten für eine zweckentsprechende Anpassung der mietweise übernommenen Räumlichkeiten.

Die nachfolgende Übersicht I gibt einen Überblick über die Neuinvestitionen[1] – den Hauptposten des geplanten Finanzbedarfs.

Die Wertansätze aus der Zeile „Summe Investitionen" wurden vom Programm automatisch in die Übersicht II als die den gesamten Finanzbedarf praktisch bestimmende Position übernommen.

In Anbetracht der neuen Produktionsstätte hatten die Wertansätze für Ersatzinvestitionen in den Folgejahren nur symbolischen Charakter.

Der für Betriebsmittel prognostizierte Finanzbedarf wurde durch das geplante starke Wachstum des Unternehmens bestimmt und wurde vom Programm aus der Zunahme des Umlaufvermögens direkt abgeleitet.

Übersicht I. Neuinvestitionen

Beträge in TDM 1. Investitionen	1986	1987	Jahr 1988	1989	1990
Grundstück	0,00				
Produktionsgebäude	400,00				
Außenanlagen	0,00				
Bau-Nebenkosten	0,00				
Molkereimaschinen	2.500,00				
Füllanlagen	800,00				
Fruchtbearb.-Anlagen	950,00				
Summe Investitionen	4.650,00	0,00	0,00	0,00	0,00

---

[1] Die hier ausgewiesenen Wertansätze haben im wesentlichen Modellcharakter. Das gilt auch für die nachfolgenden Übersichten.

Hierzu ist anzumerken, daß die für 1987 und die Folgejahre ausgewiesenen Beträge nicht den absoluten Finanzbedarf dieser Perioden darstellten, sondern jeweils die Steigerungen gegenüber den Vorjahren.

Übersicht II. Finanzbedarf

II. Finanzbedarf	1986	1987	1988	1989	1990
Investitionen	4.650,00	0,00	0,00	0,00	0,00
Ersatzbesch. AV		20,00	30,00	50,00	50,00
Betriebsmittel	300,00	470,00	220,00	150,00	150,00
Privatentnahme	200,00	200,00	260,00	260,00	260,00
Steuern				200,00	200,00
Tilgung		1.070,00	145,00	295,00	295,00
Finanzbedarf	5.150,00	1.760,00	655,00	955,00	955,00

Die Möglichkeit der Inanspruchnahme von Berlin-Abschreibungen ließ Ertragsteuer-Zahlungen erst ab 1989 realistisch erscheinen.

Diese Beträge wurden deshalb auch nur der Vollständigkeit wegen mit hereingenommen. Sie finden auch keine besondere Entsprechung in der hier ausgewiesenen Ertragsvorschau (Übersicht V), da die Steuerpolitik des Unternehmens durch anderweitige Verrechnungsmöglichkeiten wesentlich mit bestimmt wurde.

Die für 1987 ausgewiesene hohe Tilgungsleistung ergab sich aus der für dieses Jahr geplanten Rückführung eines Kredites, mit dem die in dieser Periode zufließende Investitionszulage (s. Übersicht VI) vorfinanziert werden sollte.

3 Die Planung der Kosten

3.1 Die Personalkosten

Die für 1986 und 1987 geplanten Mitarbeiterzahlen (s. Übersicht III) — und teilweise auch die Personalkosten in den späteren Perioden — waren nur durch die auch für diesen Bereich geplante Zusammenarbeit so günstig zu gestalten.

Die jeweiligen Beträge wurden vom Programm direkt in die entsprechende Kostenzeile der Übersicht V „Planung der Erträge" übernommen.

Übersicht III. Personalzahlen/-kosten

III. Personalkosten	Anz	1986	Anz	1987	Anz	1988	Anz	1989	Anz	1990
Produktionsleiter	0	0,00	1	100,00	1	110,00	1	120,00	1	125,00
RW EDV PW	0	0,00	0	0,00	1	30,00	1	33,00	1	40,00
Laborantin	1	20,00	1	5,00	1	20,00	1	25,00	2	40,00
Molkereifachpersonal	0	0,00	0	0,00	1	66,00	1	70,00	1	74,00

186   Methoden des computergestützten Controlling

Übersicht III. (Fortsetzung)

III. Personalkosten	Anz	1986	Anz	1987	Anz	1988	Anz	1989	Anz	1990
Maschinenführer	1	10,00	1	60,00	1	66,00	1	70,00	1	74,00
Handwerker	0	0,00	0	0,00	0	0,00	1	30,00	1	35,00
Hilfskräfte	1	20,00	1	38,00	2	82,00	2	87,00	2	90,00
Kommissionierer	0	0,00	0	0,00	0	0,00	0	0,00	0	0,00
Vertrieb	0	0,00	1	150,00	1	220,00	1	230,00	1	240,00
Verwaltung	0	0,00	1	25,00	2	110,00	2	116,00	2	122,00
Summe Personalkosten	3	50,00	6	378,00	10	704,00	11	781,00	12	840,00

3.2 Die variablen Kosten

Um das Programm-Modell so vielfältig wie möglich einsetzen zu können, wurde von der Bildung von Durchschnittskosten abgesehen.

In die variablen Kosten gingen dementsprechend nur die Kosten der Rezeptur (s. Übersicht IV a) sowie die Verpackungs-, Energie- und Transportkosten (Speditionskosten) ein (s. Übersicht IV b).

Da in der Zeit der Verfahrensentwicklung – auch in Abhängigkeit von den in dieser Phase noch laufenden Markttests – die Rezepturen ebenso wie die Verpackungsgrößen noch nicht endgültig festlagen, bedeutete es eine außerordentliche Erleichterung, z. B. über die Eingabe der Veränderung des Fruchtanteils im Joghurt nicht nur die Auswirkungen auf die Rezeptur selbst und ihre Kosten, sondern auch auf die Ergebnisvorschau einschließlich der Finanzdeckungsrechnung ermitteln zu können.

Übersicht IV a. Rezepturkosten

IVa. Rezeptur	Anteil %	Kosten Pf/kg	Kosten in Pf je Becher	
			Becher Typ 1 200 g	Becher Typ 2 250 g
Frucht:				
Fruchtzubereitung	25,00	410,00	20,50	25,63
Sonstiges	0,10	800,00	0,16	0,20
Zucker:	0,00	160,00	0,00	0,00
Milch:				
Milch/Milchpulver	74,90	81,50	12,21	15,26
Spezialkultur		2,00	0,40	0,50
Summe	100,00	0,00	33,27	41,59

Übersicht IV b. Verpackungs-, Energie- Transportkosten

IV b. Stückkosten Typ 1	Pf	%
Zutaten	33,27	58,37
Verpackung	7,50	13,16
Energie	1,70	2,98
Transport	3,90	6,84
variable Stückk.	46,37	81,35
Rohgewinn/Stück	10,63	18,65
Nettopreis/Stück	57,00	100,00

4 Die Planung der Erträge

Die ersten beiden Zeilen von Übersicht V spiegeln die eigene Markteinschätzung des Unternehmens für den Prognosezeitraum[2] wider.
Von den erwarteten Umsätzen wurden die diesen entsprechenden variablen Kosten in der nächsten Zeile abgezogen.

Der Rohertrag war mit 18,65 % vom Umsatz — gemessen an den übrigen Zweigen der Nahrungsmittelindustrie — relativ bescheiden. Er zwang deshalb auch zu einer ausgesprochen straffen Kostenwirtschaft in den übrigen Bereichen des Unternehmens. Für die Verhältnisse der Molkereiwirtschaft war diese Größenordnung jedoch noch als ausgesprochen gut anzusehen. Die Berechtigung, diesen Rohertrag während des gesamten Prognosezeitraumes — sogar mit gewissen Reserven — dennoch konstant einzuplanen, war allein aus dem überzeugenden USP des Produktkonzeptes und des diesem zugrundeliegenden, zum Patent angemeldeten Produktionsverfahrens abzuleiten.

Das Betriebsergebnis war für das erste Geschäftsjahr 1987 ebenso wie das Gesamtergebnis noch negativ eingeplant. Es wurde allerdings durch die Berlinförderung mit einer Größenordnung von knapp 194.000,— DM bereits nahezu ausgeglichen.[3] Hierbei war mit folgender anteilsmäßiger Entwicklung des Umsatzes außerhalb Berlins gerechnet worden:

1986	1987	1988	1989	1990
—	80 %	85 %	90 %	92 %

Die Position „Neutrale Aufwendungen" enthielt im wesentlichen nur die Zinsen und war in ihrer Höhe gleichfalls positiv durch die in Berlin gegebenen günstigeren Bedingungen beeinflußt worden.

---

[2] Siehe hierzu den Artikel „Produktinnovation in einem Unternehmen der Nahrungsmittelindustrie", hier insbesondere Abschnitt 4.1 „Die Umsatzprognose".

[3] Die Berlinförderung — hier als Herstellerpräferenz — wird als Prozentsatz auf den Umsatz eines Berliner Unternehmens mit anderen außerhalb Berlins gelegenen Unternehmen angewendet und richtet sich in ihrer prozentualen Höhe nach der sog. Berliner Wertschöpfung.

Übersicht V. Ergebnisvorschau

V. Ertragsvorschau

Bechertyp 1	1986	%	1987	%	1988	%	1989	%	1990	%
Absatz Mio Be. Typ 1	0,00		12,50		22,00		25,30		28,70	
Umsatz	0,00		7.125,00	100,00	12.540,00	100,00	14.421,00	100,00	16.359,00	100,00
RHB Energie Transp.	0,00		5.796,09	81,35	10.201,11	81,35	11.731,28	81,35	13.307,82	81,35
Rohertrag	0,00		1.328,91	18,65	2.338,89	18,65	2.689,72	18,65	3.051,18	18,65
Personalkosten	50,00		378,00	5,31	704,00	5,61	781,00	5,42	840,00	5,13
Normal-AfA	267,00		550,00	7,72	550,00	4,39	550,00	3,81	550,00	3,36
Miete	10,00		84,00	1,18	84,00	0,67	84,00	0,58	84,00	0,51
Instandhaltung	0,00		20,00	0,28	55,00	0,44	70,00	0,49	80,00	0,49
Werbung/Vertrieb	0,00		400,00	5,61	650,00	5,18	800,00	5,55	1.000,00	6,11
Sonst. Aufwendungen	10,00		100,00	1,40	130,00	1,04	130,00	0,90	140,00	0,86
Betriebsergebnis	−337,00		−203,09	−2,85	165,89	1,32	274,72	1,90	357,18	2,18
Berlinförderung	0,00		193,80	2,72	362,41	2,89	441,28	3,06	511,71	3,13
Neutr. Aufw./Erträge	−40,00		−230,00	−3,23	−158,00	−1,26	−137,00	−0,95	−131,00	−0,80
Gesamtergebnis	−377,00		−239,29	−3,36	370,29	2,95	579,00	4,01	737,89	4,51
Sonderabschreibungen	0,00		0,00		0,00		0,00		0,00	
Bilanzgewinn	−377,00		−239,29		370,29		579,00		737,89	

Die Sonderabschreibungen wurden hier nur als Merkposten aufgeführt und dementsprechend nur mit Null DM ausgewiesen. Damit entsprach das Gesamtergebnis dem Bilanzgewinn der Steuerbilanz.

Diese Ergebnisvorschau konnte durch eine Reihe von Sonderauswertungen sehr einfach noch erweitert werden, z. B. durch eine für den Prognosezeitraum durchgeführte Diskontierung der Ergebnisse, bis hin zum kumulativen diskontierten Cash-Flow zur Bewertung der jeweils geplanten Investitionsalternative.

Von größerer Bedeutung im Planungsalltag waren allerdings Gewinnschwellenanalysen und hiermit verbundene Risikobewertungen, die die einzelnen Projekte unter den Aspekten unterschiedlicher Umsätze und damit Auslastungsgrade des Unternehmens beleuchteten.

5 Die Planung der Finanzierung

Neben der Ergebnisvorschau war die in Übersicht VI wiedergegebene Finanzdeckungsrechnung in allen Gesprächen mit Kreditinstituten und den Vergabestellen öffentlicher Hilfen die bei weitem wichtigste Unterlage. Das lag sicherlich auch darin mit begründet, daß diese Tabelle auf sehr einfache Weise einen Gesamtüberblick über die Entwicklung der gewährten Kredite und öffentlichen Hilfen ermöglichte einschließlich aller anderen liquiditätswirksamen Größen.

Analog zu Übersicht II „Finanzbedarf" ist anzumerken, daß die für 1987 und die Folgejahre ausgewiesenen Beträge keine absoluten Werte dieser Perioden – das gilt hier jedenfalls bis zur Zeile „Privateinlagen" – sondern jeweils nur die Veränderung gegenüber den Vorjahren darstellten.

Repräsentierten die ersten fünf Zeilen dieser Übersicht die Zufuhr an Liquidität von außen im Sinne von externer Finanzierung, so wurde mit den Folgezeilen der Finanzierungsbeitrag aus der Ergebnisentwicklung des Unternehmens im Sinne der

Übersicht VI. Finanzdeckungsrechnung

VI. Finanzdeck. Rechn.	1986	1987	1988	1989	1990
Bankkredit langfr.	1.900,00	500,00	0,00	0,00	0,00
mittel-/kurzfr.	1.500,00	0,00	0,00	0,00	0,00
Lieferantenkredit	200,00	50,00	0,00	0,00	0,00
Zulagen/Zuschüsse	0,00	1.143,00	0,00	0,00	0,00
Privateinlagen	1.450,00	450,00	0,00	0,00	0,00
AfA	267,00	550,00	550,00	550,00	550,00
Gewinn	−377,00	−239,29	370,29	579,00	737,89
Sonderabschreibungen	0,00	0,00	0,00	0,00	0,00
verfügbare Mittel	4.940,00	2.453,71	920,29	1.129,00	1.287,89
Finanzbedarf	5.150,00	1.760,00	655,00	955,00	955,00
Periodendeckung	−210,00	693,71	265,29	174,00	332,89
Fortrechnung		−210,00	483,71	749,00	923,01
Vortrag	−210,00	483,71	749,00	923,01	1.255,90

internen Finanzierung automatisch vom Programm in die Planungsrechnung mit einbezogen.

So wurde z. B. für 1986 „automatisch" deutlich, daß eine Finanzierungslücke als Differenz zwischen den verfügbaren Mitteln und dem Finanzbedarf in Höhe von 210.000,- DM noch bestand. Es war deshalb geplant - wie aus den Zahlen für 1987 ersichtlich - diese Finanzlücke gleich im Folgejahr durch weitere Privateinlagen in Höhe von 450.000,- DM zu schließen.

Der für 1987 erwartete Zufluß von Zulagen in Höhe von 1.143.000,- DM überstieg den hierauf gewährten und in diesem Jahre zurückzuführenden Kredit (s. hierzu Übersicht II) erfreulicherweise um 73.000,- DM.

Die in der letzten Zeile der Übersicht VI ausgewiesenen liquiditätswirksamen Überschußbeträge ließen es sinnvoll erscheinen, bereits sehr frühzeitig eine Erweiterung des Tätigkeitsfeldes des Unternehmens einzuplanen. Sie forderten allerdings auch dazu heraus, verschiedene Marketingstrategien nicht nur unter kostenwirtschaftlichen, sondern speziell auch unter finanzwirksamen Aspekten zu beleuchten.

Praxiskonzept VI: Realisierung der Deckungsbeitrags-Flußrechnung mit OPEN ACCESS II

Von P. Haun

Der folgende Beitrag schildert die Realisierung der in Abschnitt 4.1 beschriebenen Deckungsbeitrags-Flußrechnung als Rechenmodell auf einem Personal Computer mit Hilfe des Integrierten Systems OPEN ACCESS II. Von den fünf Komponenten dieser Software (vgl. den Beitrag „Einsatzmöglichkeiten von Tabellenkalkulationsprogrammen im Rechnungswesen mittelständischer Betriebe") wird hierfür allerdings nur das Modul CALC benötigt, das (so wie LOTUS 1-2-3) auch die Grafik umfaßt und auch einzeln erhältlich ist.

Die Deckungsbeitrags-Flußrechnung eignet sich gut, um den Umgang mit einem Tabellenkalkulationssystem zu erlernen. Die Eingabe von Texten, Zahlen und Formeln in das am Bildschirm angezeigte elektronische Arbeitsblatt entspricht bei OPEN ACCESS dem bei Tabellenkalkulationssystemen üblichen Vorgehen (vgl. Kapitel über Tabellenkalkulationsprogramme). Die zur Gestaltung des Arbeitsblattes und zur Vereinfachung der Programmierung eingesetzten speziellen Kommandos von OPEN ACCESS werden im folgenden in der Reihenfolge, wie sie benötigt werden, beschrieben. Den Abschluß bildet eine „Bedienungsanleitung", wie man das Musterbeispiel auf die Struktur des eigenen Unternehmens anpassen und eigene Analysen damit durchführen kann.

1 Darstellung der Ausgangssituation

Als erstes müssen die Texte und Ausgangszahlen des RONDA-Beispiels (vgl. Kapitel DB-Flußrechnung) auf dem elektronischen Arbeitsblatt „notiert" werden. Hierzu werden die einzelnen Zellen (Felder) mit den Cursor-Steuertasten (Pfeiltasten) angefahren und die entsprechenden Texte bzw. Zahlen eingegeben. Anhand des ersten Zeichens erkennt das System, ob es sich um Text oder um Zahlen, mit denen gerechnet werden kann, handelt. Jede Eingabe muß bei OPEN ACCESS durch Betätigen der Return-Taste (Wagenrück-Taste) abgeschlossen werden. Auf diese Weise gelangen die Spaltenüberschriften und die Ausgangsdaten für Umsatz, Rabatt, Herstellkosten und Deckungsbeitrag in die Spalten B - I des Arbeitsblattes (vgl. Abbildung 1). Aus

192 Methoden des computergestützten Controlling

	A	B	C	D	E	F	G	H	I
1			Summe-1	Summe-2	Rondamat-1	Rondamat-2	Rondalit-1	Rondalit-2	Rondasil-1	Rondasil-2
2										
3										
4	Menge (to)		300,00	310,00	65,00	65,00	135,00	190,00	100,00	55,00
5	Umsatz (TDM)		880,00	850,00	100,00	120,00	270,00	380,00	510,00	350,00
6	Rabatte (TDM)		-130,00	-125,00	0,00	0,00	-20,00	-50,00	-110,00	-75,00
7	Herstellkosten (TDM)		-600,00	-625,00	-80,00	-105,00	-220,00	-325,00	-300,00	-195,00
8	Perioden-DB (TDM)		150,00	100,00	20,00	15,00	30,00	5,00	100,00	80,00
9										
10										
11	Preis/to				1,54	1,85	2,00	2,00	5,10	6,36
12	Rabattsatz				0,00	0,00	0,07	0,13	0,22	0,21
13	Herstellkosten/to				-1,23	-1,62	-1,63	-1,71	-3,00	-3,55
14	Deckungsbeitrag/to				0,31	0,23	0,22	0,03	1,00	1,45
15										
16										
17	MENGEN- +STRUKTUREFFEKT		-48,39			0,00		6,83		-55,23
18	davon: reiner Mengeneff.		5,23			0,58		0,56		4,09
19	: Struktureffekt		-53,63			-0,58		6,28		-59,32
20										
21	Preiseffekt		96,88			20,00		0,00		76,88
22	Rabatteffekt		-18,09			0,00		-18,69		0,60
23	Herstellkosteneffekt		-80,42			-25,00		-13,15		-42,27
24										
25	SUMME		-50,02			-5,00		-25,00		-20,02
26										

Abb. 1. Die Deckungsbeitrags-Flußrechnung als OPEN ACCESS-Modell.

Gründen, die wir später noch kennenlernen werden, empfiehlt es sich, die Spaltenüberschriften einzeilig auszuführen, also z. B.: RONDAMAT-1, RONDAMAT-2 usw..

Wie man am Bildschirm sieht, werden Texte vom System automatisch linksbündig geschrieben, Zahlen dagegen rechtsbündig. Bei den Spaltenüberschriften wäre es schöner, den Text ebenfalls rechtsbündig über die Zahlenkolonne zu stellen. Das Befehlsmenü von OPEN ACCESS (vgl. Abbildung 2) enthält hierzu den Befehl FORMAT. Dieses Menü erscheint auf Betätigen der Funktionstaste F2 am unteren Rand des Bildschirmes. Mit Hilfe der Pfeiltasten oder durch Eingabe der Anfangsbuchstaben (z. B.: FO) wählt der Benutzer einen bestimmten Befehl. Auf das Drücken der Return-Taste hin erscheint ein weiteres Menü mit den zu diesem Befehl gehörenden Optionen. Abbildung 3 zeigt den hierarchischen Aufbau der Optionen des FORMAT-Befehles.

Abb. 2. Das Kommando-Menü von OPEN ACCESS II CALC.

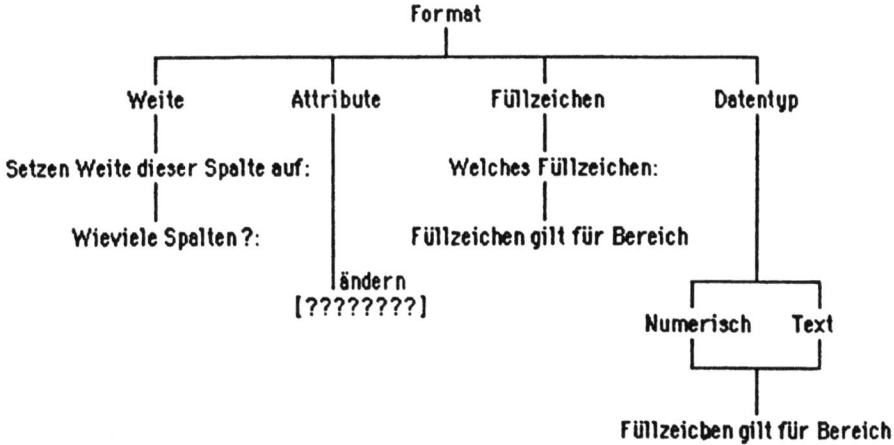

Abb. 3. Die Optionen des FORMAT-Kommandos.

Um die Darstellung der Spaltenüberschriften zu verändern, wählen wir die Option ATTRIBUTE. Die Tastenfolge 3 mal F6 und anschließend F10 aktiviert die gewünschte Funktion (bitte betrachten Sie dabei die Veränderungen auf dem Bildschirm). Nun erfragt OPEN ACCESS den Bereich, in dem alle Texte rechtsbündig geschrieben werden sollen. Ein Bereich des elektronischen Arbeitsblattes wird durch Angabe der Koordinaten des ersten Feldes und des letzten Feldes, getrennt durch einen Doppelpunkt, markiert. In unserem Fall ist also B1:I1 einzugeben. Schließen Sie auch diese Eingabe mit der Return-Taste ab. Die Spaltenüberschriften erscheinen jetzt rechtsbündig. Durch Drücken der ESC-Taste verschwindet das Befehlsmenü, und Sie können normal weiterarbeiten.

Als weitere Maßnahme zur besseren optischen Gestaltung des Arbeitsblattes soll ein Strich zwischen den Spaltenüberschriften und den eingegebenen Zahlen eingefügt werden. Um Platz zwischen den Überschriften und den Zahlen zu schaffen, benutzen wir zunächst das Kommando EINFÜGEN mit der Option ZEILE aus dem Befehlsmenü. Auf die Frage nach der Anzahl der Zeilen antworten Sie bitte: 2. Hierauf versetzt OPEN ACCESS alle bisher eingegebenen Zahlen unterhalb der Überschriften um zwei Zeilen nach unten. Anschließend kann in die erste der beiden neuen Zeilen mit dem Kommando FORMAT und der Option FÜLLZEICHEN ein Strich eingegeben werden. Auch hierbei erfragt OPEN ACCESS den Bereich (A2:I2).

Nun sollen noch die Bezeichnungen der Zeilen des Rechenschemas in die Spalte A des elektronischen Arbeitsblattes eingetragen werden. Einige Bezeichnungen, wie z. B. „Herstellkosten" sind jedoch länger, als diese Spalte breit ist. Am Bildschirm würden deshalb immer nur die ersten 12 Zeichen des Textes erscheinen. Um die Spaltenbreite zu verändern, benutzen wir wiederum das Kommando FORMAT, diesmal mit der Option BREITE. Auf diese Weise kann die Spalte A so breit gemacht werden, daß der gesamte Text Platz hat.

Als letztes müssen noch die Formeln für die beiden Summenspalten B und C eingetippt werden. Im Feld B7 muß beispielsweise die Formel +D4+F4+H4 stehen. Bitte beachten Sie, daß eine Formel immer mit einer Ziffer oder einem mathematischen Zeichen, wie z. B. „+" oder „(", beginnen muß. Wenn Sie die Formel mit D4 anfangen lassen, interpretiert OPEN ACCESS diesen Eintrag als Text und zeigt D4+F4+H4 am Bildschirm an. Bei korrekter Eingabe führt es die Formel dagegen aus und zeigt als Ergebnis 300,00. In das Nachbarfeld C4 müssen Sie auf die gleiche Weise die Formel +E4+G4+I4 eintragen. Am Bildschirm erscheint die korrekte Summe von 310,00. Die beiden Formeln können anschließend in die 4 darunter liegenden Zeilen kopiert werden, wo sie analog gebraucht werden. Hierfür gibt es im Befehlsmenü das Kommando KOPIERE mit der Option RELATIV, die bewirkt, daß die Adressen der Zellen beim Kopieren sinnvoll angepaßt werden. Nach dem relativen Kopieren steht beispielsweise im Feld B5 die Formel +D5+F5+H5, so daß genau die gewünschte Summe der Umsätze in Höhe von 880,00 TDM ausgerechnet und am Bildschirm angezeigt wird. Auch beim Kopieren erfragt OPEN ACCESS die Koordinaten der Felder, aus denen heraus bzw. in die hinein kopiert werden soll. Durch Angabe entsprechender Bereiche (z. B. KOPIERE von: B4 nach : B5:B8) erreicht man, daß die Summenformel mit einem einzigen Kommando in alle Zeilen übertragen wird, wo man sie braucht. Damit ist der erste Block der Ausgangszahlen fertig.

2 Berechnung von Zwischenergebnissen

Als nächstes sollen einige Zwischenergebnisse, die man später zur Berechnung der verschiedenen Effekte braucht, ermittelt werden. Wir entwickeln die Formeln in der Spalte D und kopieren sie anschließend nach E bis I (wieder relativ). Nachfolgend sind die benötigten Formeln im Klartext und in der Notation der Tabellenkalkulation aufgeführt:

Preis/to	= Umsatz/Menge	= +D5/D4
Rabattsatz	= Rabatte/Umsatz	= −D6/D5

Nachdem wir die Rabatte ebenso wie die Herstellkosten aus optischen Gründen mit einem „−" vorweg eingegeben hatten, muß die Formel für den Rabattsatz ebenfalls mit „−" beginnen, damit dieser ohne Vorzeichen am Bildschirm erscheint.

Herstellkosten/to	= Herstellkosten/Menge	= + D7/D4
Deckungsbeitrag/to	= Perioden-DB/Menge	= + D8/D4

Damit sind alle Voraussetzungen für die Berechnung der gesuchten Effekte gegeben. Bitte schließen Sie auch diesen Block mit einem durchgehenden Strich in Zeile 15 ab (Kommando: FORMAT, Option: FÜLLZEICHEN).

3 Berechnung der Effekte der Deckungsbeitrags-Flußrechnung

Nun folgt die Berechnung der einzelnen Effekte, die die Veränderung des Perioden-Deckungsbeitrags hervorgerufen haben. Wir entwickeln die Formeln in der Spalte E und kopieren sie von dort nach G und I. Im folgenden werden wiederum die benötigten Formeln zunächst verbal und anschließend in der Notation der Tabellenkalkulation aufgeführt:

Mengen- + Struktureffekt = Mengendifferenz * Durchschnittl. DB /to
FORMEL in Feld E17 = (E4-D4) * (D14+E14)/2

Bitte prägen Sie sich die Darstellung des Durchschnitts ein, weil sie im folgenden noch in vielen Formeln verwendet wird.

Reiner Mengeneffekt = Mengenwachstum bei unveränderter Sortimentsstruktur * Durchschnittl. DB/to
FORMEL in Feld E18 = (D4 * (C4/B4) - D4) * (D14+E14)/2

In dieser Formel bedeutet „C4/B4" das Wachstum der gesamten Absatzmenge (Summenspalte2/Summenspalte1) und „D4 * (C4/B4)" diejenige Menge von RONDAMAT, die sich ergeben hätte, wenn das Mengenwachstum dieser Sorte genau dem der Gesamtabsatzmenge entsprochen hätte (= keine Strukturveränderung).

Beim Kopieren dieser Formel tritt das Problem auf, daß der Quotient „C4/B4" nicht relativ kopiert werden darf, sondern auch in den Spalten G und I in genau der gleichen Form benötigt wird. Hierfür gibt es in OPEN ACCESS eine weitere Option des Befehls KOPIEREN mit der Bezeichnung INTERAKTIV. Dabei erfragt das System vom Benutzer bei jeder Zellen-Adresse einer Formel, ob sie relativ oder absolut (d. h. unverändert) kopiert werden soll.

Es ist zu beachten, daß bei der von Link gewählten Form der Deckungsbeitrags-Flußrechnung der Mengen- + Struktureffekt und der reine Mengeneffekt aus den Ausgangszahlen errechnet werden. Weil letzterer im Mengen- + Struktureffekt enthalten ist, haben wir die Zeilen 18 und 19 als „davon"-Positionen dargestellt. Der *Struktureffekt* (Zeile 19) ergibt sich rechnerisch als Differenz der beiden darüber stehenden Effekte. Die Formel in Feld E19 muß also lauten: +E17-E18.

Die Schwierigkeit bei der Berechnung des Preiseffektes liegt in der sofortigen Berücksichtigung der durch Rabatte hervorgerufenen Preiskorrekturen.

Die Formel lautet:

Preiseffekt = Preisdifferenz * (1 - Durchschn. Rabattsatz)
 * Durchschnittl. Menge
FORMEL in Feld E21 = (E11-D11) * (1- (D12+E12)/2) * (D4+E4)/2

Die restlichen Rechenoperationen sind nun nicht mehr schwer:

Rabatteffekt = Veränderung des Rabattsatzes
 * Durchschnittl. Umsatz
FORMEL in Feld E22 = − (E12-D12) * (D5+E5)/2

Die Formel beginnt mit einem „−", weil der Rabattsatz in Zeile 12 positiv dargestellt wurde.

Herstellkosteneffekt = Veränderung der Herstellkosten/to
 * Durchschnittl. Menge
FORMEL in Feld E23 = (E13-D13) * (D4+E4)/2

Bei der Summenzeile 25 ist schließlich noch zu beachten, daß der reine Mengeneffekt und der Struktureffekt schon in Modellzeile 17 enthalten sind. Die *Summenformel* muß deshalb lauten: FORMEL in Feld E 25 = +E17+E21+E22+E23.

Zuletzt summieren Sie bitte noch die Effekte der einzelnen Sorten in die Summenspalte 1 (z. B.: B17 = +E17+G17+I17). Wenn alles richtig eingegeben wurde, ergibt sich die gesamte Verringerung des Deckungsbeitrages im Feld B25 mit −50,02 TDM. Die Abweichung von 0,02 TDM beruht auf Rundungsfehlern bei der Berechnung der einzelnen Effekte der Sorte Rondasil. Da das Tabellenkalkulationssystem intern mit einer größeren Anzahl von Nachkommastellen rechnet, als am Bildschirm angezeigt werden, ist sie immerhin um 80 % kleiner als in der von Link mit einem Taschenrechner ausgearbeiteten Version.

Als Abschluß der Arbeiten an dem RONDA-Beispiel kann man schließlich noch eine kleine „Schönheitsoperation" durchführen, um zu erreichen, daß die Spaltenüberschriften und die Texte in der ersten Spalte auf dem Bildschirm auch dann erhalten bleiben, wenn man ihn mit Hilfe der Pfeiltasten nach unten oder nach rechts verschiebt. Hierfür gibt es das Kommando FENSTER mit der Option TITEL. Daraufhin erscheinen die vier Möglichkeiten „Kein Titel, Zeilentitel, Spaltentitel, Beide" am Bildschirm.

Durch Wahl von „Beide" werden die erste Spalte und die erste Zeile zu Titelbereichen erklärt, so daß beim „Blättern" nach rechts die Bezeichnungen der dargestellten Variablen in der Spalte A festgehalten werden, während die Spaltenüberschriften mit den Daten variieren. Umgekehrt bleiben die Produktbezeichnungen in der ersten Zeile erhalten, wenn nach unten „geblättert" wird; jetzt verändern sich die Zeilenbeschriftungen in Spalte A zusammen mit den dargestellten Zahlen. Abbildung 4 zeigt den Inhalt des Bildschirms, nachdem er in die rechte untere Ecke des für das RONDA-Beispiel benutzten Arbeitsbereiches (A1:I26) bewegt wurde.

```
F1 A                     |F        |G         |H         |I
 1                       Rondalit-1 Rondalit-2 Rondasil-1 Rondasil-2
10
11 Preis/to                 2,00      2,00       5,10       6,36
12 Rabattsatz               0,07      0,13       0,22       0,21
13 Herstellkosten/to       -1,63     -1,71      -3,00      -3,55
14 Deckungsbeitrag/to       0,22      0,03       1,00       1,45
15
16 ─────────────────────────────────────────────────────────────
17 MENGEN- +STRUKTUREFFEKT            6,83                -55,23
18 davon: reiner Mengeneff            0,56                  4,09
19      : Struktureffekt              6,28                -59,32
20
21 Preiseffekt                        0,00                 76,88
22 Rabatteffekt                     -18,69                  0,60
23 Herstellkosteneffekt             -13,15                -42,27
24
25 SUMME                            -25,00                -20,02
26 ─────────────────────────────────────────────────────────────
R
Mod.: B:DBFL          90,2%   Cursor:G10   Zugriff:G10   LR F:1 #0
```

Eingabe:

Abb. 4. Darstellung der Deckungsbeitrags-Flußrechnung mit Titelbereichen am Bildschirm.

4 Anpassung des RONDA-Beispiels für den Einsatz in einem konkreten Unternehmen

Um aus dem dargestellten Beispiel eine spezielle Deckungsbeitrags-Flußrechnung für ein konkretes Unternehmen zu entwickeln, sind folgende Arbeitsschritte erforderlich:

A) Verändern der vorhandenen Spaltenüberschriften durch Anfahren der einzelnen Zellen mit dem Cursor und Eintippen der neuen Bezeichnungen
B) Hinzufügen zusätzlicher Spalten:
Tragen Sie die erforderlichen Produktbezeichnungen in Zeile 1 der folgenden Spalten ein (jeweils 2 Spalten für 1 Produkt). Die Texte erscheinen zunächst wieder linksbündig; dies kann mit dem Kommando FORMAT, Option ATTRIBUTE, geändert werden. Danach verlängern Sie die Trennstriche in den Zeilen 2, 9, 15 und 26 mit Hilfe des Kommandos FORMAT, Option FÜLLZEICHEN. Anschließend müsssen die Formeln zur Berechnung der Zwischenergebnisse der verschiedenen Effekte kopiert werden. Dies geschieht mit dem Kommando KOPIERE, und zwar:

H11:I17	nach	J11:K17	relativ
I18	nach	K18	interaktiv
I19:I26	nach	K19:K26	relativ

Bei Kopieren der Formel für den reinen Mengeneffekt in Zeile 18 ist darauf zu achten, daß der Quotient „C4/B4" in der Formel absolut, alle anderen Zell-Adressen dagegen relativ kopiert werden. Als letztes sind die Summenformeln

198 Methoden des computergestützten Controlling

in den Spalten B und C zu ergänzen. Formeln können in OPEN ACCESS leider nicht am Bildschirm geändert werden; sie müssen jedesmal neu eingegeben werden. Zur Erleichterung der Arbeit empfiehlt es sich, nur die Ausgangsformeln neu einzutippen und sie dann, wie oben beschrieben, in die übrigen Zellen zu kopieren, wo man sie noch braucht.

C) Durchführen einer Deckungsbeitrags-Flußrechnung:
Hierzu sind zunächst die Ausgangsdaten in die Zeilen 4 bis 8 des elektronischen Arbeitsblattes einzutragen. Anschließend wählen Sie das Kommando RECHNE aus dem Kommando-Menü. Die Eingabe von „0" auf die Fragen nach dem zu berechnenden Bereich bewirkt, daß das ganze Arbeitsblatt neu berechnet wird.

Anschließend können Sie sich das Ergebnis Ihrer Berechnung ausdrucken. Hierzu gibt es in OPEN ACCESS zwei Möglichkeiten. Durch Drücken der Funktionstaste F3 bekommt der Benutzer das Druck-Menü auf den Bildschirm, in dem er das Programm anweisen kann, einen beliebigen Bereich mit oder ohne Gitteraufschrift (= Nummerierung der Zeilen und Spalten) zu drucken (vgl. Abbildung 5). Der Nachteil dieses Druckbefehls liegt darin, daß Spalten, die die Breite des Papieres überschreiten würden, automatisch auf ein neues Blatt gedruckt werden. Dabei werden jedoch die Variablenbezeichnungen in der Spalte A nicht noch einmal angedruckt. Um dies zu vermeiden, kann man auch die Taste „PrtSc" (Print Screen) benutzen. Diese Taste druckt den Bildschirm in der Form, wie er sich dem Benutzer gerade darstellt. Der Nachteil ist dabei, daß der Benutzer den Bildschirm nun selbst Stück für Stück über das Arbeitsblatt bewegen und immer wieder neu ausdrucken muß.

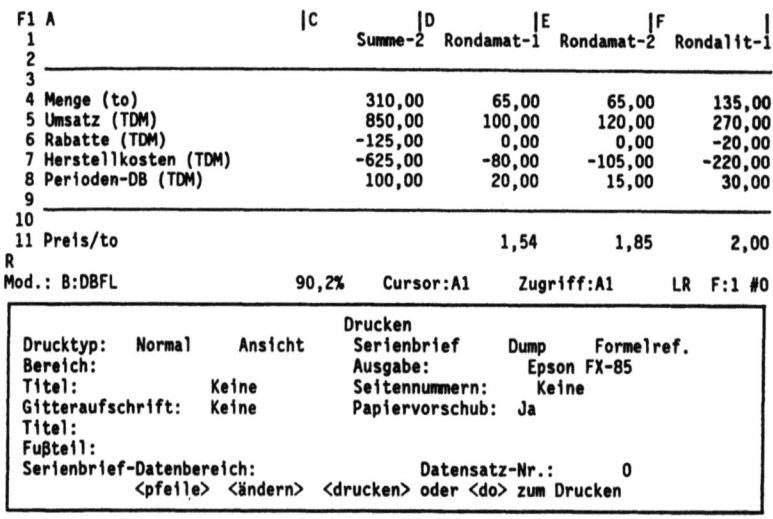

Abb. 5. Das Druck-Menü von OPEN ACCESS.

Zusammenfassung

Am Beispiel der Deckungsbeitrags-Flußrechnung wurde gezeigt, wie man ein Tabellenkalkulationssystem „programmiert" und anschließend im eigenen Unternehmen anwendet. Als Demonstrations-Software wurde willkürlich OPEN ACCESS II zugrunde gelegt. Eine Diskette mit dem fertigen RONDA-Beispiel kann gegen eine geringe Schutzgebühr vom Autor erworben werden.[1] Die Programmierung mit einem anderen Tabellenkalkulationssystem, wie z. B. LOTUS 1-2-3, Symphony oder Multiplan, verläuft prinzipiell in den gleichen Schritten. Unterschiede bestehen im wesentlichen nur in der Bezeichnung der verschiedenen Kommandos sowie in der Form, wie man sie auf den Bildschirm holt und zur Ausführung bringt.

---

[1] Adresse: Dr. Peter Haun, von-Ossietzky-Ring 80, 4300 Essen 14.

Praxiskonzept VII: Entwurf eines Tabellenkalkulations-Modells zur Isoquantentechnik mit OPEN ACCESS II

Von P. Haun

Während die im vorhergehenden Beitrag geschilderte Realisierung der Deckungsbeitrags-Flußrechnung ein beinahe ideales Beispiel abgibt, um zu erlernen, wie man ein Kalkulationsschema in ein Tabellenkalkulations-Modell überträgt, stellt der hier beschriebene Entwurf eines Modells zur Unterstützung der Isoquantentechnik höhere Anforderungen an den Systementwickler. Dies liegt daran, daß im Fall der Isoquantentechnik kein Kalkulationsschema existiert, das praktisch „1:1" auf das elektronische Arbeitsblatt übertragen werden kann. Vielmehr muß die Struktur der gesamten Anwendung (von der Dateneingabe bis zur grafischen Ausgabe der Ergebnisse) zuerst entworfen werden, wobei vor allem die Möglichkeiten, aber auch Grenzen der verwendeten Grafik-Software sowie die Übergänge zwischen Tabellenkalkulation und Grafik im Mittelpunkt stehen. Dementsprechend beschäftigt sich der folgende Beitrag zunächst mit der Leistungsfähigkeit der in OPEN ACCESS II enthaltenen Grafik-Komponente. Danach wird ein Modell zur Unterstützung der Isoquantentechnik (zum betriebswirtschaftlichen Inhalt dieser Methode vgl. das entsprechende Kapitel in Abschnitt 4.1) vorgestellt, das mit OPEN ACCESS realisiert wurde.

1 Möglichkeiten und Grenzen der Grafik-Komponente von Tabellenkalkulations-Systemen

Von den typischen Grafikformen, die in Tabellenkalkulations- und Integrierten Systemen angeboten werden (Balken-, Kreis-, Linien- und Streupunktdiagramm), kommen für die Darstellung von Isoquanten nur eine Linien- oder Streupunktgrafik in Frage. Ein Liniendiagramm verbindet eine Menge von durch ihre X- und Y-Position in einem Koordinatenkreuz bestimmten Punkten mit *geraden Zwischenlinien*. Daher können Iso-Deckungsbeitragslinien mit dieser Art Hilfsmittel nicht als echte Kurven, sondern nur näherungsweise (abschnittweise linearisiert) dargestellt werden. Mehrere Kurven in einem Diagramm sind dagegen möglich (vgl. Abbildung 1a).

Um brauchbare Grafiken zu erzeugen, ist allerdings ein Personal Computer mit Grafik-Bildschirm und EGA-Karte (Enhanced Grafic Adapter) unbedingt erforder-

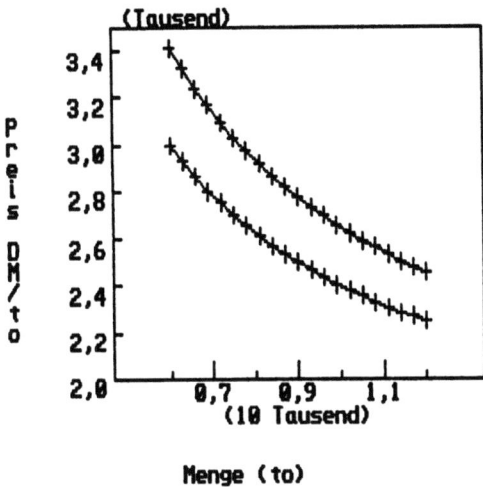

Abb. 1a. Iso-Deckungsbeitragskurven mit grafikfähigem PC.

lich. Auf einem einfachen PC könnten noch nicht einmal die Linien zwischen den Punkten vernünftig dargestellt werden. Integrierte Systeme bieten zwar für diesen Fall die Option, Grafiken mit Hilfe von „normalen Zeichen" des Zeichensatzes darzustellen; bei der hier geplanten Anwendung ergibt sich jedoch kein brauchbares Bild mehr (vgl. Abbildung 1 b).

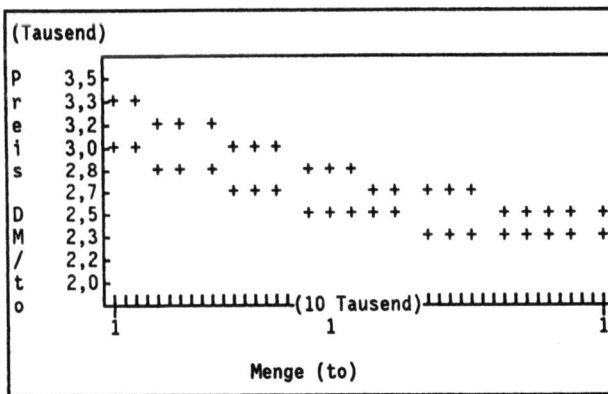

Abb. 1 b. Iso-Deckungsbeitragskurven mit einfachem PC.

Die Grafik-Komponenten fast aller Integrierten Systeme weisen einen weiteren spezifischen Mangel auf, der die Realisierung ansprechender Iso-Deckungsbeitragsdiagramme erschwert. Sie sind in erster Linie darauf ausgerichtet, Grafiken *am Bildschirm* sichtbar zu machen. Auf den heutigen Grafik-Bildschirmen lassen sich die für die Beschriftung der Achsen erforderlichen Schriftzeichen aber nur sehr groß darstellen (nur ca. 30 Zeichen in einer Zeile), so daß die vom Computer automatisch vorgenommene Skaleneinteilung der Achsen relativ grob ausfällt. Dieser Nachteil kann vom Benutzer dadurch verringert werden, daß er sich die Liste der Preis-/Mengenkombinationen, die der Computer zur Erzeugung der Grafik berechnet hat (s. u.), zusätzlich ausdrucken läßt. Außerdem sind auf diesem Gebiet in den nächsten beiden Jahren deutliche Verbesserungen zu erwarten. Die neue Generation von Personal Computern der IBM (PS/2) ist mit Grafik-Bildschirmen ausgerüstet, die eine wesentlich verbesserte Auflösung bieten und sicher zu einem neuen Industrie-Standard und zu entsprechenden Verbesserungen der Integrierten Software führen werden.

Die Ungenauigkeit der abschnittweisen Linearisierung der Isoquanten ist um so geringer, je mehr einzelne Punkte den Kurvenzug abbilden. Bedingt durch die derzeit noch nicht besonders gute Auflösung der Grafik-Bildschirme lassen sich jedoch nicht beliebig viele Punkte sinnvoll darstellen. Die Obergrenze liegt bei rund 40 einzelnen Werten; häufig ergibt auch schon die halbe Anzahl eine gute Grafik.

Das gleiche Bild (vgl. nochmals Abbildung 1 a) ergibt sich auch bei der Verwendung eines Streupunktdiagramms, wobei OPEN ACCESS II zusätzlich die Option anbietet, die einzelnen Punkte durch eine Linie zu verbinden. In diesem Fall sind beide Darstellungen identisch.

2 Realisierung des Modells zur Darstellung von Iso-Deckungsbeitragskurven mit OPEN ACCESS II

Damit der Benutzer nicht jedesmal selbst die ganze Serie von Mengen-Werten eingeben muß, für die eine Iso-Deckungsbeitragskurve gebildet werden soll, ist die Anwendung so aufzubauen, daß der Computer zunächst im Tabellenkalkulationsteil 20 oder auch 40 Zwischenwerte zwischen einer vom Benutzer vorgegebenen Ober- und Untergrenze des zu untersuchenden Mengen-Bereiches berechnet und erst danach diejenigen Stückpreise, die zu einem einheitlichen Deckungsbeitrag führen. Letzteres hat zweimal zu erfolgen, und zwar für den Ist-Periodendeckungsbeitrag und für das Soll. Diese Form der Programmierung hat den Vorteil, daß der Benutzer später ohne viel Mühe den für ihn relevanten Ausschnitt schrittweise verkleinern und auf diese Weise die Annäherung der Grafik an die tatsächliche Isoquante verbessern kann.

Die Verbindung zwischen dem elektronischen Arbeitsblatt und der zugehörigen Grafik wird in OPEN ACCESS durch die Option DATEN des Kommandos GRAFIK hergestellt (vgl. Abbildung 2). OPEN ACCESS erfragt z. B. bei einem Liniendiagramm den Bereich des Arbeitsblattes, in dem sich die X-Werte befinden („Zeilenaufschrift") sowie die Bereiche mit den Y-Werten für jede darzustellende Kurve („Daten 1.", „Daten 2."). (Bei einem Streupunktdiagramm wäre die Adresse der X-Werte unter „Daten 1." anzugeben.)

Der Programmierer muß also zunächst dafür sorgen, daß die entsprechenden Zahlen auf dem elektronischen Arbeitsblatt aus den Benutzereingaben erzeugt werden. Wir wählen dafür die Spalten D, E und F (vgl. Abbildung 3). In Spalte D sollen die X-Werte, also die Mengen, erscheinen. Sie werden aus der vom Benutzer in Zelle B11 bzw. B12 eingegebenen Unter- und Obergrenze des Mengenbereichs errechnet, indem in dem zu dem Ausgangspunkt (Untergrenze) von Zeile zu Zeile jeweils 1/20 der Differenz zwischen Ober- und Untergrenze hinzugezählt wird. Der Eintrag +B11

```
                    Graphikdaten

Zeilenaufschrift:              Spaltenaufschrift:
Datenberechnung von:   Zeilen Spalten
Daten: 1.          2.          3.          4.
       5.          6.          7.          8.

         <pfeile> <ändern> <graph*> <zeil_lö> <undo>
```

Abb. 2. Die Option DATEN des Grafikkommandos von OPEN ACCESS II.

	A	B	C	D	E	F
1					6000,00	3,00	3,42
2					6500,00	2,88	3,27
3					7000,00	2,79	3,14
4					7500,00	2,70	3,03
5					8000,00	2,63	2,94
6					8500,00	2,56	2,85
7	Rabatt	0,00			9000,00	2,50	2,78
8	Stk-Kosten	1,50			9500,00	2,45	2,71
9	Ist-DB	9000,00			10000,00	2,40	2,65
10	Soll-DB	11500,00			10500,00	2,36	2,60
11	U-Menge	6000,00			11000,00	2,32	2,55
12	O-Menge	16000,00		10000,00	11500,00	2,28	2,50
13					12000,00	2,25	2,46
14					12500,00	2,22	2,42
15					13000,00	2,19	2,38
16					13500,00	2,17	2,35
17					14000,00	2,14	2,32
18					14500,00	2,12	2,29
19					15000,00	2,10	2,27
20					15500,00	2,08	2,24
21					16000,00	2,06	2,22

Abb. 3. Struktur des Arbeitsblattes für die Iso-Deckungsbeitragskurven.

in das erste Feld D1 bewirkt, daß die vom Benutzer eingegebene Untergrenze an diese Stelle übertragen wird.

Die Formeln in den folgenden Zellen lauten dann:

in Zelle D2:   + B11 + 1/20 * (B12-B11)
in Zelle D3:   + B11 + 2/20 * (B12-B11)
in Zelle D4:   + B11 + 3/20 * (B12-B11)   usw.

Diese Formeln müssen leider alle einzeln eingegeben werden. Da sich von Zeile zu Zeile der Quotient „x/20" verändert, gibt es keine Möglichkeit, den Vorgang durch Kopieren abzukürzen. Allenfalls läßt sich der Schreibaufwand verringern, indem man die Differenz zwischen Mengenober- und -untergrenze schon in Feld C12 als Zwischenergebnis ausrechnen läßt, so daß sich die Formeln in Spalte D zu „+B11 + x/20 * C12" verkürzen.

Um die zu dem vorgegebenen Deckungsbeitrag führenden Preise zu errechnen, benutzen wir die Formel

$$p = \frac{1}{1-r} \left(\frac{DB}{x} + k \right)$$

In der Notation der Tabellenkalkulation lautet sie z. B. für Zelle E1:

1/ (1-B7) * (B9/D1 + B8)

Für die zweite Isoquante ist die Formel bis auf die Feld-Adresse des Deckungsbeitrages (B10 = Soll-DB statt B9 = Ist-DB) gleich. Also muß in Feld F1 eingetragen werden:

1/ (1-B7) * (B10/D1 + B8)

Diese beiden Formeln können anschließend wiederum interaktiv von E1 nach E2 bis E21 bzw. von F1 nach F2 bis F21 kopiert werden, wobei alle Feld-Adressen „absolut" bleiben mit Ausnahme des Mengenfelds D1, das „relativ" kopiert werden muß.

3 Definition der Grafik

Bei den nun folgenden Arbeiten zum Aufbau der Grafik lernt der Benutzer die meisten der Optionen des Grafik-Menüs von OPEN ACCESS II (vgl. Abbildung 4) kennen. Die Option **Daten** zur Definition der darzustellenden Bereiche des Arbeitsblattes wurde oben schon beschrieben. Anschließend ist der Typ der Grafik (Linie, Balken etc.) zu wählen (Option **Grafik-Typ**). Um eine Überschrift und Bezeichnungen für die Achsen hinzuzufügen, gibt es die Option **Titel**. Mit **Skala** kann man die Skalierung der Y-Achse ändern. Die Option **Ansicht** ermöglicht es, das Symbol zur Darstellung der einzelnen Punkte der Iso-Deckungsbeitragskurven zu verändern. Wenn viele Punkte auf engem Raum angezeigt werden sollen, empfiehlt es sich, „." statt „+" oder „*" einzustellen. Mit dieser Option läßt sich auch erreichen, daß die einzelnen Punkte bei einem Streupunktdiagramm mit einem Zwischenstrich verbunden werden. Die Option **Position** verändert Lage und Größe des Grafik-Fensters auf dem Bildschirm. Unter **Ausgabe** müssen schließlich noch bestimmte Parameter für das Drucken der Grafik (z. B. Druckertyp) eingestellt werden. Nach jeder Option kann man sich das Ergebnis mit Hilfe der Funktionstaste F7 am Bildschirm anzeigen lassen.

Die Verwendung der hier beschriebenen Optionen ist erforderlich, um eine gute Darstellung der Iso-Deckungsbeitragskurven zu erreichen. Insbesondere muß die Skalierung der Y-Achse so gewählt werden, daß Untergrenze und Obergrenze der Skala in etwa dem kleinsten und größten Wert der beiden darzustellenden Kurven entsprechen, weil sonst die Krümmung der Kurven nicht ausreichend deutlich wird. Mit Ausnahme von **Skala** brauchen die Parameter nicht jedesmal neu eingegeben werden, da sich OPEN ACCESS die Vorgaben merkt. Wenn man allerdings noch eine zweite Grafik zu demselben Arbeitsblatt definieren möchte, sollte der vorhandene Parameter-Satz vorher mit Hilfe der Option **Kopiere__Maske** gespeichert werden.

```
                        Graphik-Menü
    Daten  Graphik-Typ   Titel    Skala   Ansicht   Position  Ausgabe
    Laden  Kopiere_Maske Pause  Farbpalette  Graphik-Fenster  Modus

                     <do>   <undo>   <graph*>
```

Abb. 4. Das Grafik-Menü von OPEN ACCESS II.

4 Verfeinerungen

Da bis zur Fertigstellung eines Iso-Deckungsbeitragsdiagramms aus den Vorgaben des Benutzers trotzdem noch eine ganze Reihe von OPEN ACCESS-Kommandos verwendet werden muß, ist es ratsam, eine Art „Bedienungsanleitung" in die linke obere Ecke des Arbeitsblattes zu schreiben, damit gelegentliche Benutzer die zur Erzeugung der Grafik erforderlichen Kommandos nicht jedesmal wieder mühsam aus den Handbüchern zusammensuchen müssen. Sie erscheint dann immer nach dem Laden des Modells und zeigt die Arbeitsschritte, die durchgeführt werden müssen, um eine Iso-Deckungsbeitragsgrafik zu erhalten (vgl. Abbildung 5). Hierzu haben

```
             I S O - D E C K U N G S B E I T R A G S K U R V E N
Bitte geben Sie zuerst die neuen Daten, für die die Kurven berechnet werden
sollen, in die Felder B7 - B12 ein. Anschließend drücken Sie bitte folgende
Tasten: F2, R, 0, <-!. Hierdurch wird das Arbeitblatt neu berechnet.
                            Rabatt:                              0,00
                      Stück-Kosten:                              1,50
                 Ist-Deckungsbeitrag:                         9000,00
                Soll-Deckungsbeitrag:                        11500,00
           Untergrenze Mengenbereich:                         6000,00
            Obergrenze Mengenbereich:                        12000,00
x------------------------  weiter mit Taste PgDn  ------------------------x
             I S O - D E C K U N G S B E I T R A G S K U R V E N
Um die Grafik zu erzeugen, drücken Sie bitte die Tasten G und S. Tragen Sie
eine passende Unter- und Obergrenze für die Y-Achse in das Formular ein.
Minimum und Maximum der darzustellenden Kurven sind unten eingeblendet.
Weiter mit F10 !
Die Funktionstaste F7 bringt die Grafik auf den Bildschirm; mit F3 wird
sie gedruckt; anschließend zweimal die Taste ESC drücken!
Wenn Sie die Werte auch tabellarisch ausgedruckt haben wollen, drücken Sie
jetzt bitte wieder die Taste F3; als Bereich geben Sie ein: L1:R21
Mit der Taste F10 wird der Druckvorgang gestartet; dann wieder Taste ESC !

Viel Erfolg bei der Arbeit.
                                   3,00                          3,42
                                   2,25                          2,46
x------------------------  zurück mit Taste PgUp  ------------------------x
```

Abb. 5. Bedienungsanleitung für die Anwendung.

wir die Breite der Spalten A und B so vergrößert, daß sie gerade einen ganzen Bildschirm ausfüllen und anschließend den Erläuterungstext hineingetippt. Dabei war zu berücksichtigen, daß OPEN ACCESS bei der Ausführung der einzelnen Kommandos bisweilen ein Fenster in der Mitte des Bildschirms öffnet, das einen Teil des Textes verdeckt. Aus diesem Grund stehen die Eingabefelder genau in der Mitte des Bildschirms.

Abschließend sei noch darauf hingewiesen, daß man die Problemstellung in Abwandlung des Beispiels von Link auch so programmieren kann, daß das System nicht die erforderlichen Preise zu einem vorgegebenen Mengenbereich, sondern umgekehrt *diejenigen Mengen* berechnet, die in einem gewissen Preissegment abgesetzt werden müssen, um den vorgegebenen Deckungsbeitrag zu erreichen. Auch diese Form der Fragestellung besitzt ja durchaus praktische Bedeutung.

Die am Ende des vorhergehenden Kapitels angesprochene Diskette enthält ebenfalls obiges Modell zur Isoquantentechnik.

Literaturverzeichnis

Albach, H.: Die Innovationsdynamik der mittelständischen Industrie, in: Albach, H.; Held, T. (Hrsg.), Betriebswirtschaftslehre mittelständischer Unternehmen, Stuttgart 1984, S. 35 - 50.
Albach, H.: Kritische Wachstumsschwellen in der Unternehmensentwicklung, in: ZfB 46 (1976), S. 683 - 696.
Albach, H.; Bock, K.; Warnke, T.: Wachstumskrisen von Unternehmen, in: ZfbF 36 (1984), S. 779 - 793.
Albach, H.; Held, T.: Vorwort, in: Albach, H.; Held, T. (Hrsg.), Betriebswirtschaftslehre mittelständischer Unternehmen, Stuttgart 1984, S. Vf.
Andritzky, K.: Arbeiten mit Wahrnehmungsmodellen, in: Absatzwirtschaft (1975) Nr. 12, S. 76 - 79.
Angele, L.: Gewinnorientierte Verkaufssteuerung und Erfolgskontrolle mit EDV, in: Kilger, W.; Scheer, A.-W. (Hrsg.), Rechnungswesen und EDV, Würzburg-Wien 1983, S. 397 - 415.
Aufgut; H.: Mikrocomputer: Den Mikro für die Werbeplanung nutzen, in: Marketing Journal (1984), S. 238 ff.
Blings, H.: Die Vertriebserfolgsrechnung im Controlling-System, in: Controller Magazin, o. Jg. (1978) Nr. 4, S. 163 - 166.
Bohn, M.: Konzeption einer Produkterfolgsrechnung für Planung und Kontrolle, Frankfurt a. M.-Bern 1982.
Braune, G.; Streck, B.: Praktische Methoden der Bilanzanalyse und Bilanzkritik mit dem Personal Computer, Verlag Moderne Industrie, Landsberg 1984.
Brockhoff, K.: Produktpolitik, Stuttgart-New York 1981.
Brunner, M.; Kunz, R.: Integriertes System der Kosten-, Erlös- und Finanzrechnung für mittelständische Unternehmen, in: ZfbF 34 (1982), S. 177 - 197.
Bundesverband der Deutschen Musikinstrumentenhersteller e. V. (Hrsg.): Jahresbericht 1986/87, Frankfurt a. M. 1987.
Busse, K.-L.: Entscheidungsfindung in kritischen Unternehmensphasen, in: Little, A.D. (Hrsg.), Management im Zeitalter der strategischen Führung, Wiesbaden 1985, S. 163 - 190.
Cabus, E.: Ansätze für ein Marketing-Informationssystem (MIS). In: Haedrich, G. (Hrsg.), Operationale Entscheidungshilfen für die Marketingplanung, Berlin/New York 1977, S. 269-279.
Chmielewicz, K.: Betriebliches Rechnungswesen, Bd. 2, Erfolgsrechnung, Reinbek bei Hamburg 1973.
Chmielewicz, K. (Hrsg.): Entwicklungslinien der Kosten- und Erlösrechnung, Stuttgart 1983.
Chmielewicz, K.: Forschungsschwerpunkte und Forschungsdefizite in der deutschen Betriebswirtschaftslehre, in: ZfbF 36 (1984), S. 148 - 157.
Deyhle, A.: Gewinn-Management. 2. Aufl., München 1968.
Deyhle, A.: Gewinnmanagement, 3. Aufl., München 1971.
Diller, H.: Preispolitik, Stuttgart-Berlin-Köln-Mainz 1985.
Dworatschek, S.: Grundlagen der Datenverarbeitung, 7. Aufl., Berlin-New York 1986.
Frerk, P.: Können wir von den Japanern lernen? Anmerkungen zur Gestaltung der Unternehmensführung, in: ZfbF 35 (1983), S. 239 - 249.
Frese, E.: Grundlagen der Organisation, 2. Aufl., Wiesbaden 1984.
Frese, E.: Exzellente Unternehmungen — Konfuse Theorien. Kritisches zur Studie von Peters und Waterman, in: DBW 45 (1985), S. 604 - 606.
Freudenmann, H.: Planung neuer Produkte, Stuttgart 1965.
Fohrbeck, K.; Wiesand, A.J.: Musik, Statistik, Kulturpolitik, Köln 1982.
Fridrich, A.: Marketing- und Managementberatungen in mittelständischen Industrieunternehmen, Berlin 1985.
Gabele, E.; Sahm, B.: Finanz- und Bilanzplanung FIBIP/K für Kapitalgesellschaften nach neuem Recht mit Lotus 1-2-3, Verlag Moderne Industrie, Landsberg 1986.
Gabele, E.; Sahm, B.: Liquiditätsplanung LIQUIDAS mit Lotus 1-2-3, Verlag Moderne Industrie, Landsberg 1986.
Geschka, H.: Innovationsmanagement, in: Pohl, H.-C. (Hrsg.), Betriebswirtschaftslehre der Mittel- und Kleinbetriebe, Berlin 1982, S. 107 ff.
Glaser, H.: Zur Erfassung von Teilabweichungen und Abweichungsüberschneidungen bei der Kostenkontrolle, in: Kostenrechnungspraxis, o. Jg. (1986) Nr. 4, S. 141 - 148.

Goldberg, W.H.: Auf der Japan-Welle, in: DBW 43 (1983), S. 113 - 122.
Grawe, H.: Effizientes Marketing mit Personal Computing, Wiesbaden 1987.
Grob, L.: Investitionsrechnung auf der Grundlage vollständiger Finanzpläne – Vorteilhaftigkeitsanalyse für ein einzelnes Investitionsobjekt, in WISU 1984, Heft 1, S. 16 - 23.
Groll, K.-H.: Die Bruttogewinnanalyse, in: BFuP 21 (1969), S. 447 - 461.
Großklaus, R.: Checklist USP, Wiesbaden 1982.
Grupp, B.: Die Wahl des richtigen Minicomputers, 2. Aufl., Grafenau 1983.
Hahn, D.: Unternehmungsführung in Japan, in: zfo 51 (1982), S. 430 - 435.
Hahn, D.: Planungs- und Kontrollrechnung – PuK, 3. Aufl., Wiesbaden 1985.
Hahn, D.: Unternehmungsphilosophie und Führungsorganisation in Familienunternehmungen, in: Hahn, D.; Taylor, B. (Hrsg.), Strategische Unternehmungsplanung, 4. Aufl., Heidelberg-Wien 1986, S. 439 ff.
Hahn, D.: Zweck und Standort des Portfolio-Konzeptes in der strategischen Unternehmungsplanung, in: Hahn, D.; Taylor, B. (Hrsg.): Strategische Unternehmungsplanung, 4. Aufl., Heidelberg-Wien 1986, S. 128 - 148.
Hahn, D.; Taylor, B. (Hrsg.): Strategische Unternehmungsplanung, 4. Aufl., Heidelberg-Wien 1986.
Hamer, E.: Das Mittelständische Unternehmen, Stuttgart 1987.
Haun, P.: Planungssprachen und Tabellenkalkulationssysteme als Hilfsmittel für die Individuelle Datenverarbeitung (Einführung und Überblick), in: Haun, P.; Zeuch, K. (Hrsg.): Planungssprachen und Tabellenkalkulationssysteme als Hilfsmittel für die Individuelle Datenverarbeitung, erscheint Anfang 1988 vorauss. im CW-Verlag München.
Hayes, R. H.: Warum japanische Fabriken so erfolgreich arbeiten, in: Harvard manager 4 (1982) Nr. 2, S. 20 - 29.
Heide, G.: PC's in Marketing und Vertrieb, Haar bei München 1986.
Heide, G.: Entwicklung des Personal Computer Einsatzes in Markenartikel-Unternehmen (Schwerpunkt Marketing- und Vertriebsabteilungen). Ergebnisse einer empirischen Studie, in: Angewandte Informatik (1987), S. 248 - 256.
Heinen, E.: Kostenanalyse, in: Grochla, E.; Wittmann, W. (Hrsg.): HWB, 4. Aufl., Stuttgart 1975, Sp. 2290-2303.
Heinen, E.; Dill, P.: Unternehmenskultur, in: ZfB 56 (1986), S. 202 - 218.
Heinrich, L.J.: Mittlere Datentechnik, in: Management-Enzyklopädie, Bd. 7, 2. Aufl., Landsberg/Lech 1984, S. 15 - 26.
Heizmann, U.: Computer-Kompaß, München 1987.
Herppich, H.G.: Das Markenbild als Element flexibler Absatzplanung in der Zigarettenindustrie, in: Gutenberg, E. (Hrsg.), Absatzplanung in der Praxis, Wiesbaden 1974, S. 115 ff.
Höhn, S.: Materialwirtschaft als Teil der Unternehmensstrategie – dargestellt am Beispiel der Automobilindustrie, in: ZfbF 34 (1982), S. 52 - 66.
Hoff, H.: Personal Computer für Kleinbetriebe, Köln 1985.
Horváth, P.; Petsch, M.; Weihe, M.: Standard-Anwendungssoftware für das Rechnungswesen, 2. Aufl., München 1986.
Hulbert, J.M.; Toy, N.E.: A Strategic Framework for Marketing Control, in: Journal of Marketing 41 (1977) April, S. 12 - 19.
Käfer, K.: Die Planungsrechnung als Mittel zur Gestaltung des Produktionsprogramms, in: AGPLAN; ZfB (Hrsg.), Planungsrechnung und Unternehmensführung in europäischer Sicht, Wiesbaden 1957, S. 9 - 48.
Kahle, E.: Inhaltliche Anforderungen an ein mittelständisch orientiertes Studium der Betriebswirtschaftslehre, in: DBW 46 (1986), S. 545 - 556.
Kamp, M. E.; May, E.: Kleine und mittlere Unternehmen im Forschungs- und Entwicklungsprozeß, in: ZfB 51 (1981), S. 347 - 368.
Kauffels, F. J.: Personal Computer und lokale Netzwerke, Haar bei München 1986.
Kern, W.; Schröder, H.-H.: Forschung und Entwicklung in der Unternehmung, Reinbek bei Hamburg 1977.
Kellerwessel, P.: Grundlegende Probleme des EDV-Einsatzes, in: Pfohl, H.-Ch. (Hrsg.), Betriebswirtschaftslehre der Mittel- und Kleinbetriebe, Berlin 1982, S. 225 - 246.
Kellner, J.; Link, J.: Perspektiven für die Informationswirtschaft der Unternehmung, in: Harvard manager 1 (1979), S. 39 - 45.

Kilger, W.: Der theoretische Aufbau der Kostenkontrolle, in: ZfB 29 (1959), S. 457 - 468.
Kilger, W.: Einführung in die Kostenrechnung, Opladen 1976.
Kilger, W.: Flexible Plankostenrechnung und Deckungsbeitragsrechnung, 8. Aufl., Wiesbaden 1981.
Kilger, W., Diskussionsbeitrag, in: Chmielewicz, K. (Hrsg.), Entwicklungslinien der Kosten- und Erlösrechnung, Stuttgart 1983, S. 163.
Kirsch, W.; Esser, W.-M.; Dr. Höfner & Partner: Der Stand der Strategischen Planung in der Bundesrepublik Deutschland und West-Berlin, München 1983.
Kloock, J.: Erfolgsrevision mit Deckungsbeitrags-Kontrollrechnungen, in: Betriebswirtschaftliche Forschung und Praxis 39 (1987), S. 109 - 126.
Kloock, J.; Bommes, W.: Methoden der Kostenabweichungsanalyse, in: Kostenrechnungspraxis, o. Jg. (1982) Nr. 5, S. 225 - 237.
Kmuche, W.: Umgang mit externen Datenbanken, Planegg/München 1987.
Kohlschütter, A.: Auf dem zweiten Langen Marsch, in: DIE ZEIT (1986) Nr. 37, S. 4.
König, W.; Niedereichholz, J.: Informationstechnologie der Zukunft, Heidelberg-Wien 1985.
Kotler, P.: Marketing-Management, 4. Aufl., Stuttgart 1982.
Kosiol, E.: Analyse der Kostenabweichungen, in: Kosiol, E. (Hrsg.), HWR, Stuttgart 1970, Sp. 907 - 929.
Krass, R.: Logistik und Beschaffung, in: Pfohl, H.-C. (Hrsg.), Betriebswirtschaftslehre der Mittel- und Kleinbetriebe, Berlin 1982, S. 123 - 135.
Krautter, J.; Link, J.: Marktorientierte Sortimentsplanung, in: Moll, H.H.; Warnecke, H.J. (Hrsg.): RKW-Handbuch Forschung, Entwicklung, Konstruktion (F+E), Berlin 1976, Ergänzungslieferung Juli 1978, Kennziffer 4210, S. 1 - 19.
Krautter, J./Scholz, P. (1978): Entwicklung computergestützter Marketing-Informations-Systeme. In: Die Betriebswirtschaft, 38. Jg. (1978), Heft 2, S. 231 - 243.
Kreikebaum, H.: Small Business Management in den USA. Mögliche Konsequenzen für die Theorie und Praxis der Unternehmensführung mittelständischer Unternehmen, in: Albach, H.; Held, T. (Hrsg.), Betriebswirtschaftslehre mittelständischer Unternehmen, Stuttgart 1984, S. 645 - 659.
Kreikebaum, H.: Die Potentialanalyse und ihre Bedeutung für die Unternehmensplanung, in: ZfB 41 (1971), S. 257 - 272.
Laßmann, G.: Die Kosten- und Erlösrechnung als Instrument der Planung und Kontrolle in Industriebetrieben, Düsseldorf 1968.
Leihner, E.: Über Sinn, Inhalt und Gestaltungsmöglichkeiten einer Managementlehre für Mittel- und Kleinbetriebe, in: Pleitner, H.J.; Sertl, W. (Hrsg.), Führung kleiner und mittlerer Unternehmen, Festschrift für K. Laub, München 1984, S. 79 - 91.
Lingenfelder, M.; Thomas, U.: Die Deckungsbeitragsflußrechnung als Analyseinstrument im Marketing, in: Wirtschaftswissenschaftliches Studium (1987), S. 531 - 536.
Link, J.: Computergestützte Fertigungswirtschaft, Wiesbaden 1978.
Link, J.: Der Planrahmen in der Konsum- und Investitionsgüterindustrie, in: Zeitschrift für Organisation 47 (1978) Nr. 3, S. 129 - 134.
Link, J.: Die automatisierte Deckungsbeitrags-Flußrechnung als Instrument der Unternehmungsführung. In: ZfB, 49. Jg. (1979), Heft 4, S. 267 - 280.
Link, J.: Die Deckungsbeitrags-Flußrechnung, in: Der Schweizer Treuhänder 53 (1979) Nr. 10, S. 26 - 31.
Link, J.: Die methodologischen, informationswirtschaftlichen und führungspolitischen Aspekte des Controlling, in: ZfB 52 (1982), S. 261 - 280.
Link, J.: Buchbesprechung von Chmielewicz, K. (Hrsg.): Entwicklungslinien der Kosten- und Erlösrechnung, Stuttgart 1983, in ZfB 54 (1984), S. 414 - 416.
Link, J.: Deckungsbeitrags-Flußrechnung, in: Harvard manager 6 (1984) Nr. 2, S. 14 - 18.
Link, J.: Organisation der Strategischen Planung, Heidelberg-Wien 1985.
Link, J.: Phasenspezifische Organisation strategischer Projekte, in: Harvard manger 7 (1985) Nr. 4, S. 17 - 20.
Link, J.: Strategische Planung, in: Marketing Journal 18 (1985), S. 248 - 252.
Link, J.: Erfolgspotentiale für die Zukunft, in: Frankfurter Allgemeine Zeitung (Hrsg.), Blick durch die Wirtschaft 29 (1986) Nr. 88, S. 1.
Link, J.: Mentalität als Engpaß, in: Wirtschaftswoche 40 (1986) Nr. 14, S. 82 - 87.

Link, J.: Organisation der strategischen Unternehmungsplanung, in: Hahn, D. / Taylor, B. (Hrsg.), Strategische Unternehmungsplanung, 4. Aufl., Heidelberg - Wien - Zürich 1986, S. 517 - 542.

Link, J.: Strategische Planung — zentral oder dezentral? in: io Management-Zeitschrift 55 (1986) Nr. 9, S. 397 - 400.

Link, J.: Von der funktionalen Organisation zur strategischen Geschäftseinheit, in: Management in Theorie und Praxis 2 (1986) Nr. 1, S. 23 - 25.

Link, J.: Schwachpunkte der kumulativen Abweichungsanalyse in der Erfolgskontrolle, in: ZfB 57 (1987), S. 780 - 792.

Link, J.: Verbreitung und Einsatzformen der Deckungsbeitrags-Flußrechnung in der Industrie, in: Die Betriebswirtschaft 48 (1988).

Link, J./Laufner, W.: Deckungsbeitrags-Flußrechnung — Einsatz und Rechentechnik (in Vorbereitung für 1988).

Little, J. D. C.: Modelle und Manager: Das Konzept eines Decision Calculus, in: Haedrich, G. (Hrsg.), Operationale Entscheidungshilfen für die Marketingplanung, Berlin-New York 1977, S. 201 - 230.

Luckner, H.: Honda überholt Mercedes, in: auto, motor, sport (1986) Nr. 18, S. 205.

Männel, W.: Zur Gestaltung der Erlösrechnung, in: Chmielewicz, K. (Hrsg.), Entwicklungslinien der Kosten- und Erlösrechnung, Stuttgart 1983, S. 119 - 150.

Matz, A.: Plankostenrechnung, Wiesbaden 1954.

Meffert, H.: Marketing, 7. Aufl., Wiesbaden 1986.

Meffert, H.: Marktforschung, Wiesbaden 1986.

Mertens, P.: Industrielle Datenverarbeitung, Bd. 1, Administrations- und Dispositionssysteme, 6. Aufl., Wiesbaden 1986.

Mertens, P./Allgeyer, K./Däs, H. (1986): Betriebliche Expertensysteme in deutschsprachigen Ländern. In: ZfB, 56. Jg. (1986), Heft 9, S. 905 - 941.

Mertens, P./Griese, J.: Industrielle Datenverarbeitung. Bd. II, Informations- und Planungssysteme. 4. Aufl., Wiesbaden 1984.

Mertens, P.; Wedekind, H.: Entwicklung und Stand der Betriebsinformatik, in: ZfB 52 (1982), S. 510 - 525.

Möller, K.-D.: Personal-Computer 1987, in: Fortschrittliche Betriebsführung und Industrial Engineering 36 (1987) Nr. 3, S. 100 - 110.

Müller-Lenz, P.: Wer ist 1995 unser Kunde? in: Management in Theorie und Praxis 2 (1986) Nr. 1, S. 19 - 21.

Müller-Merbach, H.: Schönheitsfehler der Betriebswirtschaftslehre, in: ZfB 53 (1983), S. 811 - 830.

Mugler, J.: Betriebswirtschaftslehre der Klein- und Mittelbetriebe — Begründung-Anforderung-Konzeption, in: Albach, H.; Held, T. (Hrsg.), Betriebswirtschaftslehre mittelständischer Unternehmen, Stuttgart 1984, S. 768 - 781.

Nastansky, L.: Interaktive Kostenplanung und -kontrolle mit Tabellenkalkulationsprogrammen auf Personal Computern, in: Kilger, W. und A.-W. Scheer (Hrsg.), Rechnungswesen und EDV, 5. Saarbrücker Arbeitstagung, Physica-Verlag, Würzburg-Wien 1984, S. 73 - 97.

Nastansky, L.; Hildebrandt, B.: Personal Computer in kleineren und mittleren Unternehmen, WIOR-Arbeitspapiere 85/3, Universität Paderborn, Warburger Str. 100, 4790 Paderborn.

Nieschlag, R.; Dichtl, E.; Hörschgen, H.: Marketing, 14. Aufl., Berlin 1985.

Nuhn, B.: Eigen- und/oder Fremdforschung und -entwicklung als strategisches Entscheidungsproblem, Gießen 1987.

o. V.: Mit Technik und Gefühl, in: Absatzwirtschaft (1984) Nr. 11, S. 109 - 113.

o. V.: Einkommensentwicklung 1972 - 1986 in %, in: DIE ZEIT 1986, Nr. 13. S. 32.

o. V.: Platzwechsel, in: auto, motor, sport (1986), S. 206.

o. V.: Beurteilung und Auswahl komplexer Systeme (Teil 1) in: VDMA Nachrichten 1987, H. 5, S. 39 - 40.

o. V.: Veröffentlichung über das Investitionsrechnungsprogramm INVEST (Teil 2), in: VDMA Nachrichten 1987, H. 6, S. 43 - 44.

Paul, J.: Planung, Steuerung und strategische Ausrichtung der Produktentwicklung, in: Moll, H. H.; Warnecke, H. J. (Hrsg.), RKW-Handbuch Forschung, Entwicklung, Konstruktion (F+E), Berlin 1976, Erg.Lfg. 1987, Kennziffer 4750, S. 1 - 38.

Peters, T. J.; Waterman, R. H.: Auf der Suche nach Spitzenleistungen, Landsberg am Lech 1986.

Pfeiffer, W.; Metze, G.; Schneider, W.; Amler, R.: Technologie-Portfolio zum Management strategischer Zukunftsgeschäftsfelder, Göttingen 1982.

Pfohl, H.-C.; Kellerwessel, P.: Abgrenzung der Klein- und Mittelbetriebe von Großbetrieben, in: Pfohl, H.-C. (Hrsg.), Betriebswirtschaftslehre der Mittel- und Kleinbetriebe, Berlin 1982, S. 9 - 34.

Powelz, H.; Leib, P.: Ein Programm zur Umsatzanalyse als Beitrag zum Gewinn-Marketing, in: Marketing 4 (1982) Nr. 1, S. 5 - 14.

Rehorn, J.: Vorwort, in: Großklaus, R., Checklist USP, Wiesbaden 1982.

Riebel, P.: Diskussionsbeitrag, in: Chmielewicz, K. (Hrsg.), Entwicklungslinien der Kosten- und Erlösrechnung, Stuttgart 1983, S. 178.

Scheuch, F.; Holzmüller, H.: Innovation und Produktpolitik, in: WiSt 1983, S. 225 ff.

Schiefer, F.: Faktoren der internationalen Wettbewerbsfähigkeit − aufgezeigt am Vergleich USA, Japan, Deutschland, in: ZfbF 34 (1982), S. 34 - 51.

Schmidt, R.: Die Bedeutung von Unteilbarkeiten für mittelständische Unternehmen, in: Albach, H.; Held, T. (Hrsg.), Betriebswirtschaftslehre mittelständischer Unternehmen, Stuttgart 1984, S. 182 - 196.

Schneider, D.: Die Preis-Absatz-Funktion und das Dilemma der Preistheorie. In: Zeitschrift für die gesamte Staatswissenschaft, 122. Bd. (1966), S. 587 - 628.

Schobert, R.: Positionierungsmodelle, in: Diller, H. (Hrsg.), Marketingplanung, München 1980, S. 145 - 161.

Scholz, B.: Entscheidungshilfe für PCM-Investitionen, in: Computerwoche vom 10. Oktober 1986, S. 70 - 71.

Scholz, Ch.: Personalmanagement mit dem Personal Computer, in: Zeitschrift für betriebswirtschaftliche Forschung 39 (1987), H. 1. S. 74 - 88.

Schramm, B., in: Meinungsspiegel, in: BFuP 34 (1982), S. 479.

Simon, H.: Herausforderungen an die Marketingwissenschaft, in: Marketing-ZFP 8 (1986), S. 205 - 213.

Seidl, L.: Aufbereitung einiger betriebswirtschaftlicher DV-Anwendungen für Tabellenkalkulationsprogramme auf einem IBM-PC, Studienarbeit Informatik, Universität Erlangen, März 1985.

Selowsky, R.; Müllmann, H.; Höhn, S.: Integrierte Planungsrechnung im Planungssystem des Volkswagen-Konzerns, in: Hahn, D.: Planungs- und Kontrollrechnung − PuK, 3. Aufl., Wiesbaden 1985, S. 715 - 789.

Sihler, H.: Marktorientierte Unternehmensführung mit Computern. In: IBM-Nachrichten, 22. Jg. (1972), S. 389 - 395.

Sihler, H./Schulz, R.: Marketing-Informations-Systeme. In: Marketing-Enzyklopädie. Bd. 2, München 1974, S. 513 - 527.

Simon, H.: Segmentierung und Positionierung: Sinnvolle Konzepte für mittelständische Unternehmen? in: Albach, H.; Held, T. (Hrsg.), Betriebswirtschaftslehre mittelständischer Unternehmen, Stuttgart 1984, S. 405 - 412.

Simon, H.: Herausforderungen an die Marketingwissenschaft. In: MARKETING • ZFP, 8. Jg. (1986), Heft 3, S. 205 - 213.

Siol, St.: Checklisten: Computerleistung am Arbeitsplatz, in: ÖVD/Online 1984, Heft 10, S. 48 - 50.

Sparberg, L. F. W.: Exzellente Unternehmen − Praxiserfahrungen, in: DBW 45 (1985), S. 606 - 608.

Statistisches Bundesamt, Fachserie C. Unternehmen und Arbeitsstätten, Heft 6: Arbeitsstättenzählung vom 27. Mai 1970, Stuttgart-Mainz 1972, zitiert nach: Wöhe, G.: Einführung in die Allgemeine Betriebswirtschaftslehre, 16. Aufl., München 1986, S. 18.

Statistisches Bundesamt (Hrsg.): Statistisches Jahrbuch 1985, Stuttgart 1986.

Stölzel, A./Köhler, R.: DER GENERAL. Fallstudie zur Entwicklung, Einführung und Erfolgskontrolle eines neuen Produktes. Aachen 1976.

Strasser, D.: Abschied von den Wunderknaben, München 1985.

Strebel, H.: Innovation und ihre Organisation in der mittelständischen Industrie, in: ZfbF 31 (1979), S. 543 - 551.

Streitferdt, L.: Entscheidungsregeln zur Abweichungsauswertung, Würzburg-Wien 1983.

Suffel, W.: Das Planungssystem der deutschen Nestlé-Gruppe, in: Fuchs, J.; Schwantag, K. (Hrsg.), Agplan-Handbuch zur Unternehmensplanung, Berlin 1970, Erg.-Lfg. XII.80, Kennzahl 4558, S. 1 - 79.

Thom, N.: Innovations-Management, in: zfo 1983, S. 4 ff.

Ulrich, H.: Die Unternehmung als produktives soziales System, 2. Aufl., Bern-Stuttgart 1970.
Vanderwicken, P.: P&G's Secret Ingredient, in: Fortune, July 1974, S. 75 - 79, 164 f.
Wächter, H.: Zur Kritik an Peters und Waterman, in: DBW 45 (1985), S. 608 f.
Weinberg, P./Behrens, G./Kaas, K.P. (Hrsg.): Marketingentscheidungen. Köln 1974, S. 52 - 58.
Weixler, K.: Die Plankosten- und Deckungsbeitragsrechnung als Führungsinstrument, in: Kilger, W.; Scheer, A.-W. (Hrsg.), Plankosten- und Deckungsbeitragsrechnung in der Praxis, Würzburg-Wien 1980, S. 26 - 38.
Wente, K. W.: Angewandte Informatik in der Betriebswirtschaft, Stuttgart 1980.
Widmer, E.: Flexible Management-Informationssysteme und der Faktor Zeit, in: Thexis, Heft 3/84, S. 20 - 23.
Wilkens, K.: Kosten- und Leistungsrechnung, 5. Aufl., München 1985.
Wille, F.: Fortschrittliche Kosten- und Erfolgsrechnung, Stuttgart 1961.
Wittek, B. F.: Strategische Unternehmensführung bei Diversifikation, Berlin-New York 1980.
Wossidlo, P. R.: Das betriebswirtschaftliche Studium an der Universität Bayreuth – ein gemeinsames Konzept von Wirtschaftspraxis und Wissenschaft, in: ZfB-Ergänzungsheft 1/82, Betriebswirtschaftliche Hochschulausbildung, Wiesbaden 1982, S. 203 - 213.
Zeitel, G.: Volkswirtschaftliche Bedeutung von Klein- und Mittelbetrieben, in: Pfohl, H.-C. (Hrsg.), Betriebswirtschaftslehre der Mittel- und Kleinbetriebe, Berlin 1982, S. 35 - 53.

Sachverzeichnis

Abweichungsanalyse 160 f. s. auch Deckungs-
  beitrags-Flußrechnung
Administrationssystme 137 ff.
Akzeptanzprobleme 21 ff., 161, 178 f.
Anforderungslisten 107 ff.
Ausschreibungsverfahren 26

Befragungsaktionen 52, 56 f., 74 ff.
Benutzerfreundlichkeit 22, 135 f.
Benutzeroberfläche 22 ff., 136
Beschaffung s. Ressourcen, externe
Betriebswirtschaftslehre, mittelstandsorien-
  tierte 15 ff., 170 ff.
Bevölkerungsentwicklung 38 f., 50, 116

Controlling 20 s. auch Informationswirtschaft, Rechnungswesen, EDV

Decision Calculus 22 f., 172, 179 f.
Deckungsbeitrags-Flußrechnung 160 ff., 191 ff.
Deckungsbeitrags-Isoquanten 23, 170 ff.,
  200 ff.
Dispositionssysteme 137 ff.
Distribution 109 s. auch Handel
Dynamik 10 s. auch Potential, dynamisches

EDV-Systeme
– Auswahlprozeß 107 f., 140 f., 156 ff.
– s. Mikro-, Mini-, Personalcomputer
– s. Programme, Software
Eigenfertigung/Fremdbezug 26
Einkommensentwicklung Konsumenten 38
Erfahrungskurveneffekt 66 f.
Erfolgsbarrieren 9, 12, 14, 25, 28
Existenzgründung 24 f., 113

Fähigkeiten, strategische 40 f.
Familienunternehmen 25
Finanzierung 9, 113, 115, 120
– Finanzplanung 128 ff., 154 f., 183 ff.
– öffentliche Mittel 26 f., 120 f., 128 ff.,
  158, 183 f., 187
Forschung/Entwicklung 100 ff., 120 ff.
Funktionengliederung, betriebswirtschaft-
  liche 17, 24, 25 f.

Gap-Analyse 33 ff., 37 ff.
Graphik, EDV-generiert 200 ff., 204 f
Gründlichkeit, professionelle 103, 105 ff.

Handel, Zusammenarbeit mit 109 ff., 116,
  118 f., 122

Identifikation mit Unternehmung 10
Informationssysteme 137 ff.
Informationswirtschaft 133
Innovation
– Bedeutung 8 f., 65 f., 69, 103
– Begriff 99
– Prozeß 101 ff., 106
– sberatung 114
Integrierte Systeme s. Mehrzweckprogramme
Isoquantentechnik s. Deckungsbeitrags-
  Isoquanten

Kalkulationsprogramme s. Tabellenkalkula-
  tionsprogramme
Konkurrenzanalyse 48, 53 f., 58, 65, 80 f.,
  86 f.
Kooperationsfelder/-formen 28 f., 103
Kreativitätstechniken 41 f., 103
Kundennähe/-orientierung 7 ff., 44 f., 46 f.,
  100 f., 108

Lebenszyklen, Verkürzung der 35

Markenbild 96 ff., 122
Marketing 20, 23, 44 f., 100, 110, 170
Marktforschung 44, 46 f., 49 ff., 74 ff., 101,
  109 f., 118, 138 f.
Marktsegmentierung 47, 53, 77 f., 82, 88, 96,
  101, 110, 117 f.
Mentalität, strategische 40 ff., 106
Methodendesign 19 ff.
– und ökonomisches Prinzip 21, 23, 25
me-too-Produkte 95, 117
Mikrocomputer 133 ff.
Minicomputer 133 ff.
Mittelstand/mittelständische Unternehmen
– Abgrenzung 3 f.
– Bedeutung, wirtschaftliche 4 f.
– Bedeutung, gesellschaftspolitische 5 f.

Sachverzeichnis

Mittlere Datentechnik 133 s. auch Minicomputer
Musikinstrumentenindustrie/-markt 4 f., 35, 37 ff., 45 ff., 53, 74 ff., 97 f.

Organisation 9, 11

Personal Computer 133 ff., 148 s. auch Mikrocomputer
personale Aspekte Mittelstand 17 f., 25, 105 f., 107, 113, 115 s. auch Potential, dynamisches
Planung/Konzeption 9, 102 f., 110 f., 113, 118 ff., 125 ff. s. auch Finanzplanung, Methodendesign
– operative 33 f.
– strategische 34 f., 40
Planungssysteme (EDV) 137 ff.
Portfolio-Analyse 63 ff.
Positionierungsanalyse 56 ff., 74 ff., 96, 119
Potential
– dynamisches 12 f., 28
– Erfolgs- 34, 102
– Identifikations- 12 ff.
– kritisches 11, 14
– Optimierungs- 11 ff., 19, 28
– unkritisches 11, 14
Praxisbezug 15, 20 f., 23
Preisplanung 23, 95, 110, 118, 139, 170 ff.
Produktinnovation 99 f. s. auch Innovation
Produktion s. Verfahrensinnovation, Qualitätspolitik, Erfahrungskurveneffekt
Produktplanung 95 ff., 139 s. auch Qualitätspolitik
Programme s. auch Software
– anwendungsoffene 22, 136
– horizontale 136 f.
– Mehrzweck- 135 f., 156 f., 191 ff., 200 ff.
– vertikale 136
Pull-Strategie 109, 118

Qualitätspolitik 5, 7 ff., 46, 56 f., 80 f., 87, 105, 107, 121, 124, 177 s. auch USP

Rechnungswesen 19 f., 146 ff. s. auch Deckungsbeitrags-Flußrechnung, Finanzplanung
Ressourcen, externe 25 ff., 107 f., 113 f.
Robustheit einer Methode 22

Servicepolitik s. Zusatzleistungen, Qualitätspolitik
Small Business Management 16
Software s. auch Programme
– Angebotssituation 135 f., 148 ff.
– Basis- 135
– Bedeutung 135

Tabellenkalkulationsprogramme 135 f., 143 ff., 183 ff., 191 ff., 202 ff.
Technologie s. Wandel, technologischer
Testaktionen 52, 103, 118, 121 f., 125

unique selling proposition s. USP
Unternehmen, exzellente 7 ff., 28
Unternehmungsentwicklung/-wachstum 9, 24 f., 39
Unternehmungsgründung s. Existenzgründung
Unternehmungskultur 10, 25
USP 95 ff., 99 ff., 110, 116, 187

Verfahrensinnovation 106, 120, 123 ff. s. auch Innovation, EDV-Systeme
Vertrieb 44 f., 139 s. auch Distribution

Wachstumsschwellen 9, 11 s. auch Erfolgsbarrieren
Wandel
– technologischer 35 f., 39, 45, 48 f., 74, 83 ff., 100 f., 107
– psychologisch-geschmacklicher 35, 45, 83 f.
Werbung/Verkaufsförderung 110 f., 116, 139, 177

Zielgruppen s. Marktsegmentierung
Zusatzleistungen 97

MIX
Papier aus verantwortungsvollen Quellen
Paper from responsible sources
FSC® C105338

If you have any concerns about our products,
you can contact us on
ProductSafety@springernature.com

In case Publisher is established outside the EU,
the EU authorized representative is:
**Springer Nature Customer Service Center GmbH
Europaplatz 3, 69115 Heidelberg, Germany**

Printed by Libri Plureos GmbH
in Hamburg, Germany